I0462107

Sandrine Lagorce

Chroniques à l'état brut

Tous droits de traduction, de reproduction et d'adaptation réservés pour tous pays.
2013 © Sandrine Lagorce.
ISBN : 978-1500789091
Photographie : Calheta do Nesquim, île de Pico, Açores © Damien Personnaz.

Ces textes ont été publiés de 2011 à 2013 dans divers médias francophones. Leur compilation n'est pas chronologique et n'obéit à aucun ordre précis.

Sommaire

Un homme sans enfantillage est un monstre.

Henry de Montherlant.

L'enfant qui tombait du balcon

Le mot *miracle* est, *stricto sensu*, de nature religieuse et nous interdit de nous commettre avec les guignoleries ambiantes. Le miracle est « la voix du Ciel », rien de moins. C'est un événement anormal, non répétable et non reproductible, gratuit et bénéfique, accompli par le Bon Dieu en personne (ou un de Ses saints), nous accordant ainsi une preuve supplémentaire de Sa présence parmi nous. Ce qui est très gentil. Comme on Lui presse régulièrement le citron avec nos souhaits, nos envies, nos chantages et nos rackets du dimanche, « *si Tu m'accordes ceci, je T'allumerai un cierge de section douze tous les vendredi* », « *si Tu guéris ma mycose des pieds, je fais Compostelle au pas de l'oie* » et autres performances du même genre où l'on semble espérer, pour des raisons arithmétiques, que payer le bon Dieu en retour, compenser en quelque sorte la grâce qu'Il nous a faite, permettra de remettre les compteurs à zéro et d'effacer nos ardoises. C'est un truc universel que de négocier sa sécurité avec le Tout-Puissant, un *deal* débit-crédit qu'on effectue depuis Toumaï, à croire que l'hominidé a un bilan comptable inscrit dans son génome.

Les miracles existent partout, même en peinture. Dans ce domaine, le *Retable du Bienheureux Agnolo Novello*[1] de Simone Martini donne de quoi se pâmer. Déjà, la délicieuse école siennoise est une merveille de simplicité, de lignes élégantes, de couleurs à la fois subtiles et naturelles dont il est difficile de ne pas tomber sous le charme, mais la scénette de la chute du gosse, rattrapé de

---

[1] 1324, tempera sur bois, 198 x 257 cm, Pinacothèque nationale de Sienne.

justesse par un saint volant, est particulièrement attrayante. Le plus plaisant est peut-être cette planche qui cède et qui valse en même temps que l'enfant. Cette planche de bois cristallisée dans l'éther est le point focal, la cause, la conséquence, la dynamique, l'élément à partir duquel le drame arrive et se dénoue en *happy end*. Agnolo, en habit de moine, se précipite dans les airs pour arracher l'innocent à une mort certaine.

Enfin ! l'*innocent*… c'est ce qu'on veut nous faire croire. Il est fort possible que cet enfant soit un garnement à qui sa mère a répété cent fois d'arrêter de farfouiller sur le balcon tant que papa ne l'a pas réparé. Peut-être est-il un de ces galopins qui n'en font qu'à leur tête, qu'il faut avoir sans cesse à l'œil parce qu'il est capable de vous démanteler une maison en deux temps trois mouvements. Parce que l'encorbellement, c'est bien joli mais ça n'est pas très solide. Heureusement, Agnolo volait dans les parages, la dégelée aurait pu être fatale. C'est ainsi que l'on perçoit combien le Seigneur est miséricordieux et ce miracle-là - sauver *in extremis* un gosse insupportable - est un véritable acte d'amour. Il transgresse les lois de la nature, brise la continuité des faits dépendant les uns des autres et nous campe devant l'extraordinaire de la chose : épargner la vie d'une future gouape. Dieu aime *tous* ses enfants, malgré eux.

Mais il y a des choses encore plus étonnantes, des choses encore plus puissantes destinées à l'édification des fidèles moyennement fidèles. À Damas, dans le faubourg de Soufanieh, une femme sert d'entremetteuse entre Dieu et les hommes, entre les différentes Églises, entre les chrétiens et les musulmans. Myrna Nazzour est mariée, mère de famille et sa mission est d'endosser temporairement la fonction de porte-parole du Ciel pour l'unité des chrétiens et le dialogue inter-religieux - travaux pratiques de Vatican II, et pas n'importe lesquels, pas n'importe où, dans les quartiers populaires d'une terre biblique, berceau du christianisme. Durant la semaine sainte, sa propre chair laisse fleurir les stigmates (cinq plaies du Christ et couronne d'épines) avec les effroyables douleurs physiques et morales qui l'accompagnent. Son visage et ses mains transpirent aussi de l'huile d'olive (une vieille manie orientale). Elle entre ensuite en extase pendant une demi-heure en délivrant les messages de la Vierge et de son Fils qui lui parlent en arabe. Les phénomènes de Soufanieh réunissent chrétiens et musulmans dans la prière et tout se déroule dans le don et la gratuité, le partage, la communion aux mêmes valeurs, dans une quête solidaire de sainteté. Les hiérarchies catholique, orthodoxe et le mufti de Syrie n'y trouvent rien à redire et font bon accueil aux manifestations. Des médecins du monde entier, des théologiens, des croyants, des mécréants et même des policiers, des militaires et des espions viennent chez elle pour observer le prodige. Des analyses scientifiques et des rapports médicaux sont comparés, la maison est un moulin où les foules se bousculent, les flashes crépitent et les caméras tournent tandis que tout est mis en œuvre pour apporter des réponses cartésiennes et sécurisantes.

Cependant, personne n'est en mesure de réfuter le phénomène, personne ne sait non plus l'expliquer rationnellement. Bien sûr, les bonnes vieilles lunes ont toujours réponse à tout : l'hystérie à la Charcot qu'on nous agite sous le nez dès qu'une femme ne se tient pas comme il faut, les théories neurochimiques sur les molécules messagères, l'afflux métabolique et autres actions en cascade qui permettent au corps de s'adapter à ce que l'esprit lui communique. Sauf que toutes ces tentatives ne savent pas interpréter rigoureusement, scientifiquement, les faits observés. Cette femme arpente le monde entier pour relater son expérience et s'agenouiller avec les gens, sans jamais rien demander en retour. Cette chrétienne d'Orient, ambassadrice de la réconciliation et du dialogue, de l'ouverture aux autres, est le témoin dans son corps d'une foi généreuse et fraternelle sans clauses restrictives. À l'heure où les communautés chrétiennes historiques de cette région fondent comme neige au soleil, Myrna Nazzour, la stigmatisée de Soufanieh, lance un cri d'amour et d'espérance à tous les hommes qui veulent bien l'écouter.

Dans un tout autre style, le lama Dacha-Dorjo Itiguelov est une colle de plus dans nos schèmes de logisticiens. Celui qu'on appelle le « Nostradamus bouriate », mort en 1927 en Sibérie, a été déterré soixante-quinze ans plus tard selon ses dernières volontés. Ni embaumé, ni déshydraté, ni momifié naturellement par le grand froid, il garde encore un teint de jeune fille et une apparence assez fraîche, quoiqu'un brin cartonnée, sans trace d'altérations. Conservé hors enceinte climatique dans la position du lotus, sa température tient une constante de 19°C pour atteindre 34°C lors des prières collectives – accumulation des souffles oblige. Exposée aux fidèles bouddhistes, la dépouille du bonze ne se corrompt toujours pas et les prélèvements pratiqués sur le corps font état d'une structure protéinée correspondant à celle d'une personne vivante. Ses ouailles considèrent que le saint homme est en anabiose, dans un état de méditation *nirvânesque* ayant suspendu – et non pas arrêté - les processus biochimiques de la décomposition. En gros, le mystique en question ne serait pas tout à fait mort. L'incorruptibilité physique que certains renvoient à la coutume du salage demeure malgré tout une énigme dans l'attente d'un examen IRM complémentaire qui approfondirait à la fois l'observation des tissus et peut-être la compréhension des mécanismes physiologiques constituant cet état. La relique du lama miraculé est vénérée par ses disciples et diffuse une « énergie très particulière » aux visiteurs qui s'en approchent. Réalité inconnue, auto-suggestion, mystification ? Plusieurs hypothèses sont avancées mais aucune réponse définitive n'a tranché le débat.

Si la définition du miracle est la même pour toutes les traditions, la validité de l'un n'est pas forcément admise par l'autre. Le bouddhisme tibétain s'accommode parfaitement des prodiges, l'interdépendance corps-esprit dans les effets de la méditation n'est plus à démontrer. L'islam possède aussi son lot de miracles et de phénomènes bizarres, le judaïsme y est plus réfractaire, quoique la branche hassidique ait offert une brochette de *rebbe*[2] en terre slave particulièrement cocasses. Les croyances animistes, elles, abondent en transports échevelés où les signes irrationnels relèvent d'une logique établie. Quant à l'Église, en dehors d'elle point de salut, parfois même en son propre sein : les apparitions mariales catholiques de Medjugorge, celles, coptes, de Zeitoun et du Caire ne sont pas officiellement admises. Les manifestations charismatiques sont souvent suspectées d'être les fruits de quelque pathologie mentale, voire de diablerie. La clairvoyance, la médiumnité et les facultés « psy » font partie d'une liste noire sur laquelle beaucoup de chrétiens refusent de transiger. Tout ce qui déroge du droit canon, du cercle restreint et homologué, est, par principe, remis en cause par crainte d'une manœuvre souterraine. À tort ou à raison, nul ne le sait vraiment mais cela ne contribue guère à la pénétration des choses. Le besoin d'en savoir davantage, de creuser le sujet seraient donc des tentations malsaines. L'aventurier, le rêveur et l'authentique chercheur n'ont qu'à filer droit, la tête rentrée dans les épaules.

Dans le camp d'en face, les aprioris prédominent également dans la conscience collective où un scientisme obsolète est toujours de rigueur – particulièrement en France où l'intégrisme positiviste et laïcard dézingue tout ce qui échappe aux critères académiques. Nous sommes à la traîne sur les questions *borderline*, engoncés dans nos certitudes qui répugnent à risquer leur crédibilité hors des sentiers battus. Certainement par suffisance, paresse intellectuelle et couardise. On refuse d'aller plus loin et l'on décrète expressément que tout cela n'est que fantasmes. L'esprit scientifique est loin de régner dans la recherche où l'on fonctionne beaucoup par préjugés, conditionnements et besoin social de jouir des égards dus à sa fonction, quand ce n'est pas la peur de perdre la priorité sur un poste promis par cooptation et copinage. Entre la connaissance très partielle que nous avons du cerveau humain et les données dont nous disposons sur le plan

---

[2] Rabbins mystiques et un peu farfelus.

expérimental, il y a encore un boulot titanesque à fournir, si jamais l'on décide, par « miracle », de se retrousser un tant soit peu les manches.

Triste et perplexe quand un Christ en croix est plongé dans l'urine[3], quand l'ignorance raille des rites séculaires pleins de sens et de beauté, consternée lorsqu'on écarte avec mépris, et un peu trop vite, tout ce qui n'est pas enregistré dans le Dalloz, le Vidal et tous les codes en vigueur, exaspérée quand certains groupes condamnent à tort et à travers ce qui sort de l'officiel et chahute un tantinet les règles, que dois-je faire finalement, moi qui suis entre les deux, c'est-à-dire nulle part ? Me disputer avec tout le monde ? Caresser les autres dans le sens du poil ? Partir faire mon ermite dans une grotte et façonner un système fourre-tout dans lequel piocher au gré de mes humeurs, histoire de ne rendre de comptes à personne, de ne pas être déçue, heurtée ou excédée ? Je n'aurais pas le temps de dire « ouf ! » que je serais déjà pistée par une commission Stasi ou traquée par l'obsessionnelle Miviludes[4].

L'enfant qui tombait du balcon à cause d'une planche branlante est un miraculé. L'épisode a suggéré au peintre d'en fixer le souvenir par une composition de traits et de couleurs que nous contemplons avec ravissement sept cents ans plus tard. La beauté de l'œuvre souligne la rareté de la circonstance. Dans une symétrie plus funeste, aucun artiste ne s'est encore emparé de cette famille évangéliste, maman et bébé enlacés, qui se sont défenestrés récemment du deuxième étage d'un immeuble. Ils voulaient échapper au démon, disaient-ils. Il est encore trop tôt pour en sublimer l'horreur mais nul doute que cela viendra. Nous sommes ici dans le réalisme le plus cru et l'issue la plus tragique : l'enfant qui tombait du balcon dans les bras de sa mère a eu, lui, moins de

---

[3] Exposition *Je crois aux Miracles – 10 ans de la Collection Lambert*, du 12 décembre 2010 au 8 mai 2011, Avignon.

[4] Mission interministérielle de vigilance et de lutte contre les dérives sectaires.

chance. Là, pas de miracle et pas de moine volant pour les rattraper, ils se sont bel et bien écrasés sur le sol.

Quand le bio-art *humanoïse* un pétunia

Qui se souvient des lois de Mendel et de la transmission génétique des petits pois ? Programme de cinquième, avec l'incontournable affiche Rossignol suspendue au tableau : postérité jaune et verte reliée par des flèches, peau fripée, peau lisse, cosse pleine ou étroite. Et nous, perplexes et ballots, dans une orgie d'appareils dentaires et de comédons, nous tenions engoncés dans nos blouses râpeuses devant des paillasses en carreaux de faïence. Elles étaient un peu mornes ces lois de l'hérédité nichées dans des graines, un peu languissantes. Nous rêvions de pois sauteurs, de pois velus, de pois carnivores écrasés sur le parquet mais ils restaient désespérément plaqués sur l'affiche et commentés d'un ton martial par l'*obersturmführer* (mademoiselle B., notre professeur) qui pétrifiait d'angoisse le collège depuis deux générations. C'était au début des années 80 et c'était à la dure. Depuis cette époque, je peux vous garantir que les lois de Mendel se sont imprimées dans ma tête comme les Dix Commandements.

Malgré le traumatisme, l'usage immodéré de la génétique me poursuit. La manie du croisement projette mon cerveau dans d'irrépressibles visions. Je fusionne des individus mâle et femelle, des œuvres et des objets susceptibles de produire des rejetons esthétiquement intéressants. Faire feu de tout bois est mon credo : j'accouple Yvette Horner et Klaus Kinski, Eddie Constantine et Bo Derek, le commandant Massoud et la duchesse de Mantoue peinte par le Titien. Je mélange le *Chili con Carne* et le hachis Parmentier, j'imagine des lasagnes à la bourguignonne, visualise des figuiers parasols, des *élépieuvres* et des panthères de gouttière. Tout y passe. Parfois, le phénomène agit en sens inverse : la Renault 5, par exemple, est l'enfant naturelle de Michel Drucker et d'une carrosserie tchèque.

Ce qui est pratique avec l'imagination, c'est que tout y est permis. Pas de rabat-joie pour vous ralentir, de coupeur de cheveux en quatre pour vous embrouiller ni de Torquemada pour vous conduire sur le gril. L'imagination, c'est le *Big Circus Band* dans une bringue permanente, l'horizon panoramique à 180 degrés dans un référentiel non galiléen, type pendule de Foucault oscillant dans toutes les directions à la fois.

Puis dès qu'on coupe le jus, il y a la vraie vie. Beaucoup plus segmentée, avec des systèmes fossilisés, des devoirs, des obligations et accessoirement des droits dont il faut tirer profit, par principe. Il y a toujours des dogmes et des conventions pour perturber votre propre vue des choses, des cartes d'état-major qu'on vous fiche très tôt sous les yeux pour un meilleur acclimatement, des modes d'emploi pour fabriquer des enfants modèle, des manuels pour les nulles, des kits de la grossesse hilare, avec cette tendance particulièrement vicieuse à tout transformer en épreuve positive, voire en sagesse ancestrale. Bref, faire avaler aux gogos dans mon genre qu'avoir les boules est super génial, que cela dissout les réluctances et je ne sais quelle psychofoutaise.

La vraie vie a donc ses inconvénients avec lesquels il faut composer. Ce que l'imagination autorise, le réel y rechigne souvent. La génétique, pour revenir à elle, constitue un bon exemple de clivage entre le rêve et la réalité. Toutes les manipulations sont envisageables, et même passionnantes, dès lors qu'elles restent consignées dans l'abstraction. En revanche, si ces expériences débordent du cadre imaginaire, se concrétisent dans des boîtes de Petri, une sourde anxiété fait barrage devant ce qui ressemble à un secret-défense. Impulsivement ou non, lorsqu'elles touchent le factuel de nos vies, on fait blocage.

Eduardo Kac[5], lui, ne bloque pas. Il y va même franco. Figure majeure du très controversé bio-art, notre Brésilien enjambe allègrement la barrière éthique entre le domaine réservé de la science et les fantaisies créatrices. Ce courant artistique emploie les moyens plastiques fournis par les biotechnologies. Il utilise la vie et ses constituants pour transformer ou concevoir des nouveautés chimiques, animales, végétales, bactériennes et autres, toujours d'origine organique. Il n'est plus question de *fleufleurs* à papiers peints barbouillées au grand air mais de vraies plantes composites en devenir, de bêtes génétiquement modifiées, de communication interactive en réseau entre des espèces différentes. L' « œuvre » la plus emblématique de Kac est certainement *Alba*, la lapine transgénique qui, sous excitation U.V., apparaît vert fluo. Commandée auprès de l'Institut national de la Recherche Agronomique, on lui a transplanté une protéine de méduse, la GFP (*Green Fluorescent Protein*), qui lui procure cette robe originale faisant d'elle un hybride vivant tout à fait unique. La même idée se trouve également dans le commerce, chez les *GloFish*, ces petits poissons zèbres jaunes et roses, bidouillés en laboratoire et vendus aux États-Unis pour la plus grande joie des amateurs d'aquariums. Kac s'aventure encore plus loin dans la transgénèse en manipulant son propre ADN avec la *fleufleur* tant honnie : un soporifique pétunia en pot transfiguré par les gènes de l'auteur fixés dans son lacis veineux. Son travail sur la biotélématique permet également de développer une plante en serre par l'intermédiaire de ciels numériques, de Cape Town ou d'Oslo, projetés en vidéo au-dessus d'elle et changeant au gré des internautes pour lui donner la lumière indispensable à sa photosynthèse. Tout cela fonctionne et interagit dans une réciprocité que Kac définit comme un jeu biologique où la robotique et les organismes vivants communiquent et s'assimilent les uns aux autres.

---

[5] Exposition *La Vie, la Lumière & le Langage – Eduardo Kac*, du 21 janvier au 10 avril 2011 au Centre des Arts, Enghien-les-Bains.

Cette démarche pose évidemment un certain nombre de questions que le créateur encourage volontiers. Peut-on considérer une lapine génétiquement modifiée ou un homo-pétunia comme des œuvres d'art ? L' « artiste » à l'origine de ces créations a-t-il des prérogatives exclusives sur ses « œuvres » ? Quant à la question de base, « tout cela est-il finalement de l'art ? », chacun trouvera sa réponse selon ses repères si tant est qu'un relativisme complaisant soit recevable dans ce contexte. Je serais bien en peine de proclamer quoi que ce soit dans ce domaine sachant que j'ai été formée, voire formatée, aux œuvres et aux matériaux anciens avec des techniques traditionnelles jalousement préservées. Cependant, la chimie, qui a impitoyablement charpenté mon cursus durant de longues années, n'a eu de cesse de nous rappeler, à nous étudiants naïfs, que tout est en perpétuel mouvement et voué aux métamorphoses, que les protocoles les plus insolites ont des résultats parfois surprenants et que l'expérimentation est souvent la seule manière d'avancer. Rappelons encore, dans un souci de culture générale, que Platon mettait dans le même sac les arts et les sciences (*tekhnai*) et qu'il ne viendrait à l'idée de personne de prendre Platon pour un con. Libre à chacun ensuite de faire le tri.

Le bio-art lève des boucliers légitimes. Chosifier les organismes vivants et les considérer comme du matériel de recherche peut être franchement contestable dans la mesure où la vie, quelle qu'elle soit, reste en général un état noble à respecter. Faire *mumuse* avec ses processus pour les exposer ensuite dans des galeries ou des musées - répertoriés « art contemporain » - semble parfois relever de la provocation puérile ou être perçus comme telle par les amoureux d'un art plus traditionnel. La recherche doit-elle être réservée aux seuls scientifiques reclus dans leurs labos ou est-il judicieux d'ouvrir son champ dans le domaine du divertissement et de l'esthétique? Après tout, pourquoi les chercheurs encartés auraient-ils le monopole du tripotage biologique, alors qu'eux-mêmes sont régulièrement tentés par des écarts et des abus contre lesquels leur compétence ne les prémunit pas ? Les dérives eugénistes font aujourd'hui partie du quotidien, la bioéthique peinant à en réduire l'expansion. L'exclusivité du contrôle des méthodes reproductrices, même chez les humains, est poreuse et le mercantilisme à deux doigts de détrôner la bonne vieille institution. Juridiquement, les brevets génétiques n'ont-ils pas un caractère usurpatoire, les droits d'auteur revenant d'abord à la nature, voire à Dieu si l'on est tatillon ? Quant à l'Art avec un grand A, la conservation de ces œuvres *biotech* n'est pas encore possible, ces dernières étant condamnées à ne perdurer que sur des supports photo et vidéo, et par conséquent à ne laisser aucun témoignage tangible. Le périssable mérite-t-il le label certifié conforme de l'Art, au sens sublime du terme ? Qui serait à ce point infaillible et doué de science infuse pour l'affirmer ou le démentir ?

Le bio-art est un courant autonome qui n'obéit à aucun manifeste et à aucune école. Il évolue dans une souveraine liberté, parfois aux limites de la loi et du supportable, mais a le mérite de susciter la réflexion. L'art est-il jouissance, rêverie, recueillement ou déclaration, revendication? Dans tous les cas, il devrait au moins émouvoir, c'est le minimum qu'on lui demande. Les créateurs *biotech* visent l'intimité avec la matière vivante, ont vocation à interroger, souvent de façon critique, nos grilles de valeurs et de repères culturels - notre *ethos* - face à la domination sur le vivant et sa fatale folie des grandeurs. Il dépasse la représentation et l'allégorie pour s'enfoncer dans une palette de réalités concrètes issues de l'imaginaire. S'il dérange, s'il passe un peu les bornes, c'est pour mieux nous rendre compte des distorsions possibles et de l'exceptionnelle faculté humaine à surpasser l'ordre du monde.

Aux États-Unis, les expositions de bio-art sont étroitement surveillées et ne peuvent avoir lieu sans l'approbation d'un comité de santé publique. Sortir des organismes vivants des chambres stériles ou des enceintes expérimentales peut constituer, à juste titre, un danger pour la population et l'environnement. Notons au passage, et pour remuer le couteau dans la plaie, que les particules radioactives de la centrale de Fukushima n'ont pas eu besoin, elles, d'une autorisation officielle pour s'échapper de leurs réacteurs. Mais à défaut d'être de l'art, elles provenaient assurément de la nature et de la science.

Les choses sont décidément bien compliquées.

La tête à Toto

La liste est longue de ces courts ou longs métrages qui nous infligent de manière récurrente un Jésus touristique, débarqué d'un camping-car et buvant son *coca light* entre deux prises. Le matin, séance de pédicure et raccord des sandales, à midi, rail de schnouf pour une mise en jambes avant de bricoler une charpente ou parcourir la Judée. Sans oublier que le lendemain, le Messie d'hier se retrouve dans la peau d'un gigolo ou d'un *serial killer*. Vous lui tendriez un sucre d'orge qu'il se transformerait en lolita.

Pour un chrétien qui a la foi, qu'il soit protestant, catholique ou orthodoxe, incarner le Christ sur scène ou à l'écran reste un concept un peu curieux oscillant entre inconscience et sacrilège. L'incarnation de Dieu, annexée par un autre corps (celui d'un saltimbanque) et projetée dans un contexte contraire à l'originel (celui du divertissement) provoque un certain embarras. Il laisse toujours une impression d'arnaque, de personnage cuit et recuit, d'usurpateur assumé et sans-gêne. Fourrer le Roi des rois, la Lumière de lumière, dans le corps d'un comédien - c'est-à-dire d'un simulateur rompu à toutes les singeries qu'on exige de lui - consiste à introduire la puissance d'un laser atomique dans une mini-ampoule de porte-clés publicitaire. On peut toujours essayer mais ça ne marche pas.

Chaque chrétien qui a la foi – et même celui qui ne l'a pas, ou ne l'a plus – s'est façonné son propre Christ. Sa relation personnelle à Lui - quoique partiellement construite sur des conventions qu'il aura plus ou moins maintenues - reste unique, irremplaçable, basée sur des habitudes culturelles, une vie intérieure montante ou au point mort, des degrés de sensibilité divers, des expériences physiques, psychiques et sentimentales à même de nourrir ou d'éteindre une ineffable et inexplicable confiance en l'immortalité de l'âme et en la résurrection de la chair. Le Christ universel se démultiplie suivant le nombre de ses disciples sur terre et se conforme à chacun d'eux : soit environ deux milliards et demi de variantes, sans oublier celles que l'on trouvera en périphérie, imaginées par les non-chrétiens. Et comme personne ne sait à quoi il ressemblait au départ, il est permis de se lâcher.

Les fresques au kilomètre et les tonnes d'ensembles sculptés - cette « Bible des pauvres » chargée d'instruire ceux qui n'avaient pas accès aux textes – décorent des églises et des cathédrales et s'inscrivent dans un corpus plus ou moins réglementé si l'on tient compte des nombreuses controverses et remaniements sur les œuvres (gueule d'ivrogne ou type plébéien parmi les apôtres, nègre, mongolien ou avorton autour de l'agneau pascal, organes génitaux un peu trop en relief sur une descente de Croix, saintes suggestives aux yeux de merlan frit, etc.). Si la représentation physique du Christ s'impose au début comme une forme de catéchèse, elle offre de plus en plus à l'artiste un support à son inspiration et au développement de ses techniques. Nombre de peintres s'emballeront, essuyant maints scandales mais faisant avancer les choses par des audaces, des innovations et parfois des truquages qui deviendront un style, puis une école, avant de finalement s'embourgeoiser à l'Académie, pour le meilleur et pour le pire.

Jésus a donc commencé sa carrière picturale au début du IIIe siècle de notre ère, sous la forme d'un poisson, l'*ichtus* acronymique. Il était inenvisageable pour les premiers chrétiens de lui donner une tête et des jambes comme n'importe quel zozo croisé à l'agora ou au souk. Les Évangiles ne mentionnent jamais son apparence physique et les premiers Pères de l'Église, imprégnés de judaïsme, répugnaient à représenter la forme humaine par peur de verser dans l'idolâtrie (l'adoration d'un totem). Seuls comptaient la Parole, le Verbe, le Logos, la Bonne Nouvelle révolutionnaire. Mais le désir de représenter coûte que coûte l'incarnation de Dieu balaya l'abstinence : on dessina timidement, du fond des catacombes, un jeune homme à l'allure d'Hermès, figure familière des populations païennes et permettant de faire habilement le lien entre les uns et les autres. Toutefois, le temps béni du martyre et du secret ne dura pas. Le christianisme remonta de sa cave et devint religion officielle de l'Empire au IVe siècle, inaugurant ainsi un nouvel arsenal iconographique prêt à faire florès. Les images devaient impressionner, servir la souveraineté du césar comme insister sur la puissance christique, en laissant, pour lier la cause à l'effet, un trait d'union s'inscrire entre eux. Jésus devint alors une espèce de prince impérial au teint mat et aux longs cheveux bruns que l'on agrémenta par la suite d'une barbe et d'un peu d'âge, à la manière d'un philosophe antique. Besoin d'avoir une assise plus solide, d'être vraisemblable sans susciter le moindre soupçon, d'affirmer sa domination terrestre et céleste? Les Christs en gloire et en majesté témoignent d'un goût certain pour l'autorité et le trône. Ce profil gardera ces caractéristiques qui subsisteront jusqu'à nos jours aussi bien dans le monde de l'art que dans les représentations mentales des fidèles nourries au culte des images. Et ce n'est pas peu dire.

Tant que Jésus restait figé, on pouvait s'en donner à cœur joie. À partir d'une immobilité, on tirait ses propres ficelles pour faire bouger la marionnette, la transformer et lui donner un souffle, une présence, une voix qui n'appartiennent qu'à soi. Là, on défrisait des poils, on bridait un œil, ici, on fronçait une tunique et le tour était joué, nous étions projetés dans un espace méditatif vivant et substantiel, parfaitement adapté à notre petite zone de confort. Mais quand le cinéma s'introduisit dans notre péplum personnel, nous dépouillant de notre portion congrue, superposant ses visions arbitraires sur les nôtres pour nous embrouiller davantage en y ajoutant une bande son, il n'y eut plus d'échappatoire. Un principe totalitaire s'est mis alors à juguler notre imagination pour nous contraindre à souffrir celle d'un autre, parfois jusqu'au supplice.

En dehors des technicolors hollywoodiens programmés à Noël et à Pâques – *Ben Hur, Barabbas, La plus grande Histoire jamais contée*, etc. – il existe quelques perles sur la question qui valent d'être visionnées, histoire de ne pas mourir idiot. Il y en a pour tous les goûts : du plus raisonnable au plus déjanté, du plus sinistre au plus cocasse, du plus orthodoxe au plus déviationniste. Comment s'y retrouver entre un Nazaréen godichon déboulant d'un fourré en carton-pâte, et celui, incorporel et totalement abscons, d'un maniaque de la gnose ? Entre un Christ si antipathique qu'on lui ficherait bien une claque au petit Jésus-santon, hiératique dans ses bandelettes, fraîchement sorti d'une boîte de *Mako moulage* ?

Golgotha de Duvivier (1935) participe de ce folklore. Au ciné-club de mon collège, il y a environ trente ans, une fois par mois, nous avions *le* film qui devait *obligatoirement* être vu. Le répertoire était varié mais on y trouvait surtout des classiques - que nous prenions à l'époque pour des nanars tant le choix de la programmation divergeait de nos intérêts immédiats. C'est ainsi que nous nous retrouvâmes un vendredi, bloqués dans la salle de projection, à l'heure de l'étude, face à une vie de Jésus en noir et blanc qui nous partagea entre exaspération (la cacophonie des trompettes) et ennui mortel, et ce jusqu'au premier gros plan du héros. D'un grand maigre un peu flou énonçant d'une voix macabre des paraboles hors de propos, nous découvrîmes tout à coup une trogne impossible qui provoqua en nous un ricanement libérateur. Nous étions gênés, incrédules devant cette mine patibulaire, lorsqu'un plaisantin du dernier rang se mit à hurler dans le noir : « EH ! MAIS C'EST LA TÊTE À TOTO ! », un cri du cœur nous faisant tous éclater de rire, à bout de nerfs. De ce Jésus spectral et anorexique, au bord de la perfusion, le cheveu filasse graissé à la gomina et l'œil fixe halluciné, qu'avions-nous à espérer sinon une bonne partie de rigolade ? L'hilarité persista après l'exclusion du farceur puis alla *crescendo* lors de la crucifixion, quand Robert Le Vigan, dans sa blondeur hirsute de Christ celte, nous infligea son impayable allure de gourou toxico en perruque blonde. Les huiles du ciné-club avait fait une erreur de casting : nous étions trop jeunes pour un film trop vieux.

D'autres moments du cinéma, tout aussi étranges, nous perchent à des cimes vertigineuses, sans filets ni cordée. En soi, l'extravagance a ses bienfaits, elle ajoute un peu de sel dans la pâtée ambiante. Mais lorsqu'on assiste, impuissant, à cette Love Parade sous ecstasy périmé qu'est *Jesus Christ Superstar* (Jewison, 1973), le dévissage n'est pas loin.

Si le scénario obéit à la mode de l'époque et fait allégeance aux impératifs hippie, on se demande toujours, perplexe, à qui peut bien s'adresser une comédie musicale. Comme s'il était impossible de raconter une histoire sans devoir tortiller des fesses ou lâcher une trille. Sans compter qu'une sourde angoisse nous étreint à l'idée que la chose soit montée au Palais des Congrès de la Porte des Ternes, avec un crooner ringard en vedette, et qu'elle abreuve une foule en transe d'adolescentes obèses, fanatisées par cette culture de pointe.

Mais il faut de tout pour faire un monde. *La Passion du Christ de Gibson* (2004) est l'œuvre la plus bouleversante de la série, n'en déplaisent aux ignares et aux pourfendeurs de curés. Traité sur un mode grandiloquent, à la manière anglo-saxonne, elle reste cependant l'un des rares films qui ait su construire un chemin de Croix crédible tout en permettant au chrétien spectateur de le vivre de l'intérieur. En bonus, un peu de bonheur : l'araméen et le latin (le vrai, avec l'accent) sont utilisés dans les dialogues à la place de l'angliche. Moi qui serais prête à tuer pour que les langues mortes soient enseignées dès la maternelle – et même dès l'utérus - j'exulte. S'ils pouvaient inspirer de nouvelles vocations pour la philologie classique, voire l'épigraphie sémitique, Gibson et ses linguistes auront fait d'une pierre deux coups : fabriquer un très beau film tout en rabattant le caquet d'un ramassis de prétentiards.

Au-delà de son côté mélo, c'est une œuvre catholique romaine (et préconciliaire) dans le fond et la forme, dans son dolorisme rédempteur, sa focalisation sur l'expiation des fautes et le rachat par l'épreuve. Il emmène le public averti dans la prière et la méditation, dans une intimité avec Lui impossible à désavouer. Il y a des gestes et des regards qui nous rappellent nos cartes d'enfants du Vendredi Saint « ... *si j'avais été là...* » pour chacune des quinze stations, pour les chutes, pour Simon de Cyrène et le linge de Véronique, dirigés avec justesse par un réalisateur qui connaît son sujet. Pas de bavardages conceptuels, de théologie incompréhensible et de rage dogmatique, non plus de ces grenouilleries pudibondes qui parasitent le tableau, mais une relation directe et vivante de l'homme charnel, imparfait mais sincère, nourri par sa foi en son *rabouni* adoré, humain jusqu'à y passer, divin jusqu'à sortir du tombeau comme une fleur au soleil. L'interprète de Jésus est ici conforme à l'iconographie d'usage – cheveux longs, barbe, nez droit – à ceci près qu'il est toujours agaçant de voir un inconnu forcer les portes de son sanctuaire. Les femmes y sont belles et sans pose (Monica Bellucci est une Madeleine époustouflante de vérité), Satan, androgyne et lunaire, personnifié par une grâce ambiguë tirant vers l'épouvante, rappelle les assauts du doute et de l'angoisse illustrés à Gethsémani. L'hyper-violence de quelques scènes frôle parfois le grand guignol mais le parti-pris de montrer un Christ aux outrages, torturé et agonisant, ne peut faire l'économie d'un certain réalisme. Se faire crucifier n'est en rien une séance de réflexologie plantaire ni une figure de style jouant les fausses pudeurs. Quant à la sempiternelle accusation d'antisémitisme – le *gimmick* réflexe servant d'épouvantail - nul besoin d'en discuter tant elle se révèle anachronique, grotesque et usée. Mais passons...

... pour aller directement au pinacle, au chef-d'œuvre, au diamant brut : *L'Évangile selon saint Matthieu* (1964) de Pasolini.

Voilà un véritable chercheur de vérité qui n'eut pas besoin de slogans pour se faire entendre. Ne nous arrêtons pas à son dernier film, *Salò ou les 120 journées de Sodome* - que j'ai mis plusieurs années à digérer - ni à son assassinat à coups de planche de palissade sur une plage près d'Ostie. (Enfin si, nous pourrions nous y arrêter, mais une autre fois.) La question qui nous intéresse est ce que Pasolini a fait de Jésus - en qui il ne croyait pas – et comment il a su rapprocher l'intérêt soutenu d'un public disparate et la validation de l'Église officielle (le film est d'ailleurs dédié au pape Jean XXIII, au grand dam des gauchistes français de l'époque). La contemplation des hommes et du monde imprègne chaque plan, chaque visage, chaque regard jusqu'au tréfonds de chaque âme par le biais d'un zoom grand angle, utilisé ici pour la première fois, et d'où perce un amour profond, compatissant pour l'être humain, pour ses faiblesses, ses paradoxes, son imperfection. On se prend à aimer ces inconnus, la gorge nouée par ce qu'ils sont, uniques, précieux et vulnérables et cette poussée nous pique au cœur de notre foi et nous ramène vers sa source et son sommet : l'amour du prochain avant tout le reste. Athée, Pasolini, en bon poète frioulan, regardait la foi comme l'extension de la poésie, saluait sa manifestation sincère et spontanée, méprisait celle, convenue, pharisienne et bourgeoise d'une maison qui se respecte. Cette quête de la vérité dans et par le réalisme, la difformité physique, la crudité profane, rejoint une forme de transcendance proche du mysticisme. Pasolini pétrit la matière jusqu'à la purifier, la sublimer. Ce qui nous rebuterait au coin d'une rue – un goitre, un bec-de-lièvre, des dents gâtées - nous attendrit dans un fauteuil de cinéma. Il parvient, par son rejet de l'illustration dévote, à nous faire toucher du doigt la vérité de la vie, le mystère de l'incarnation et les voies du salut, loin de toute théologie spéculative. La beauté et la laideur s'entremêlent, partagent les mêmes desseins, font véritablement corps. Le Christ est non seulement d'une beauté ténébreuse, d'un éclat sombre, mais d'une force tendre et vindicative. Le choix d'acteurs non professionnels accentue le propos du cinéaste : Enrique Irazoqui dans le rôle d'un Jésus révolté est extrêmement troublant ; la Vierge mature est jouée par Susanna Pasolini (la propre mère de l'auteur) et rappelle, dans sa douleur, les traits grimaciers des personnages de Goya ; l'ange magnétique aux yeux clairs et aux boucles flottantes s'inscrit dans la tradition picturale du Quattrocento (particulièrement celle des Lippi), la pureté métallique de son regard souligne son autorité malgré sa jeunesse. Quant aux apôtres, pratiquement relégués au rang d'anonymes au même titre que la foule, leur tournure de paysans pauvres, charnels et pragmatiques attachés à la terre, n'empêche pas une vigueur surnaturelle de pétiller dans leurs yeux.

Autrefois, les mystères sacrés étaient joués sur le parvis des églises par des paroissiens regroupés en confréries de comédiens bénévoles. Le rôle de Jésus, de Judas ou de saint Jean se transmettait de génération en génération dans les familles d'artisans. Les tableaux successifs constituant les Évangiles ou les Vies de saints permettaient d'impliquer les croyants dans une forme d'engagement pastoral (représentation vivante et didactique), sorte de prolongement à la prière personnelle. Les comédiens de métier, appointés pour tous les rôles, et principalement les figures profanes, étaient dévalorisés au même titre que les prostitué(e)s, exclus des sacrements à cause de leur pente pour la simulation transformée en commerce. L'équivoque permanente entre l'individualité du personnage et celle de son interprète est encore plus manifeste lorsqu'il s'agit de profils religieux, vénérés, culturellement intégrés jusqu'au plus profond des êtres. Dans l'inconscient collectif des fidèles, le Christ au cinéma n'échappe pas à cette logique. Il poursuit cette ambiguïté malgré tout le talent des acteurs et le génie de ceux qui les dirigent.

Paris brûlera-t-il ?

Je me suis demandé ce qu'un baroudeur comme Patrick Chauvel allait faire dans la quincaille de la Monnaie de Paris[6]. J'imaginais le reportage de guerre plus à son aise sous le cliquetis des mitraillettes que sous celui des lustres en cristal. La séduction d'une reconnaissance institutionnelle, d'une respectabilité du métier enfin prononcée depuis la tribune officielle, a peut-être convaincu notre « rapporteur de guerre » d'alerter le peuple d'un grand danger. Quoi de plus symbolique en effet qu'annoncer l'apocalypse depuis le cœur de la ville, dans un axe permettant de vérifier du Pont-Neuf l'avancée de l'ennemi ? Le site est stratégique, il en a vu beaucoup.

Chauvel est une sorte de sentinelle du pire. J'en ai rêvé, il l'a fait. Un Paris pilonné, un Paris bombardé, un Paris ravagé, est un film que j'ai maintes fois visionné en solitaire. Le ronron des Transall en bande-son, le feu des missiles sol-air, les tirs de roquettes et la progression des blindés ; la fumée, les gravats, la poussière, la promiscuité des abris souterrains, les gens en loques qui crient, qui pleurent, qui saignent ; les souvenirs de mes grands-parents, les témoignages d'amis serbes, libanais, chypriotes, ce que j'ai vérifié *in situ* en Algérie et en Palestine : les vestiges de la peur et de la dévastation.

Mais le problème avec la guerre, c'est qu'elle se passe toujours ailleurs. Ici, on ne la vit que par procuration. On la commente, on

---

[6] Exposition *Patrick Chauvel, Michael Wolf. Peurs sur la ville*, du 20 janvier au 17 avril 2011.

l'analyse, on la condamne ou la cautionne. Parfois, on l'élabore et on l'entretient. L'idée de Chauvel est d'inverser les rôles, histoire d'assimiler une bonne fois pour toutes que les combats à la télé n'arrivent pas qu'aux autres. Quand un civil se fait buter par un *sniper*, son sang n'éclabousse pas nos charentaises. Enfin, pas directement. Il passe d'abord par le traitement d'une caméra, puis d'un montage hâtif, puis d'un comité de rédaction qui soupèse selon les lois de l'audimat. Enfin, le produit final est balancé dans les chaumières à l'heure du dîner, via la bouche d'une vedette du petit écran. C'est donc dire si l'on s'en fout.

Chauvel pense à l'efficacité du message. Montrer l'horreur, oui, c'est son affaire, mais montrer davantage qu'une horreur fignolée, esthétisante : faire de la pédagogie. Au premier regard, c'est compliqué, l'émotion l'emporte. Ensuite, on s'y habitue et à force, on la banalise. Alors il a trouvé une solution : pour *s'identifier*, rien de tel qu'importer les combats chez soi. Pour de faux, bien-sûr, mais quand même un peu pour de vrai. Toujours rester sur le qui-vive, prêt au pire. Du haut de l'escalier d'honneur, *urbi et orbi*, Chauvel en appelle à la vigilance. Son discours passe par des clichés pris sur le vif : Beyrouth, Sarajevo, Belfast en plein chaos. Par un tour de passe-passe infographique, les scènes sont ensuite intégrées au décor parisien : une femme abattue sur le couloir cyclable du pont de la Concorde, un char retourné sur un quai de Seine, le Sacré-Cœur d'Amélie Poulain livré aux tirs de M16. Rien n'est épargné, Chauvel a sorti le grand jeu. Et c'est stupéfiant.

Les photos sont présentées dans un format qui vous coupe d'emblée le souffle. D'une netteté et d'une concision redoutables, elles vous projettent instantanément dans une fiction hyperréaliste où l'on se prend à douter. Les lieux exposés évoquent des souvenirs personnels, familiaux, amoureux, des moments de joie, de liberté, d'insouciance et toute une vie, devant ces images, reste soudain en suspension, dans un flottement d'abord perplexe, puis douloureux. Ces combats sont comme une effraction, un viol d'existence et de mémoire, la mienne et celle des autres, nos lignées, nos amis, nos voisins, notre pays. L'efficacité du procédé est infaillible, Chauvel a fait mouche.

La méthode est loyale, le bidonnage expliqué. L'auteur superpose une image de guerre réelle avec une vue de Paris ; il n'escamote pas le contexte authentique puisque les photos d'origine sont placées sous les tirages définitifs avec les commentaires afférents. Malgré cela, l'esprit demeure happé par ces visions fictives, la projection de soi en elles, persistante, au point que le reste de l'exposition paraît bien terne. Les prises aléatoires de Michael Wolf par le logiciel *Google Street View*, déshumanisées par l'hypertrophie des pixels dans les agrandissements, dénoncent les « agressions » quotidiennes des systèmes urbains de reconnaissance – fichage et quadrillage de tout et de n'importe quoi. Les photos d'archives de Paris Match remémorent les événements parisiens spectaculaires – fusillades, attentats, émeutes, bastonnades – où les pavés ont volé, les voitures brûlé et le sang coulé. Les deux approches constituent un complément au travail central de Chauvel, un préambule puisé dans la réalité et un prolongement de la réflexion.

Didactique, cette exposition l'est assurément. L'émotion se dissipe au profit d'un raisonnement qui, à son tour, déclenche une suite de constats ouverts à toutes les possibilités. Paris a déjà connu le pire et cette expérience ne l'immunise pas. Au nom de quelle faveur surnaturelle, de quelle suprématie rêvée, Paris serait-il épargné ? Les temps de paix n'ont jamais été très longs en France, il faut toujours que les instincts s'expriment, que l'ordre explose. Le « théâtre des opérations » peut installer son dispositif en bas de chez soi, un jour, sans crier gare, et grand Guignol faire pleurer les enfants dans un *Luco* labouré de trous d'obus. Je force le trait, exprès, mais quel cuistre jurerait du contraire ? Les experts, peut-être, à force de se tromper. Ces photos raniment en effet des vérités premières que nous avons sans doute trop vite mises à l'écart. Comme l'humiliation de se faire envahir par des troupes arrogantes et sûres d'elles, d'être aux mains de puissances qui se partagent le magot, piétinent des peuples, des cultures, des patrimoines, s'arrogent l'autorité d'une pensée vraie et sans appel. Ajoutons à cela combien il est facile de faire dire aux images ce que l'on veut, de truquer le réel, d'enfumer son monde. La propagande, la manipulation des foules, l'endoctrinement des consciences, l'idolâtrie d'un chef ou la diffusion de la terreur se mettent souvent en place par les images. La photographie est un outil fabuleux, diaboliquement efficace.

Cette présentation constitue une prise de conscience, probablement ponctuelle car le confort, les habitudes, le transit quotidien éteignent vite les éclairs de lucidité qui nous traversent de temps à autre. Il serait absurde d'en être obsédé car la vie et la peur ne font jamais bon ménage.

C'est d'ailleurs ce qui me gêne un peu dans cette exposition : son sensationnalisme, son titre racoleur, son goût du traumatisme. L'abnégation d'un vieux briscard de la bourlingue qui témoigne pour le bien de l'humanité, le ton sentencieux d'un académicien – encore un ! – qui nous rappelle, le doigt levé et l'œil fixe, que « Paris est un volcan assoupi mais en activité ». Ce côté pontifiant et menaçant n'était pas nécessaire. Paris gronde, nous l'entendons, et il suffirait peut-être d'un rien pour que Paris s'embrase. Les photos extraordinaires de Chauvel en disent davantage que toutes les harangues et les leçons de morale de la terre. Après la rétine, elles se fixent à jamais dans la tête… et tu peux toujours causer.

Les baleines chantent-elles le fado?

Dans un très beau roman pour jeunes filles convenables, *Le Pays du Dauphin Vert*[7], le capitaine O'Hara, patron d'un clipper de la marine marchande, confie à son protégé William, officier déserteur de la Royal Navy, que « rien ne semble impossible une fois qu'on a vu une baleine ». Ce qu'il semble dire par là, hormis qu'un marin de haute mer ne peut être, par humilité, qu'un compagnon de route des plus discrets pour ces animaux de passage, c'est que de pareilles dimensions doivent intuitivement nous faire admettre que si une telle créature existe, tous les espoirs sont permis.

Et ils l'étaient, en effet, pour nous qui étions assis contre le mur de la vigie désaffectée, entre lézards et fougères, à quelques centaines de mètres au-dessus de l'océan. Ce dernier soir sur l'île de Pico apportait un souffle léger venant du large, rempli de souvenirs et de projets naissants, mais aussi de la certitude que l'éternité nous soutiendrait au-delà des tempêtes. Contemplant le vaste horizon qui débouchait droit devant aux terres glacées de l'Antarctique, notre communion silencieuse fut interrompue par l'irruption soudaine d'une énorme masse noire émergeant près des côtes. La vision était accompagnée du bruit continu d'un jet d'air liquide propulsé par l'évent de ce que nous identifiâmes comme un grand cachalot.

Il est difficile de décrire l'émotion que provoque un tel spectacle. L'animal était aussi gros que les maisons des pêcheurs bâties en

---

[7] GOUDGE, E., *Le Pays du Dauphin Vert*, Phébus Libretto, rééd. 2004 (1936).

contrebas près du rivage. Après avoir plongé, il réapparut quelques minutes plus tard, déplaçant un volume d'eau considérable qui vint battre les rochers de basalte. Nous pensions être seuls au monde dans la fraîcheur du soir, traversés d'une réflexion existentielle sur l'avenir, la gorge nouée de quitter le lendemain cet archipel que nous avions tant aimé. La baleine avait alors surgi, s'ébrouant dans toute sa puissance, comme un cadeau d'adieu. Notre gratitude, presque mystique, fut à son comble quand elle offrit à nos yeux fascinés une manière de salut par le mouvement de sa queue replongeant vers le fond.

Inutile de rappeler que la baleine est un mammifère et non un poisson. Elle a des poumons, des mamelles, peut vivre une cinquantaine d'années, allaite son baleineau et lui apprend à nager sans boire la tasse. Elle se nourrit de plancton, de petits crustacés, de calmars, selon les espèces à fanons ou à dents. On se demande comment un tel édifice marin peut appartenir à la même classe de vertébrés qu'une chèvre à mohair ou qu'un écureuil volant, comment elle peut, en bout de chaîne, cousiner avec un primate ou un recteur d'académie. Le règne du vivant présente des intrications dont les sciences naturelles saisissent à peine la complexité.

Au début de l'Eocène, il y a cinquante millions d'années, la baleine ressemblait à un grand chien. Elle vivait en bordure de mer, mangeait du poisson et ne se souciait pas de migrer d'un point du globe à l'autre. La théorie darwinienne la fit évoluer en amphibie à force de chercher sous l'eau sa subsistance, lui remplaça progressivement les pattes par des nageoires et lui fit conserver, jusqu'à nos jours, les preuves de son origine quadrupédique. Les petits os de son bassin en constituent le vestige le plus éclatant. Depuis, elle parcourt les mers, se déplace en groupes familiaux des eaux chaudes aux eaux froides (et inversement) profitant de leurs bienfaits pour élever sa progéniture et trouver de quoi se nourrir. Les Açores, au milieu de l'Atlantique, bénéficient d'une situation favorable pour les cétacés car la chaleur du Gulf Stream y rencontre la froidure des grands fonds, apportant ainsi un bouillon de nutriments essentiels à leur survie.

Mais c'est compter sans les autres individus ayant voix au chapitre. Si les baleines déambulent, pacifiques, dans ce contexte, il n'en est pas de même pour ses assaillants, nettement plus agressifs. Le requin, l'épaulard, l'orque et l'homme représentent l'ultime danger dont elles se défendent à coups de queue, seule arme efficace contre les attaques de ces prédateurs. L'homme est particulièrement doué pour lui gâcher la vie. Depuis les Basques dans le golfe de Gascogne[8] aux « chasseurs scientifiques » japonais du pôle Sud, la pêche à la baleine constitue le péril majeur pour ces infortunées voyageuses. Entre les deux, les Açoréens s'y sont risqué, entraînés dès le XVIIIème siècle par des navires baleiniers de Nouvelle-Angleterre[9] à l'affût de leurs proies jusque dans l'archipel. Le déclin de la flotte américaine dans les années 1850 – l'éclairage passant des lampes à huile aux lampes à pétrole - permit aux insulaires de prendre le relais, avec les moyens du bord et à une échelle infiniment plus modeste.

La pêche à la baleine – sa chasse, plus précisément – était pour eux une affaire dangereuse qui complétait un peu les maigres revenus qu'ils tiraient de leur vache et de leur filet de pêche. On était pauvres, aux Açores, et on l'est toujours. On était courageux aussi, et appliqués à la tâche par devoir, par nécessité et par vocation, sans se plaindre ni espérer mieux de la divine Providence qu'une mer clémente pour aller travailler. Il suffit de voir les photographies des baleiniers de Pico au musée de Lajes pour comprendre que ces hommes, dont la misère se lit sur les corps et les traits du visage, n'étaient pas des capitaines d'industrie ni des

---

[8] Les armoiries de Biarritz, Guéthary, Hendaye, Fontarrabie et autre Motriko le confirment à l'époque médiévale par leurs *baleak*, leurs *atalaiak* (tour de vigie) le long des côtes, au large desquelles on harponnait la baleine depuis une *pinaza* (petite barque à rames), pour finir à Terre Neuve, au Groenland et au Spitzberg en flottille de dizaines de chaloupes.

[9] Herman Melville fait débuter *Moby Dick* dans la ville de New Bedford, « the Whaling City », l'un des plus grands ports baleiniers de l'époque en Amérique du Nord.

fous sanguinaires. Ces pères de famille dont l'âpre existence se bornait à garder leur dignité intacte, risquaient leur peau à chaque sortie, dans un affrontement avec la baleine qui pouvait les anéantir, ou pire, les briser à jamais.

Leurs petites embarcations ouvertes contenaient sept à huit hommes : un capitaine à la barre, un harponneur en proue et les autres maniant la rame comme un instrument de précision. Dans son avancée stratégique, l'équipage estimait à vue les parties vitales du cachalot afin de piquer au plus juste et l'affaiblir en cas de riposte. D'abord accroché au harpon à main qu'une longue corde déroulée à toute vitesse permettait de retenir, l'animal filait pour s'échapper, menaçant de plonger à tout instant et d'engloutir avec lui le bateau. Celui-ci, traîné de force, glissait parfois jusqu'à quinze nœuds sur une figure de style que les pêcheurs appelaient la « promenade en traîneau de Nantucket », sorte de course frénétique pouvant se terminer au fond de l'océan si la bête changeait brusquement de cap ou se ruait sur ses agresseurs. À bout de force, le cachalot finissait par capituler, laissant la barque s'approcher de lui et les lances manuelles lui perforer les poumons. Mort, il était ensuite remorqué jusqu'à terre où l'on ouvrait à quai une séance publique de dépeçage, cantonnée à la matière blanchâtre et cireuse[10] qu'il possédait quelque part dans la tête, et qu'on s'empressait de faire fondre dans d'énormes chaudrons pour en tirer l'huile de baleine, précieuse entre toutes. La carcasse, avec la chair et les os – que les hommes ne consommaient pas – était alors ramenée en mer, puis laissée à la dérive. Les goélands, les poissons et la houle achevaient sa toilette mortuaire, jusqu'à complète disparition.

Triste destin que mourir uniquement pour une substance organique sans même offrir sa quote-part de viande aux pauvres gars qui vous tuent. Pouvaient-ils la sécher, la saler comme un

---

[10] Nommée à tort « spermaceti » par les premiers observateurs scientifiques qui la croyaient liée aux fonctions sexuelles. Son rôle n'est pas connu avec certitude et deux théories s'affrontent. La première considère que cette substance permettrait à la baleine de flotter tandis que la seconde la suppose impliquée dans les phénomènes d'écholocation, le spermaceti servant de récepteur à ondes sonores pour l'aider à s'orienter et à communiquer avec ses semblables.

bacalhau[11] de rechange, un genre de steak pour les grandes occasions ? Ils n'en avaient probablement pas le goût ni la clientèle. L'huile de baleine était vendue sur un marché plus cosmopolite que celui du village et intéressait des secteurs plus raffinés que la poissonnerie. D'abord combustible, cire à bougies, graisse d'apprêt dans l'industrie lainière, son usage s'étendit dans la fabrication des crayons, des fards et des savonnettes, pour se spécialiser ensuite dans les lubrifiants de machines, les enrobages de comprimés, jusqu'à la nitroglycérine des bâtons de dynamite. Au début des années 1980, par sa modestie, l'exploitation locale était entrée dans le folklore au même titre que le fado et les processions du Saint-Esprit. Avec l'interdiction de la pêche commerciale par la Commission baleinière internationale (CBI), l'activité, déjà moribonde, s'éteignit définitivement et les grands cachalots, qui passent toujours le long des côtes, ne sont plus repérés que par les rêveurs et les amoureux.

Le souvenir de cette pêche artisanale ne doit pas faire perdre de vue que malgré les règlementations ratifiées par la plupart des pays concernés (pour la lutte contre l'extinction de certaines espèces), la pêche à la balcine se pratique toujours, non plus comme moyen de subsistance mais à l'échelon industriel. L'écrivain Luis Sepúlveda[12] dénonçait déjà, il y a plus de vingt ans, les navires-usines japonais en Antarctique – des « bateaux-aspirateurs » qui, à partir d'un énorme tuyau d'entrée, absorbaient sans distinction des tonnes et des tonnes de baleines et de poissons, les « traitant » sur place par une équipe de dépeceurs en casques de chantier, puis rejetant dans la mer, par un tuyau de sortie, le fretin et les rogatons. Malgré les moratoires, les interdictions, les rappels à l'ordre, le Japon, la Norvège et l'Islande[13] continuent le braconnage, rebaptisé pour la

---

[11] Morue cuisinée à la portugaise.

[12] SEPÚLVEDA, L., *Le monde du bout du monde*, Métailié, rééd. 2012.

[13] Et dans une moindre mesure, les îles Sainte-Lucie, Saint-Vincent et les Grenadines (mandatées par l'industrie japonaise) ainsi que les îles Féroé (Danemark).

circonstance « programme de recherche scientifique », justifiant des prises aussi abondantes qu'aux jours fastes, quand bien même la recherche dans le domaine des cétacés est au point mort depuis longtemps. Et, chose étrange pour l'intégrité de cette recherche dite indispensable, ses « prélèvements » se retrouvent par miracle en vente sur internet ou sur les menus des restaurants spécialisés. Les gouvernements nippon, norvégien et islandais plaident à la rescousse le droit à la diversité culturelle et à la souveraineté de leurs statuts juridiques en matière de pêche, alors que leur population est plutôt favorable à la fermeture de la chasse, dans leurs eaux ou ailleurs. Le Japon affirme qu'il est plus écologique de les manger : un kilo de lard marin polluerait moins qu'un kilo de viande de bœuf. Il rappelle qu'au-delà de cette tradition ancestrale (suivie aujourd'hui par une minorité de gourmets), les Américains vainqueurs de la Seconde Guerre mondiale et occupant le pays, ont favorisé la consommation de cette viande au Japon, peu coûteuse à l'époque et riche en protéines, qu'on allait distribuer dans les cantines des écoles. Il rappelle par la même occasion que, dans ce type de contexte, personne n'est en mesure de faire la leçon à personne.

Pourquoi, malgré un consensus presque unanime sur le devoir de les protéger, les flottes baleinières japonaise, norvégienne et islandaise s'acharnent-t-elles à poursuivre ces animaux, au risque d'en découdre sérieusement avec des activistes déterminés à les en empêcher ? Les attaques à la boule puante, les sabordages musclés, les mises hors service des baleiniers, les véritables batailles navales engagées dans l'Antarctique par des vaisseaux militants ne mettent-ils pas assez de pression pour les faire reculer ? Alors quoi ? Pour quelles raisons chasse-t-on encore la baleine aujourd'hui ?

On l'aura deviné : parce qu'elle est rentable. Quand son kilo de viande atteint 450 €, quand la demande de l'industrie pharmaceutique, chimique et cosmétique est toujours pressante et généreuse, l'exploitation du vivant, fut-il menacé d'extinction, est une manne sur laquelle on ne chipote pas. Si les fanons ne sont plus recherchés pour les corsets et les parapluies, l'huile entre encore dans la composition des résines synthétiques, des encres d'imprimerie, des excipients pour pilules et des rouges à lèvres (le *cetyl palmitate* annoncé sur l'étiquette provient du spermaceti et des coraux). Même s'il est possible de la remplacer par de l'huile végétale comme celle du jojoba, les vieilles habitudes perdurent et alimentent le marché. L'ambre gris, concrétion intestinale du cachalot, fixe encore quelques parfums et s'insère dans des granules d'homéopathie comme dans certains remèdes exotiques. Les os et les testicules de jeunes mâles trouvent aussi leur usage dans des poudres de perlimpinpin et des bars branchés de Tokyo. Quant à la politique, de toutes les intrigues, elle a toujours su peser, même obscurément, sur la balance commerciale, la pêche à la baleine permettant aussi de pêcher des voix dans certaines villes côtières attachées aux traditions.

Les enjeux de cette chasse sont mineurs dans les économies nationales. Il en va autrement dans les mers. Les espèces comme les baleines franches, les baleines à bosse, les cachalots et les rorquals communs voient leur population tragiquement diminuer, sans renouvellement. Leur reproduction est lente et exclusive, implique d'importants mouvements migratoires qu'il est plus difficile de mener à terme lorsqu'un bateau-usine les attend au détour d'un iceberg pour les traquer sans relâche. La pollution industrielle ajoute à l'hécatombe par l'empoisonnement de leur habitat, la pollution sonore les désoriente et les désocialise, le trafic nautique les carambole et souvent les tue. Quant au changement climatique, il brouille à présent leurs repères et leur demande d'improviser à tâtons de nouvelles formes de survie. À ce rythme, il ne restera plus grand monde dans les prochaines années malgré les réglementations ayant ralenti le massacre. Il y manque juste un peu, un tout petit peu de bonne volonté.

Gardons à l'esprit qu'aujourd'hui, malgré les accords internationaux, la sauvegarde de la baleine est encore gravement compromise. Si l'homme conscient baisse les bras et se résigne à l'abandonner à son sort, personne ne pourra plus entendre ses cliquetis et ses chants, personne ne pourra plus assurer à l'instar de Prévert, l'air de rien, comme ça, que « dans une quinzaine d'années, sans doute elle reviendra. »[14]

[14] PRÉVERT, J., « La pêche à la baleine » dans *Paroles*, 1946.

Être et créer à l'état brut

En 1949, Dubuffet annonçait la couleur. L'art qu'il baptisa « brut » sortait des asiles, des prisons et des bleus de chauffe et s'affichait sous le nez des curieux en liberté. Le génial découvreur, arrivé sur le tard par l'escalier de service, jetait son inestimable trésor sur la place publique avec l'audace d'un autodidacte qui n'a plus rien à perdre. L'Institution, Dubuffet s'en tamponnait. Ce qu'il offrait à l'esprit avait des ressources infiniment plus précieuses que les dépouilles académiques fossilisées dans la poussière. Il apportait de la création pure, authentique, de celle qui donne des frissons, loin des duchesses en pied et des bouquets décoratifs.

Ce ne fut pas si simple. Exposer des œuvres d'handicapés ou de malades mentaux, d'ouvriers ou de paysans anonymes, de marginaux déconnectés de tout, n'allait pas de soi. Ces créateurs qui fourrageaient dans l'ombre, scrutés par le corps médical, livraient leur production – dessins hallucinés d'où giclait le fondement de leur être - sans avoir conscience du cadeau qu'ils mettaient à la disposition des autres. Les cercles surréalistes s'en délectaient, l'anthropologie et la psychanalyse y trouvaient matière à exploration, le poète était en plein émoi. Dubuffet raflait-il par procuration des lauriers improbables ? Il n'a cessé d'expliquer sa démarche, de définir son champ d'action, de préciser son rôle – avec ce ton qui n'appartient qu'à lui - perturbant les séides des beaux-arts de l'époque, mal à l'aise face à ce trublion qui ne cessait de narguer le confort de leur intellect. Il délimitait l'art brut aussi serré que possible, jetant les convenances aux orties, ne ménageant ni les sceptiques ni les convaincus, jalousement agrippé au domaine exclusif qu'il mettait au jour. Dubuffet allait loin et tapait fort, souvent au mépris des usages du milieu.

Comme il faut ranger des trucs et des bidules dans une nomenclature, donner l'illusion que nous progressons dans la compréhension du monde, nous allons donc tailler nos crayons et remplir une fois de plus de grandes et belles grilles. Qu'est-ce donc que l'art brut et comment le définir ? Dubuffet, après en avoir développé les grandes lignes, conclura, excédé : « L'art brut c'est l'art brut et tout le monde a très bien compris ». *Exit* les importuns. Il daignera disséquer par la suite son propos mais ne lâchera jamais cette manière abrupte, ce doigt qui insiste où ça fait mal, sa répulsion du tartufe et du pédant.

Divisée d'abord en trois grands filons – « l'art des fous », « l'art des médiums », « l'art des marginaux » - la création brute est peuplée d'auteurs qui ne se proclament pas artistes. Ils n'ont rien à vendre, se moquent d'être diffusés ou reconnus, n'ont aucun message à transmettre. Ils créent, sans stratégie et sans bluff. Rétifs aux modèles esthétiques en vigueur et aux canons culturels, ils échappent en partie aux conditionnements collectifs, aux repères établis. Ils sont plus ou moins déchargés des références ambiantes, n'affichent aucune ambition dans le domaine de l'art et demeurent parfaitement étrangers aux manœuvres marchandes. Pour la plupart d'entre elles, les œuvres ne présentent aucune influence externe, sont élaborées avec un savoir-faire exclusif, souvent sommaire. Cette création n'est ni culturelle, ni anti-culturelle, ni même a-culturelle, elle est hors catégorie. Absolue, mystérieuse, définitive. Elle n'est pas non plus un style, une manière, mais plutôt une poussée, une éruption venue de l'obscurité, que ces solitaires des grands fonds remontent machinalement en surface. L'art brut est le processus créateur dans sa forme la plus innée, la plus originelle, la plus limpide.

Et c'est là qu'intervient une grande règle d'hygiène : faire régulièrement des cures de remise en forme sur cette terre vierge où ne poussent que des plants garantis sans masques et sans ronds de jambes. Particulièrement lorsqu'on souffre du petit monde compassé de l'art officiel, ses mondanités, sa science infuse, sa politesse sélective, sa préciosité ridicule et ses divas. Parce qu'un ministre de la Culture à la piètre envergure traitera ces caciques de cimaises (pour la plupart rampants) comme son petit personnel - c'est-à-dire mal - ces derniers, par mimétisme, reproduiront parfois leurs réflexes hiérarchiques et leur frustration sur les gens en coulisses et la menue piétaille. L'art dit majeur s'épanouit dans l'enclos des hyènes et les rivalités y sont fratricides. Il faut s'y résoudre et s'endurcir sans quoi l'on vous y mange tout cru, tout fils de rémouleur manouche ou descendant du dernier Khan d'Astrakhan que vous êtes.

Et l'on se prend parfois à penser qu'il y a des Révolutions culturelles chinoises qui se perdent…

Il y a là, dans ce trou sidéral, quelque chose de si authentique, de si véritable, de si radicalement ontologique qu'on ne peut faire autrement qu'en éprouver d'instinct l'éclatante valeur. Quelque chose de frontal empêchant toute esquive, de si évident qu'on croirait sentir un vieux souvenir refluer, une sorte d'égrégore de tous les *moi* du monde qui vous claque à la tête, une mémoire humaine mouvante et incontrôlable qui vous traverse les sens. Là, pas de chichis, on ne se raconte plus d'histoires. Plus de causette frénétique, de fraude, de sécurité et de remplissage : on marche au bord du précipice, en équilibre, tout seul et tout nu. C'est terriblement inconfortable mais c'est terriblement *vrai*. Il n'y a plus que cela qui compte : le luxe rare de l'absolue sincérité. La vraie vie vous chuchote à l'oreille des trucs définitifs dans un état de conscience optimal. C'est comme le plaisir ou la douleur aiguë, l'onde transperce la chair jusqu'au noyau de la cellule, en ligne directe, sans barguigner ; l'essentiel étant ce trait touchant la cible en plein cœur. Un peu comme une vibration inconnue qui dissoudrait toute la croûte de vernis qu'on trimballe en surface. Le big-bang de son propre trognon, l'élan primordial de son tréfonds personnel.

Bien sûr, nous ne ficherons pas des milliers d'années d'histoire de l'art en l'air, un reste bourgeois nous retient par la manche, malgré tout. Même si cette histoire de l'art reste impuissante, larguée, minuscule devant l'immensité de la création pure, même si cette histoire de l'art a structuré et construit nos petites têtes, éduqué une certaine forme de goût, elle ne vaut plus tripette devant la vague immense qui nous happe vers le large et nous lessive de pied en cap. On en revient transformé dans ses certitudes, un peu moins hautain, un peu moins abruti. Plus humble et plus humain, surtout. Et les *putti* géants que les coquets adulent dans les cocktails se révèlent enfin tels qu'ils ont toujours été : de vulgaires et rustiques jambonneaux à l'étal.

Ce qu'il faut avaler de couleuvres et coudoyer d'ordure pour survivre en société, ce qu'il faut serrer de mâchoires pour ne pas hurler. Le lot quasi-quotidien de l'homme parmi ses semblables, de l'homme de l'art - du Grand Art - au milieu de ses congénères, barricadé de garde-fous. Parfois, un sentiment de pitié nous envahit devant un roitelet muséal, un tyran mondain, un expert charcutier parfumé au muguet. Seuls dans sa « tunique de peau », dans son corps de primate pomponné, que lui reste-t-il une fois dépoudré ? Aussi peu de choses qu'un illettré mendiant sa pitance au fin fond d'un cloaque.

Vous l'aurez compris, ce milieu me répugne.

Henry Darger (1892-1973) et son œuvre maximaliste les annihilent d'un trait de plume. Et c'est une bonne nouvelle. Comment ne pas savourer tant de talent, de constance et de souffle homérique ? Huit tomes d'une autobiographie de deux mille pages flanqués d'une épopée de quinze mille, illustrés de centaines de dessins à l'aquarelle rehaussée à la gouache, de décalques et de collages, le tout sous le titre formel de *L'Histoire des Vivian Girls dans ce qui est connu sous le nom des Royaumes de l'Irréel et de la violente guerre glandéco-angelinienne causée par la révolte des enfants esclaves*. Rien de moins, du pur swing. Mise en œuvre pendant plus de soixante années, cette histoire raconte le combat mené par une fratrie de sept sœurs immortelles, épaulées par l'auteur soi-même, contre d'affreuses grandes personnes qui capturent les enfants innocents pour les martyriser et leur faire la peau. Imaginez le propriétaire de la cambuse que louait Darger lorsqu'il découvrit, à sa mort, cet empilement colossal, cette réserve croulante soigneusement structurée de vastes planches multicolores remplies face et revers, dans une prolifération graphique de corps enfantins confrontés aux périls du dedans de sa tête. Des captures au lasso, des fillettes à zizis, des tornades et des explosions, des papillons humains à cornes de bouc et des pendues à froufrous qui se balancent au bout d'un câble. Candide au premier regard mais hypnogène quand on plisse les yeux. La traversée frénétique, échevelée, d'une étendue parallèle non encore arpentée. Le spectateur n'a pas peur, il est juste frappé de catalepsie devant ces images. Pédophilie, inceste, meurtre sous-tendraient-ils ce délire ? Pas de panique, braves gens : même pas. Rien de tout cela dans son existence concrète, ni délits avérés ni pulsions manifestes. Il poursuivait en solo son petit bonhomme de chemin sans rien dire à personne. De l'enfant abandonné qu'il était, placé dans un centre pour attardés mentaux, à l'homme de ménage qu'il devint dans un hôpital de l'Illinois jusqu'à sa retraite, Darger mena une existence ordonnée, solitaire, faite d'heures de travail, de flâneries à glaner des bricoles au hasard des poubelles. Assidu à la messe plusieurs fois par jour, rééquilibrait-il le contentieux avec celui qu'il fustigeait dans son œuvre secrète, ce Démiurge contrariant l'existence des petits enfants perdus, comme il le fut lui-même ? Nul ne le sait vraiment mais le vieux monsieur timide, que l'on disait simplet et probablement marqué d'une blessure à jamais ouverte, laissait jaillir tous les soirs, dans l'obscurité de sa chambre, les mille et une étincelles de son feu sacré.

L'art brut n'est pas une posture. On ne décide pas un beau jour que l'on va s'y mettre. Vahan Poladian (1902/05-1982) par exemple, ne faisait pas son malin devant un public, il l'ignorait superbement. S'il s'affublait de couvre-chefs impossibles confectionnés à l'aide de breloques grappillées çà et là, s'il déambulait dans les rues de Saint-Raphaël en monarque oriental, en padishah clinquant, ce n'était pas pour montrer aux gens ordinaires combien lui ne l'était pas. Sa parade journalière répondait à une nécessité vitale. Ce n'était ni un punk, ni un dissident, ni même un dandy radical mais un homme mû par une urgence interne.

Jeanne Tripier (1869-1944), elle, fut le modèle-même de la créatrice multiforme, polyvalente, puissamment inspirée par des esprits furtifs l'enjoignant d'accomplir d'importantes missions en vue du Jugement Dernier. Elle agissait par la main de Jeanne d'Arc, du *dictateur universel* ou du *roi-de-la-lune-à-mon-gars* et rapportait aux terriens leurs exigences dans une langue secrète (... *bibiscloyatel oniconilosiskibitos*...) que personne n'a encore pu traduire autrement que par « mégalomanie chronique » et « confusion mentale ». Mère célibataire, vendeuse, elle fut internée d'office dans les années trente. Elle approfondit ses pérégrinations spirites par des textes inouïs, des illustrations tourmentées peintes à l'encre et au vernis à ongles, à la teinture capillaire, aux cachets et aux potions, jusqu'à des broderies fantastiques, insondables, d'où l'on devine que l'aiguille a subitement déraillé pour partir dans le décor. Cette femme anonyme, interprète d'un monde interstellaire particulièrement impérieux, a laissé des centaines d'œuvres étonnantes, découvertes par hasard quelques années après sa mort, soigneusement pliées dans un grand sac en toile.

L'art dit psychopathologique s'analyse encore dans les milieux autorisés comme l'un des nombreux témoignages du trouble mental, comme l'une de ses expressions, atypique mais flagrante. Si cette approche clinique réduit considérablement le champ de la recherche, elle conteste que les rouages intimes de la création – non encore élucidés - soient indépendants de la maladie. La création impulsive serait donc le signe d'une pathologie mentale. La simplification est décevante et trouve heureusement de nombreux objecteurs, particulièrement chez les artistes, qui tiennent ces créations pour des œuvres d'art à part entière, parfaitement dissociées du tableau psychiatrique. Les malades en pleine crise se détournent souvent de leur créativité et sont incapables de réaliser quoi que ce soit. Leur inspiration est souvent limitée à une période ou morcelée dans le temps ; ils peuvent s'en désintéresser aussi froidement, aussi brutalement qu'ils s'y étaient investis. Yassir Amazine (1975) a lâché ses stylos Bic du jour au lendemain, abandonnant ses soleils noirs et ses avions fantômes, ses tipis, ses palais à bulbes et à créneaux, le lacis spasmodique de ses lignes stoppées nettes par le bord de la feuille, les empêchant ainsi de poursuivre leur diable de course.

Chez Edmund Monsiel (1897-1962), voit-on forcément la folie comme prison (ou la claustration volontaire amenant la folie) dans son drôle de personnage récurrent, démultiplié, entassé, accumulé en arabesques, en paquets comprimés, et couvrant la page entière jusqu'au dernier recoin ? Son ubique moustachu – à la fois thème figuratif et moyen plastique – prit-il réellement le pouvoir sur sa vie ? A-t-il envahi son for intérieur après l'épisode douloureux, en Pologne, des nazis confisquant sa boutique, au point de courir chez son frère, de s'y s'enfermer dans le grenier et d'y rester planqué vingt ans, rompant à jamais toute vie sociale ? *A* a-t-il déclenché *B*, ou le contraire ? *B* procède-t-il de *A*, ou inversement ? Quoi est à l'origine de quoi ? Où la transmutation a-t-elle lieu ? Et comment ? Et pour quelles raisons ? Rien n'est si simple ni si mathématiquement déterminé.

Ces créateurs d'art brut ne sont pas des christs flottant au-dessus de la multitude, ni des prophètes incorruptibles dont les œuvres auraient valeur d'oracles. Leurs réalisations, aussi virginales qu'elles paraissent, n'échappent probablement pas à des contraintes liées au vécu, à la biochimie et pourquoi pas au surnaturel. Tout peut être envisagé, ce terrain n'ayant livré de conclusions définitives ni même fragmentaires. La psychiatrie reste encore et toujours une science molle comme le « conseil scientifique » d'une collection d'art n'ira jamais plus loin qu'une science liquide, un genre de salivation. Les deux en portent le nom prestigieux par souci de respectabilité, autant dire par complexe, tant elles sont conscientes, sans le reconnaître, de leur insuffisance. Si la grille cartésienne ne nous offre aucun élément probant quant à la compréhension – sinon intuitive - des processus en action, contempler sans a priori ces œuvres nous ébranle à coup sûr car leur impact nous est trop familier. Nous nous reconnaissons intimement en elles, nous appartenons à la même espèce que leurs auteurs. Elles ne sont ni jolies (comme des tulipes dans un vase Ming), ni décoratives (comme des crépuscules au bord de l'Oise), moins encore techniques et chiadées (comme les bambochades flamandes), elles sont juste d'une puissance extrêmement humaine, extrêmement proche malgré leur pauvreté, leur dénuement, leur fragilité sans mots. Elles *sont*, simplement. À l'état brut. Ces hommes et ces femmes, au-delà de leur existence singulière souvent morne ou ponctuée de tragédies, au-delà de leur vulnérabilité et du mépris ricaneur, au-delà du détachement à l'égard de leur don, ces gens-là sont en partie nos maîtres. Ils nous démontrent, avec deux ou trois bouts de ficelle, qu'il n'y a rien de plus vain que se croire un artiste.

Une bien triste histoire

L'affaire Strauss-Kahn.

Tout ou presque a été dit. Le bavardage, les conjectures, les explications sur un éventuel complot ou une réelle pathologie ont été fournis par des « experts », politologues, psychiatres, avocats, journalistes, dénonciateurs ou partisans. Où que l'on se place, le coup de théâtre est fabuleux, le spectacle pénible, la portée de l'événement considérable. Du moins en France et dans un premier temps. Une fois de plus, la réalité dépasse la fiction et nous constatons combien nous restons de pauvres hommes, c'est-à-dire de grands singes. La pulsion et le réflexe, directement issus du cerveau archaïque, font tourner le manège. Et sans Charlie Oleg, c'est forcément moins drôle.

Il y a des gens que tout énerve. Moi, c'est le contraire, tout m'apitoie. Un jour, ma mère nous a dit qu'il était difficile de haïr quelqu'un lorsqu'on le regardait dans les yeux ; on y décelait toujours une faiblesse étouffée, une solitude incurable et forcément, la compassion avait donc droit de cité. « L'homme est une île déserte et les bateaux n'y passent qu'à l'horizon »[15]. Combien de fois avons-nous vérifié cette phrase dans nos moments d'extrême lucidité ? Mais l'espoir qu'un bateau accoste nous tient en haleine la vie entière, il est ce fil d'argent nous reliant aux autres et à tout le reste. L'abjection des arrière-cours et le trou du cul de l'humanité recèlent une réserve de lumière que l'on refuse trop

---

[15] VIALATTE, A., *Dernières nouvelles de l'Homme*, Julliard, 1978.

souvent de considérer. L'aveuglement revêt tout de noir, tel un drap funèbre, sans nuances. Encore une fois, tout dépend du regard.

Un con est un con. Et comme on est toujours le con de quelqu'un, il y a fort à parier que le con d'un autre ne sera pas forcément le nôtre bien que ce dernier puisse rejoindre celui d'un tiers. Cela est valable également pour les salopards, les ordures et les faux-jetons. Leur inventaire, aussi précis soit-il, n'a pas l'exactitude d'une nomenclature zoologique à binômes latins, genre *Petassae mellitaris* ou *Scabrosis putrus*. Il varie en fonction de l'observateur. C'est une notion caméléon dont il faut se méfier.

Au fond du grand méchant loup vit un agneau, comme au fond de l'agneau vit un grand méchant loup. Sans compter que Mère-Grand a parfois de grandes dents. Dans le microcosme d'un homme, les choses sont déjà infiniment complexes. À l'échelon d'une société, la somme de tous les microcosmes infiniment complexes télescope d'autres organismes, d'autres structures tout aussi composites qui se heurtent également à d'autres ensembles prodigieusement touffus. Au stade planétaire, je n'en parle même pas. Cosmiquement parlant, je n'ai plus qu'à m'incliner. C'est pour cela qu'il est difficile, à chaud, et même à froid, de trier définitivement les bons des méchants, les justes des injustes, les vertueux des salauds. Je serais la cliente idéale à flinguer dans une cave, d'une balle dans la nuque, pour n'avoir pas choisi son camp. Quoique. Suicide pour suicide, je monterais peut-être au créneau par goût de la voltige. Je dis bien *peut-être*.

Le pouvoir, le sexe, le fric s'entremêlent avec l'impuissance, la moralité et la modestie. Les uns ne sont pas contre les autres, ils s'imbriquent. Le pouvoir peut fasciner comme il peut révulser. Qui n'a jamais été témoin – quand ce n'est pas soi - d'une mise à quatre pattes volontaire devant la représentation du pouvoir (chef de famille, caïd de la classe, policier, grand manitou d'un service hospitalier, contrôleur des impôts, etc.) ? Si l'on est de nature impressionnable, la timidité peut l'emporter, dans les cas limite, la prosternation. Le respect de la hiérarchie s'inscrit selon certaines thèses dans le cerveau primaire, celui qui nous renvoie à nos aïeux batraciens. Ainsi va l'homme. Les petites jeunes filles aiment les rock stars, les officiers en uniforme, leur professeur de gymnastique, les révolutionnaires marxistes de la guérilla cubaine, quand d'autres veulent dégommer le Président de la République, les CRS, le curé de la paroisse ou les magnats du CAC 40. Pourtant, l'homme sous sa peau, l'homme au-delà de l'immédiatement visible, ressemble à tous les autres. À vous, à moi, à tout le monde. Lorsqu'il disparaît sous ses oripeaux, sa célébrité, son érudition, sa virilité conquérante, il ne vaut guère plus qu'une petite mouche domestique (*Fannia canicularis*). « Gentillesse avec les petits, complaisance avec les moyens, qui-vive avec les grands. Sans oublier qu'il faut autant de charité à l'égard des grands qu'à l'égard des petits ».[16]

Une tentative de viol ne sera pas non plus définie comme telle par tout le monde. Si le viol est heureusement reconnu comme un crime, ses délimitations sont plus floues dans les esprits bien que parfaitement concrètes dans les faits. Surtout quand il y a démarche mais non aboutissement. Et particulièrement lorsqu'on est une femme. Pourtant, un homme subissant un viol doit aussi passer un très mauvais quart d'heure. Certains argueront que le consentement n'était pas verbal mais explicite, que tout appelait, dans le feu du désir, à la consommation brutale et immédiate et que faire sa mijaurée de dernière minute est irresponsable et inhumain pour celui qui est pris dans l'élan hormonal. Certains le diront, en toute bonne foi. Une autre sensibilité tendra à condamner avec rage tout individu porté un peu trop sur la chose, à le regarder comme un détraqué sexuel, un malade mental, un dangereux prédateur, quand bien même le priape en question n'aura contraint personne, aura au pire regardé d'une manière un peu appuyé une créature

---

[16] MONTHERLANT, H. de, *Service inutile*, « La Pléiade », Gallimard, 1963.

passant. À l'heure des sex-toys, du porno industriel et des fillettes en string, les repères se délitent, les bornes se dépassent et la moralité en matière de mœurs relève souvent de la ringardise. La victime, la proie, le gibier, ou tout simplement la salope ordinaire, entrera dans la courbe ou le graphique d'une étude officielle qui me rappelleront que, statistiquement, je croise deux ou trois violeurs par jour en prenant le métro.

L'argent réveille aussi des instincts tout aussi bestiaux. Les exemples abondent dans l'Histoire et dans notre vie personnelle. Cet amour immodéré du fric, illustré par une multitude de conduites extravagantes n'étant pas toujours combinées au manque, à la gêne ou aux échéances, vire souvent au ridicule puis au pathétique quand l'esclave du dieu Mammon en perd tout sens rationnel. Posséder de grosses bagnoles, de gros bijoux, de grosses maisons, de gros comptes bancaires aux îles Caïman, de gros bataillons de serviteurs, de grosses possibilités et ouvertures un peu partout, de grosses défenses et immunités contre les attaques des grosses bêtes sauvages, garantit une grosse tranquillité des besoins primaires, essentiels, qui assurent la survie et la reproduction de son clan. J'ai beaucoup entendu ces derniers jours la formule étrange de « surface financière », sortie du monde des affaires et reprise à l'encan par les speakerines de l'info, non sans fierté d'ajouter à leur vocabulaire de nouvelles expressions d'initiés. J'ai appris que tel couple « avait une surface financière » de tant de millions de dollars alors que je m'attendais à des hectares, voire à des acres ou des miles carrés. Pauvre débile. Une « surface financière » s'évalue en unité monétaire, qu'on se le fiche une bonne fois pour toutes dans le crâne. La très élégante formule du qui « pèse » combien, évalué non pas en kilogrammes comme il est d'usage lorsqu'on parle de masse, mais plutôt en pognon, comme il est d'usage lorsqu'on parle entre propriétaires sérieux, évolue dans le même climat, mais en plus corpulent, du « savoir se vendre » lorsqu'on joue du triangle au « gérer » la répartition des fraises quand on confectionne une tarte pour la kermesse de l'école. La dérive des mots, la pénétration du lexique des banquiers dans la vie quotidienne, le mélange des genres s'instaurent subrepticement jusqu'à influer, l'air de rien, sur les mentalités et modifier les regards – encore eux – sur soi et sur les autres. Les déviations nous emmènent très loin des sentiers battus et une fois paumés dans la jungle du fric débordant, les hommes, ravalés au rang de bactéries (*Vibrio cholerae*), rabaissés au néant, en deviennent pitoyables.

Enfin, l'ingrédient ultime, l'inévitable épice pour qu'une recette soit réussie, est la sacro-sainte et hideuse race dont on ne sait plus, à force de controverses sémantiques, de quoi elle relève ni s'il est bien ou mal d'en adopter le terme. Lorsqu'un match oppose la négritude à la judéité, juste ça, sans tout le reste, le truc s'annonce déjà bien compliqué. Entre le « black is beautiful » des adolescents livides rêvant d'une coupe afro version Soul Brother ou Jackson Five, aux résurgences KKKistes de quelques exaltés garantis sans colorants, le nuancier Pantone offre une palette de bruns qui permet à chacun de juger son seuil de tolérance. Concernant les juifs, même topo, entre les braqués de la Shoah qui s'en servent comme bouclier pour tout et presque rien et les vrais antisémites tenaillés par une conspiration tous azimut, la gamme est vaste et autorise une tripotée d'octaves à décliner selon l'humeur. Les uns et les autres obéissent aux mêmes ressorts : la peur, la rivalité, l'instinct de survie, la territorialité, réflexes ancrés depuis que nous sommes sortis de l'eau, avons rampé sur le rivage, nous sommes redressés pour picorer des baies, avons marché pour courre le bifteck. Ainsi va encore l'homme, toujours crapaud dans l'âme et félin dans l'intellect, tiraillé par ses contradictions internes et durement soumis à l'appréciation de ses pairs.

Il y a tout ce qui nous excite dans cette histoire : la lutte des classes, des races et des genres, le frisson de l'horreur et les délices du châtiment public, la misère humaine et ses multiples avatars, la justice et l'arbitraire, le salace et la pudibonderie, le vice et la vertu. Mais il y a surtout une épouvantable solitude : celle d'une femme de chambre anonyme au cœur d'un scandale mondial qui doit se demander, après avoir recouvré ses esprit, ce qu'elle fout dans cette horrible galère ; celle d'un homme puissant, à la tête du Fonds monétaire international, à jamais disqualifié, dégringolé de son perchoir, qui doit méditer sur le fil fragile du destin qui lui a valu de déchoir si vite et si bas pour des cochonneries.

J'ai de la peine pour eux, pour leurs proches, pour ceux qui hurlent avec les loups, pour ceux qui crient vengeance, pour ceux qui en font leurs choux gras, pour ceux qui nient, pour ceux qui enfoncent le clou, pour à peu près tout le monde. J'ai même de la peine pour moi-même qui ne peux m'empêcher d'avoir de la peine pour tout mais de suivre quand même, haletante, la suite du prochain épisode.

Et oui, ainsi va l'homme.

Belle comme un mérou

Le visage est un élément du corps de toute première nécessité. Si le cerveau, les intestins, les poumons ont leur intérêt immédiat, le visage n'en constitue pas moins un instrument social aussi important dans la vie humaine que les fonctions physiologiques des organes vitaux. Il est aussi unique que ces derniers, même chez les jumeaux monozygotes. C'est un marqueur rapide d'identification : un coup d'œil suffit à le reconnaître ou du moins, à nous renseigner sur son origine ethnique, son milieu social, son âge, son hygiène de vie, ses goûts et ses habitudes alimentaires. Une bonne cartographie pour sonder plus avant sa personne. Cette approche est, par définition, superficielle mais nul n'y échappe, le visage étant à la fois la première porte de communication avec le reste de la maison et un carrefour à multiples panneaux indicateurs. Il nous montre la direction à suivre ou au contraire, d'instinct, nous intime l'ordre de faire demi-tour. Même le plus inexpressif des faciès donnera de précieux renseignements sur son propriétaire, à commencer par son désir de paraître quelque chose, fut-ce le vide, ou son incapacité à exprimer quoi que ce soit.

Outre les attirances spontanées et les souvenirs qu'évoquent un regard ou un sourire - sans oublier l'intercession des phéromones - l'esthétique du visage joue un rôle décisif dans les rapports humains. On a beau dire que non, que la seule beauté valable est intérieure, que l'éclat d'une personne procède de sa gentillesse, son intelligence ou sa droiture - bref, de toutes ces vertus étincelantes -

il n'en reste pas moins qu'un visage est d'abord extérieur, palpable, carné et que sa beauté ne se devine pas mais s'appréhende par le sens visuel. Des traits fins, symétriques, harmonieux lui garantissent souvent un retour positif, un pouvoir sur ce qui l'entoure que la personne utilisera dans ses rapports au monde, à moins qu'une sérieuse névrose ne lui perturbe le comportement.

Les critères esthétiques sont fantasques et diffèrent selon les époques, les cultures et les castes, sans compter les sous-facteurs d'appréciation, aussi variables que les individus, qui feront d'un détail une donnée éliminatoire ou un sésame pour la destinée. L'Occident a longtemps soustrait ses femmes des rayons du soleil pour leur affiner ce teint de porcelaine, désespérément carencé en vitamine D, qui leur donnait cet air d'extrême délicatesse qu'il convenait de laisser deviner sous les mousselines et les ombrelles. On est loin de l'intégrale orange et moite des rôtissoires de Saint-Tropez ou des cabines de bronzage qui, dans les années 80, ont multiplié les mélanomes à l'échelon pandémique. Sous nos latitudes, on préfèrera toujours une face de cake trop cuit rongée par le cancer plutôt que déambuler blafard sur les galets de la Côte d'Opale.

Partout, des spécificités apparaissent. Il est entendu qu'un homme distingué goûtera davantage de longues jambes au galbe discret alors que la populace salivera sur une grosse paire de seins. Il est entendu qu'une Scandinave sera toujours grande, blonde et saine et qu'une Hispanique aura l'œil noir, la robe rouge et tapera du pied au moindre tracas. Nous n'entrerons pas dans les subtilités culturelles ou sociologiques qui obligent les Orientales à se transformer en pots de peinture, les Versaillaises à porter des serre-têtes en velours ou les Nippones à hésiter entre l'origami vestimentaire et la nymphette à sucre d'orge. Les bizarreries esthétiques touchent un public varié dont les femmes constituent le principal moteur (ou les principales victimes) parce qu'il est entendu également que celles-ci sont des objets décoratifs avant d'être des individus.

Les fonctions sont ainsi réparties depuis la Préhistoire : une femme physiquement attirante déclenchera la concupiscence (gage de la perpétuation de l'espèce) alors qu'un homme révèlera l'étendue de sa jugeotte par mille et une ruses susceptibles de rapporter le gibier autour du feu. Les choses s'aggravent lorsque les attractions s'établissent sur des critères extravagants (l'intelligence féminine, la sensibilité paternelle et autres fariboles) très éloignés des qualités nécessaires à la survie du groupe. L'affinement culturel fait donc partie de ces luxes un peu gadget qui ont l'inconvénient de détourner les tempéraments équilibrés des instincts les plus sûrs. La coquetterie, malgré les apparences, est un réflexe solide, darwinien, à la fois mystique et quasi-reptilien, pressé par d'inéluctables impératifs qui permettent encore au genre humain de subsister sur la surface de cette planète.

Les Mayas, par exemple, connaissaient bien la formule : grands amateurs de saignées liturgiques dans des fumets de copal, l'offrande humaine montait comme l'encens vers Chac ou Ah Mun[17], projetant ainsi l'énergie vitale des victimes vers les dieux qui, dans un loyal retour d'ascenseur, transmettaient à leur tour leurs pouvoirs aux seigneurs. Et comme si cette boucherie périodique n'était pas suffisante, la noblesse s'adonnait au transformisme pour mieux ressembler aux divinités, les implorer dans les règles de l'art et préserver la marche cosmique, c'est-à-dire son propre maintien dans la société puis dans l'au-delà, *ad vitam aeternam*. Le visage et son influence vont alors marquer de façon impitoyable la volonté – et même l'obligation – de dévier la nature pour en manifester la transcendance.

Pour cela, plus question de femmes pimpantes mais d'enfants mâle que l'on prenait au berceau dans les meilleures familles. Leur contrefaire le crâne pendant que leurs os étaient encore tendres assurait la continuité du monde. La déformation céphalique était

---

[17] Dieu de la pluie et du tonnerre, dieu de l'agriculture.

plus qu'un rite, c'était un devoir : celui de ressembler à K'awiil, le dieu du maïs et du pouvoir dynastique. Pour ce faire, on façonnait en forme de céréale la tête des nourrissons afin qu'adultes, ils incarnassent cette divinité au milieu de leur peuple. Affublés de prothèses (deux petites planches de part et d'autre de l'occipital), l'enfant grandissait avec la tête se déformant au fil des années jusqu'à devenir oblongue comme un épi de maïs[18]. Pour fignoler la réplique, le petit garçon supportait encore une pression continue sur l'arête du nez par l'ajout d'une autre pièce aplatissante qui se prolongeait jusqu'au front. De la sorte, le crâne se développait et s'affermissait définitivement, conférant au jeune adulte une figure des plus étranges, reconnaissable entre toutes. Dénivelé d'une arcade sourcilière à l'autre, asymétrie des pommettes, des joues et des mâchoires, front plat et fuyant, prognathisme et bouche tordue. Quant aux yeux, disparates et saillants, véritables calots roulant dans leur cavité, un strabisme appuyé leur donnait un air de masque cérémoniel dodelinant entre expression d'épouvante et débilité profonde.

Les têtes ne sont pas les seules parties du corps à pétrir et à remodeler. Faisons un saut de l'Amérique centrale à l'Asie où tout le monde a entendu parler de cette coutume singulière des pieds bandés. Supplice chinois inventé à des fins non plus religieuses mais érotiques (satisfaire le désir de l'empereur en exécutant élégamment une « danse du lotus »), il se généralisa dans toutes les couches de la société, d'abord pour faire valoir sa fortune et marier ses filles en conséquence, ensuite par tradition. Ces femmes révélaient ainsi leur grâce par une démarche claudicante, les pieds emmaillotés dans de minuscules souliers (7,5 cm de longueur) qui mettaient en relief le canon idéal de leur charme. Les ethnies ne pratiquant pas cette coutume - comme les Mongoles, cavalières

---

[18] Voir le fascicule de l'exposition *Les masques de jade maya*, du 26 janvier au 10 juin 2012 à la Pinacothèque de Paris.

émérites aux jambes solidement plantées - se mirent ainsi à mimer le pas des Chinoises par pure coquetterie.

Si l'adage veut qu'il faille souffrir pour être belle, la technique du bandage se situe assez haut sur l'échelle du calvaire. Vers cinq ans, les petites filles se plaçaient sous l'expertise de leur mère, gardienne de la règle, les soumettant deux années durant à l'horrible processus de la réduction plantaire. Pour ressembler à deux boutons de lotus, les pieds étaient d'abord trempés dans une macération de sang chaud et d'herbes aromatiques, puis les orteils savamment rabattus, la courbe de la voûte vrillée vers l'intérieur. On calfeutrait ensuite le tout dans de petites chaussures dont on réduisait progressivement la taille, provoquant souvent de multiples fractures. Des nécroses emportaient parfois les doigts de pieds qui, si elles ne tournaient pas en septicémie (taux de mortalité d'environ 10%), rapetissaient pour leur plus grande fierté les preuves concrètes de leur beauté, ou du moins, à l'usage, de leur féminité. Interdite en 1912 par le Gouvernement chinois, cette pratique perdura néanmoins en secret, confirmant ainsi le poids des traditions, supérieures aux notions oiseuses du bien aise et du choix de disposer librement de son corps comme s'il était le sien.

Mais a-t-on finalement le choix ? On fustige après coup, avec une vision plus ou moins globale et distanciée, ces pratiques « d'un autre âge » qui relèguent les enfants et les femmes au rang d'objets, d'oblats ou d'esclaves, au nom de particularismes culturels considérés dorénavant comme archaïques. La faute des croyances et, indirectement, de l'humanité qui les met en œuvre, permet sans états d'âme de poser en martyr et d'en imputer la responsabilité à des facteurs extérieurs, quand ce n'est pas à des coupables clairement identifiés. Le constat est juste mais incomplet. On oublie d'ajouter que les mêmes femmes – moi, nous - dans notre rôle fidèle et implacable de la transmission, avons accepté et nous sommes même appropriées les carcans qui nous enchaînaient. Garantes d'une culture, d'une ambition ou d'une respectabilité (via nos filles, nos fils et notre maison), nous avons été à la fois victimes et bourreaux, co-participantes de la « barbarie » ordinaire qui a fait de nous ce que nous n'assumons plus et dont on se débarrasse sur le dos des hommes, de façon unilatérale et trop souvent simpliste. Il faut avoir le courage, un jour ou l'autre et en toute honnêteté, de se regarder en face et de reconnaître que tout n'est pas blanc ou noir. C'est dans ce sens que nous pourrons un jour vivre l'égalité des droits, en adultes sains, structurés et responsables, sans complexe ni surenchère. Espérons que la femme ne sera jamais l'avenir de l'homme mais plus sobrement, son *alter ego*.

Les transformations esthétiques semblent être motivées par deux sources principales: la revendication identitaire et l'inhibition de l'individualité. Culturelle chez les uns, stigmates d'un refoulement chez les autres, elles s'expriment dans des contextes opposés, chez des groupes ou chez des individus soumis à des repères précis, erronés ou justifiés. Les femmes plateaux ou girafes affichent l'originalité de leur culture en exhibant démesurément leur différence : la mutilation s'étale comme un étendard aux yeux de tous. Un plateau labial de 25 centimètres de diamètre agrémente la bouche, résultat de plusieurs années préparatoires à distendre une lèvre inférieure par des plaquettes d'argile de plus en plus grandes en fonction de la dot. Présente en Éthiopie et au Tchad, cette particularité ne s'inscrit probablement pas dans la séduction (quoique, avec un bon trousseau...) mais constituerait le témoignage d'une ancienne coutume qui enlaidissait délibérément les femmes du clan afin de les protéger des rafles alimentant la traite des Noirs. De la même manière, les femmes Padaung[19] et leur collier en laiton dont la spirale s'allonge au fur et à mesure de leur croissance (un tour de cou supplémentaire tous les ans – jusqu'à 28 tours, soit 9 kilogrammes) partagent le même désir de

---

[19] Minorité ethnique tibéto-birmane du Myanmar dont la plupart des membres a émigré en Thaïlande.

se distinguer des autres ethnies. S'il est une parure soulignant la finesse des attaches poussée à son comble, sa fonction initiale est floue même si la menace esclavagiste d'autrefois a peut-être aussi quelque chose à y voir. Certains pensent qu'il s'agit d'un moyen d'éviter les mariages en dehors de la communauté, d'autres y reconnaissent la marque du dragon, omniprésent dans le folklore. D'autres encore affirment qu'il s'agit d'un moyen de se protéger des tigres ou des mauvais esprits. Usage à des fins prophylactique, utilitaire, conservatrice, esthétique ? L'emploi du collier-spirale et du labret demeure tout à la fois signe d'appartenance, dispositif de sauvegarde et accessoire ornemental.

Ces trois fonctions ne sont pas l'apanage des sociétés primitives perdues dans quelque jungle hostile. Elles éclatent aujourd'hui en Occident sous des formes similaires, dans une escalade expressionniste des plus symptomatiques. La silhouette et le visage ne s'assimilent plus à un contexte tribal ou culturel, ni même à une marotte pseudo-contestataire - crête iroquoise rose fluo, tatouage néo-maori, piercing aux lèvres ou aux tétons - mais à un réflexe morbide de compensation. Refus du vieillissement, de la banalité d'un soi contrarié ou jugé insuffisant. La chirurgie esthétique fonctionne davantage comme un cautère sur une jambe de bois alors que sa fonction devrait probablement se maintenir dans des limites réparatrices : corriger efficacement, et pour le bien de tous, de véritables difformités et malformations. La grande foire chirurgicale tend à panser des plaies d'abord psychologiques, compresses à la fois rentables et provisoirement satisfaisantes sur des blessures narcissiques soignables ailleurs qu'au bloc opératoire. Mais c'est un progrès, nous dit-on, que d'avoir la possibilité, grâce au bistouri, de se sentir mieux dans sa tête parce qu'en phase avec les canons esthétiques de Donatella Versace ou Demi Moore. Parce que collant au type marketing des mannequins biélorusses de quatorze ans, rectifiés sous *Mac* et vendus sur papier glacé. Un progrès régressif, une évolution décadente, une maturation immature ? Nul ne le sait encore mais nul n'est crédule. Paraître plus jeune et plus belle lorsqu'on a passé le troisième âge, donner l'illusion d'être mieux dans sa peau lorsqu'on crève de solitude et de frustration, se résigner à de nouvelles contraintes normatives qui nous mènent par le bout des rides comme des moutons de Panurge : est-ce ainsi que les femmes se rêvent ?

Techniquement, l'uniformisation est de règle. Le chirurgien n'est ni un sculpteur ni un artiste, son interprétation reste trivialement concrète, sans modulations aériennes ni vibrato cosmique. Il fait comme il peut avec ce qu'il a. Pas de neuf avec du vieux, pas de coup de baguette magique pour la félicité perpétuelle mais un rafistolage de la carcasse, certes complexe, à coups de scies, de limes, de broyeurs et autres massettes. Le tout accompagné de photos. Sa mission rédemptrice : boursoufler des lèvres, distendre des bouches, saillir des pommettes, statufier des traits, étirer des yeux, raboter des mentons, capitonner des joues, aplatir des faces ou châtrer des nez. Ces opérations récurrentes ont d'ailleurs défini un standard esthétique que l'artifice rendait choquant et hideux au premier regard mais que le temps, l'habitude et le matraquage médiatique ont imposé comme référence. Ce qui était laid est devenu esthétiquement souhaitable, conforme, canonique. On choisit de ressembler à Fantomas ou à Jojo le Mérou parce qu'on ne sait pas s'y prendre mieux, parce que toutes les stars d'Hollywood, de Deauville ou de Ramatuelle leur ressemblent. Combien de jolies femmes sont devenues physiquement terrifiantes ? Combien de laiderons ont viré en monstres ? Quand la chirurgie esthétique innovera vers la taille des oreilles en pointe ou la perforation d'une troisième narine, nos icônes télégéniques se mettront au goût du jour et les anonymes, en troupeaux, les imiteront. Une soumission de plus à l'humeur, au fugace, au dernier truc en vogue. Une soumission de plus au vide.

Force est de constater, désespérément, que ce sont les femmes, toujours les femmes qui en sont les victimes, tortionnaires d'elles-mêmes, comme un complexe de la consommation masochiste, un syndrome de Stockholm poussé toujours plus loin. Lorsqu'une femme peroxydée, liftée et botoxée prône le détachement bouddhiste ou lève le poing contre la phallocratie ambiante, la consternation tourne en accablement. Comment viser l'émancipation totale et définitive lorsqu'on est soumis au diktat le plus superficiel qui soit, celui des apparences ?

Et comme si la chose n'était pas assez tragique, il semblerait maintenant que les hommes s'y mettent.

Jung, ce plongeur des grands fonds

La vie de l'homme est une tentative aléatoire.[20]

Une exposition consacrée à Carl Gustav Jung[21] ne pouvait pas mieux tomber en ce début d'automne riche en résolutions. Inventeur parmi d'autres de la psychologie analytique, ce psychiatre suisse (1875-1961) reste négligé en France car peu compatible avec l'hyper-rationalisme névrotique et autoritaire qui caractérise l'idéologie de notre beau pays. Il est vrai qu'il n'y est jamais allé avec le dos de la cuillère : ses expériences transpersonnelles, à la limite du paranormal, frôlent volontiers - pour ne pas dire plus - l'extravagance. Heureusement, ailleurs, ses travaux font l'objet d'études de haute volée – dans le champ de la physique quantique notamment - sur les interactions entre l'esprit et la matière. Nous voilà donc rassurés.

Quoi de plus significatif qu'une montre qui s'arrête le jour de son anniversaire ? Des superstitieux y ont vu un mauvais présage quand je reconnus un encouragement, un clin d'œil du destin, un point de convergence au dénouement de plusieurs années traversées à tâtons. C'est là que Jung, surfer hors-piste de la psyché humaine, déboula avec son attirail d'explorateur et se posa, de plus en plus irréfutable, au milieu de ma vie. Le père de la *synchronicité*

---

[20] Toutes les citations sont tirées de Carl Gustav Jung, « *Ma vie* ». *Souvenirs, rêves et pensées*, Gallimard, 1973.

[21] Exposition *Le Livre Rouge de C. G. Jung. Récits d'un voyage intérieur*, du 7 septembre au 7 novembre 2011 au musée Guimet à Paris.

– sorte de fausse coïncidence révélatrice, concept aux antipodes du tableau cartésien – revenait une fois de plus me mettre le nez sur ce que je ne voyais plus : la forêt immense se déployant derrière le petit arbre souffreteux qui me servait de repère. Il était temps de passer aux choses sérieuses : mettre les enclumes aux encombrants, se dépouiller du surplus, se purger des toxines, aller chercher loin, très loin, très haut et très profond, la densité du réel. Je venais de paramétrer mon esprit en ce sens lorsque ma montre s'était arrêtée. Synchronicité des plus parlantes: quarante-et-un ans d'apprentissage et de maturation étaient enfin bouclés et me le faisaient savoir.

Ce vieux Jung insistait encore par le biais d'une expo simultanée dédiée à son fameux *Livre Rouge* - grimoire énigmatique dont tous ses disciples avaient entendu parler mais dont aucun, ou presque, n'avait vu la couleur. On disait le livre déclic de ses théories, creuset de ses intuitions fulgurantes, boîte de Pandore, caverne d'Ali Baba, saint des saints. On le disait inaccessible au profane, bizarroïde, presqu'effrayant de récits et de cryptogrammes hallucinés. Dans son cube de verre, sous les spots tamisés de la salle, celui qu'on appelle également le *Liber Novus*[22] - objet de tous les fantasmes chez les psys jungiens et les art-thérapeutes des lamasseries ardéchoises (à en croire les écharpes en soie à écritures sanskrites, les tresses poivre et sel et les tricots en laine de pays croisés ce jour-là) – le *Liber Novus* donc, trônait comme le Verbe de Vie parmi les mandalas. Le pavé, ou plutôt le bloc de tuf relié pleine peau, cette dernière bien nourrie et luisant de tous ses pores, contenait seize années d'auto-expérimentation et de voyages introspectifs. Immersions au plus profond des abysses humaines, piqués et loopings dans l'infini mental, franchissements pieds-nus de braises incandescentes, forages jusqu'au noyau de la cellule. Jung était parti « *à la recherche de son âme* » naviguant à vue dans l'immensité de son être, sondant jusqu'à la plus petite brèche

---

[22] JUNG, C. G., *Le Livre Rouge, Liber Novus*, L'Iconoclaste/La Compagnie du Livre Rouge, 2011.

temporo-spatiale, livré aux influx du cosmos et aux derniers replis de sa propre noirceur. Il en était revenu les idées plus claires, plus ou moins débarrassé de l'espèce de purée qui lui engluait la conscience. Il mit au point un schéma structuré, cohérent, une grille de lecture du psychisme qui le catalogua expert-aventurier pour la postérité.

C'est que Jung travaillait en 3D - et même au-delà - quand Freud, son confrère, bloqué sur son idée fixe (le kiki, le cucul, le caca), ne dépassait pas la deuxième dimension. Quand l'un se lançait dans le volume, l'autre s'accrochait au linéaire. Ils rompirent d'ailleurs, parce qu'on ne peut pas faire semblant de jouer aux savants qui s'admirent l'un et l'autre sans s'accorder au moins sur le minimum nécessaire. Lorsqu'après une carrière touffue et prolifique, Jung écrivit à 83 ans: « (…) *aujourd'hui aussi je suis solitaire, car je sais des choses qu'il me faut bien mentionner, que les autres ne savent pas, et le plus souvent ne veulent pas savoir*», il ne jouait pas au mystérieux pour faire le malin ou pour se plaindre de l'incompréhension des autres mais parce qu'être défricheur de jungle isolait vraiment du commun des boy-scouts. S'enfoncer sans cordée dans les ténèbres terrorisait - et terrorise encore - le petit trouillard qui sommeille en chacun de nous. *Transpasseur* d'éternel, *outrepasseur* d'éphémère, sa vision plongeante et panoramique brouillait quelque peu la promenade touristique de l'étiologie ambiante.

La psychologie analytique de Jung, que je connais mal et dont certaines chinoiseries me resteront à jamais fermées (ce n'est pas sans raison qu'elle est qualifiée de *complexe*) déborde du cadre thérapeutique pour chatouiller d'autres disciplines telles l'anthropologie, l'ethnologie, l'histoire de l'art et des religions. Et lorsqu'on parle de chinoiseries, nous voilà méditatifs au musée national des arts asiatiques face au nouvel évangile de l'inconscient enfin sorti de son coffre-fort.

Le livre est un manuscrit calligraphié à l'encre de Chine de la main-même de Jung. D'un style médiéval, l'ensemble est généreusement illustré d'aquarelles mêlant personnages et paysages figuratifs, formes abstraites et diagrammes symboliques. L'histoire est celle d'un homme à la recherche de son âme. Sur un plan strictement poétique, la quête s'annonce engageante mais il y a plus. Cet homme en recherche, c'est Jung en personne, nous l'avons dit, le brillant psychiatre qui, de 1914 à 1930 et parallèlement à son activité clinique, prit sa plus belle plume et ses godets de couleurs pour se plonger dans ses rêves, ses fantasmes, ses pérégrinations internes. Les multiples rencontres au fil de son voyage secret (vieillards mythologiques, enfant divin, figures chtoniennes) et les endroits parcourus (océans, villes, îles chimériques) constituent la toile de fond à partir de laquelle, au point décisif de sa vie – c'est-à-dire vers quarante ans – il s'astreint sans plus tricher ni se voiler la face à en chercher profondément le sens. L'homme à nu se confronte délibérément à son inconscient, laisse éclater ses conflits, ses tiraillements, ouvre les digues, tombe les murs, abolit les frontières et se meut par l'imagination active, libéré des corvées de façade, dans un espace dilaté où des mondes jusque-là cloisonnés communiquent enfin.

À partir de cette cosmologie intime et de sa transcription, il essaie de résoudre un rébus : se décoder d'abord soi-même puis accepter, absorber les éléments de son caractère afin de mieux les épanouir. *Grosso modo*, atteindre l'état d'homme harmonisé. Autant qu'une thérapie, un développement personnel dans lequel des foules de zélateurs new-age viendront bientôt puiser. Nouveauté : l'évolution psychique de l'humanité entière est contenue dans chaque âme mais l'hypertrophie de la pensée matérialiste a déconnecté l'homme de celle-ci, d'où la multiplication des névroses et des maladies mentales. Jung affirme que sa psychologie des profondeurs est un outil capable de réduire la fracture entre la foi et la science, de clarifier les liens entre l'homme et le monde qui l'entoure et, pompon de la pomponnette, de se raccorder au royaume des morts. Freud en aurait fait une syncope.

Le sujet est ardu et difficile à transmettre tant il contient de finesse, de ramifications, de cas particuliers. Mais ses exercices de peinture et d'écriture gothique sont d'un abord plus facile. Décider un beau jour d'esthétiser une recherche clinique par un récit surréaliste agrémenté de délicates illustrations a quelque chose d'incroyablement futile et d'innocent. Voyons un peu : Carl Gustav a la quarantaine, a dirigé un service de médecine psychiatrique dans une clinique de Zürich, enseigné à l'université et publié, évolué très à l'aise dans des colloques internationaux, côtoyé les plus hautes sommités de la science et, une fois rentré chez lui, après ses consultations, il s'enferme dans son cabinet de travail et se précipite sur son album à colorier. Imaginons un instant la scène : penché sur son dessin, le nez à deux centimètres de la feuille, la langue sortie, il s'applique à poser les couleurs sans dépasser. De rosaces, de soleils et de bonshommes, il en tire des lignes à la règle et au crayon, fignole ses lettres en pleins et en déliés puis lève subitement la tête, affolé, à l'approche de bruits de pas vers la porte (probablement Emma, sa femme, l'appelant pour dîner). Il fait disparaître dare-dare son trésor dans un tiroir fermé à double tour et répond d'un air détaché : « J'arrive tout de suite, ma chérie », puis met sa mèche et son nœud de cravate en ordre avant de passer à table. Chouquinet Carlito.

Pourtant, ce passe-temps a priori incongru pour un personnage si considérable n'a rien de ridicule. L'album, coupelle alchimique de son Œuvre au rouge[23], rassemble tous les principes qu'il développera plus tard, matières brutes qu'il raffinera et utilisera aussi bien dans son procédé thérapeutique que dans des investigations plus générales. Pour faire court – et même très court - ses principes peuvent être esquissés comme suit :

---

[23] En alchimie, phase du Grand Œuvre visant à obtenir l'incandescence (ou l'or alchimique) pour parvenir à l' « Incarnation de l'Esprit ».

1. Notre activité psychique tire son énergie de l'inconscient et l'oblige à tisser un lien entre la part consciente qui nous caractérise et la part inconsciente qui nous échappe, de manière à devenir une individualité non plus fragmentaire mais unifiée (processus d'individuation) ;

2. En pénétrant plus profondément dans l'inconscient, nous traversons différentes zones psychiques qui mettent au jour nos duplicités et nos peurs, nos petites et grandes fragilités, défaillances, lacunes et cette plongée nous permet d'avancer cahin-caha jusqu'au centre de soi-même ;

3. Dans l'univers un peu glauque de notre inconscient personnel s'invite un autre monde (l'inconscient collectif) s'infiltrant de l'extérieur et mêlant ses images primordiales (les archétypes) à nos propres représentations ;

4. D'où la sensation angoissante de foutoir incontrôlable débordant des cases du cerveau, du cœur et des diverses cachettes de l'ego, profusion de signaux et de symboles se confrontant avec brutalité entre eux (phénomènes paranormaux), parfois sur un mode humoristique (synchronicité), et nous laissant…

5. …d'abord perplexe, puis méditatif, enfin renseigné sur les tirages de ficelles parallèles et croisés qui animent nos piètres guignoleries.

Bien, mais quel est le rapport avec l'art asiatique? On va vous faire un dessin. Un mandala, par exemple, un cercle à figures géométriques avec un centre et un axe principal, le tout très coloré. Il est au bouddhisme ce que les statuettes de Lourdes sont au catholicisme : un emblème validé par la culture environnante et un support rituel de prière. Il évoque une demeure céleste peuplée de symboles à chaque point stratégique (entrées, intersections, cul-de-sac) et menant en plein cœur vers la divinité. Le méditant doit en traverser mentalement les murs considérés comme une progression vers l'éveil. Lorsqu'il arrive au centre, après moult piétinements et péripéties, le courageux voyageur est sensé atteindre le séjour divin, c'est-à-dire l'effigie de sa nature véritable, unifiée et enfin accomplie. Le mandala représente donc pour Jung une excellente illustration du cheminement individuel vers la réalisation de soi, la transformation graduelle et éprouvante de l'homme qui cherche sa vérité. Sur les plans spirituel et psychologique, il permet de se purifier, de guérir des tourments et de se libérer des peurs et des autres entraves. Tout y est : les archétypes, monstres et démons comme autant d'obstacles, entités lumineuses comme soutiens et renforts; l'individuation, voyage initiatique au plus profond de l'invisible, la quête de la totalité de l'être ; l'interpénétration des deux inconscients - micro et macrocosmique - et beaucoup d'autres analogies qui rappellent d'ailleurs que le schéma psychique de Jung est universel car comparable aux voies montantes des multiples traditions ésotériques et religieuses de l'humanité. Il est ici question de mandalas mais les rosaces des cathédrales font aussi bien l'affaire. L'itinéraire des âmes vers le dépassement physique et matériel, la quête d'immortalité, la fusion divine demeurent la préoccupation de l'homme intérieur. Et quoi de plus intéressant pour un thérapeute qu'un enseignement qui met la gomme sur les moyens d'apaiser la souffrance ? Le but étant d'en identifier l'origine et de la faire cesser en suivant une ligne réfléchie, par la voie de l'ascèse bouddhique ou la pratique d'une médecine traditionnelle. L'hindouisme, sans dogmes, offre une cosmologie et des mythes inépuisables dans lesquels les figures archétypales ont un rôle prédominant. Les différents systèmes taoïstes insistent sur la libération individuelle des attaches mondaines, la transmutation de l'être par la progression intérieure ou encore l'équilibrage en soi des énergies contraires. Quant au shintoïsme et sa profusion de légendes, la réintégration de l'homme dans le grand tout demeure le but essentiel de son instruction. Le musée Guimet expose en miroir les témoignages de ces différentes croyances étroitement corrélées au travail de Jung – mandalas et manuscrits tibétains, bas-reliefs indiens, peintures népalaises, kakemono japonais et statuettes chinoises où l'on peut découvrir des affinités de parcours et l'universalité des obsessions humaines auxquelles des réponses convergentes sont données.

C'est une histoire complexe et laborieuse que celle de la psychologie jungienne, une histoire dont la compréhension ordinaire bute sur des paramètres oubliés, des choses dérangeantes, inavouables, parfois terrifiques : les dieux et leurs colères, les esprits errants et leurs canulars, les saints et leurs miracles, le branchement fugace aux mondes parallèles où marabouts et magiciens sont les messagers. Tout cela paraît bien exotique vu de nos clapiers en béton, bien désuet aux yeux de la cohue grise vivant en mode accéléré au son des alarmes, des campagnes électorales et des *smartphones*. Ventre creux d'un vide qu'elle s'acharne à combler d'artifices et de leurres, de petits plaisirs pauvres mais immédiats, d'hyper-communication gonflée de vent. La course contre la montre, la course contre soi-même et les autres, l'adoration de soi, la liturgie des apparences, le déroulement tragi-comique de nos petites vies soumises aux injonctions du marché. La conscience initialisée, formatée aurait-t-elle vaincu ? Cette conscience statistique, productive, nécessairement rentable pour éviter de dégringoler à l'échelon du raté, direction poubelle, objectif déchetterie - cette conscience-là, pleine de bon sens, est-elle seule et incontestable face aux remugles archaïsants du cerveau limbique (ou paléo-quelque chose)?

Et si finalement voyager en soi-même ne servait à rien, si finalement faire sauter nos verrous n'était qu'une occupation dérisoire. Le ciel est arpenté et pas la moindre trace d'un dieu en toge ou d'un petit homme vert. Le progrès technologique a remplacé les incantations collectives aux idoles, toutes les terres et leurs habitants sont inventoriés au fœtus près, et il y a encore quelques *has been* comme moi (ou plutôt *never been*) qui s'entêtent à prendre leurs mirages pour des réalités. Le lundi, je baisse les bras, je me dis que la vérité est aussi plate qu'une dalle de ciment, qu'il n'y a ni arrière-plans, ni points de vue latéraux, qu'il faut faire avec et se réconcilier avec les formules algébriques. Et le mardi, la grâce revient, je me dis le contraire. Quel jour a tort, quel jour a raison ? Il faut chercher pour le savoir, sans être assuré du résultat. Quand l'extérieur n'offre plus rien de prometteur, quand les perspectives surnaturelles sont complètement aseptisées, Jung définit la détresse de l'homme coincé dans cette voie sans issue comme *le* trouble psychique par excellence, la névrose dans tout son relief, « *souffrance d'une âme qui cherche son sens* ».

S'il veut sortir de son état somnambulique, l'homme, coupé de son ciel et de ses racines, est contraint de trouver en lui-même de nouvelles connexions à la source vitale, de fouiller ses propres entrailles jusqu'à leurs extrémités et d'en extraire, à la sueur de son front, les ferments créateurs. Là, il libèrera, dans les douleurs de l'enfantement, une cosmogonie personnelle et parfaitement cohérente, un monde nouveau et salvateur qui rétabliront son équilibre. Un monde qui, même piétiné, reviendra toujours à la charge : celui des mythes, des symboles, des mandalas et des grands Livres Rouges.

Métisse d'Inca et d'Andalou

L'Empereur donnait en général dix jours aux seigneurs de Cuzco pour réunir les offrandes dévolues à Inti, le dieu-soleil. La Fête de l'Inca, célébrée au solstice d'hiver, réunissait dans un même culte enfants, animaux et fibres végétales offerts en sacrifice à la divinité. Celle-ci trônait au fond du temple sous un masque d'or aux rayons tordus qu'un groupe de momies en grand tralala - reliques des précédents souverains – encadrait pour compléter la mise en scène. Au dixième jour, un grand feu de joie était allumé dans lequel cadavres de moutons et jeunes lamas étaient jetés à la bonne franquette, le tout dégageant un fumet confus de méchoui, de textiles et d'épis de maïs. Les enfants consacrés à l'holocauste, endimanchés pour la circonstance, étaient conduits par leur mère, la mamelle gonflée d'orgueil à laquelle s'accrochait encore un nourrisson repu de lait, dédié lui aussi à l'idole quémandeuse de chair fraîche. Il y en avait toute une ribambelle, petits et grands, vêtus avec soin, ornés de bijoux et couronnés de guirlandes de fleurs, faisant honneur à leur famille d'être ainsi promis à l'immolation. Une rasade d'alcool trafiqué étourdissait suffisamment les bambins pour qu'ils n'aillent pas renâcler à la dernière minute devant le couteau d'obsidienne qui allait leur ouvrir le ventre. L'emphase liturgique les obligeait à faire lentement le tour de l'autel avant d'être allongés sur la pierre du sacrifice, la tête tournée vers le soleil. D'autres marmots bénéficiaient d'un traitement moins solennel en étant étranglés, égorgés ou emmurés vivants. Le prestige ultime consistait à se faire arracher le cœur par le grand prêtre ; celui-ci récupérait le sang de la victime et s'en aspergeait le visage en une ligne allant d'une oreille à l'autre puis continuait sur sa lancée en en faisant profiter les dignitaires du premier rang. On enterrait ensuite les petits héros dans une grande fosse toute noire et, pour fêter l'événement, on buvait comme des trous jusqu'au bout de la nuit.

Mais la bringue n'allait pas durer. Des centaures lanceurs de tonnerre débarquèrent de leurs caravelles dans un raffut de quincaillerie et leur firent remballer la boutique à coups de rapières et d'arquebuses à mèche. Des *Alfonso*, *Diego* et autres *Rodrigo*, en quête d'une opulence qu'ils ne pouvaient briguer dans leur lointaine et rugueuse Estrémadure, asservirent rapidement les indigènes, répandirent la variole et la grippe, s'imposèrent comme les maîtres d'un nouveau monde où l'Eldorado mythique semblait à portée de main. La Couronne espagnole laissa libre cours à ces petits hidalgos pleins de testostérone qui établirent sans ménagement un système colonial concentrationnaire, réduisant les Indiens au travail forcé tout en gardant sous la main un cheptel d'esclaves noirs. Ils offrirent en plus, magnanimes, l'occasion de s'éduquer un peu par les saintes voies de l'évangélisation.

Les Franciscains millénaristes qui livraient un combat sans merci contre les forces du Mal imaginèrent une nouvelle chrétienté dépourvue des travers de la vieille Europe et baptisèrent à tour de bras leurs nouveaux paroissiens, dans un projet de société modèle où l'innocence rétablie de l'indigène donnait les plus grandes espérances. On remplaça les feux de l'Inca par les feux de la Saint-Jean, on recouvrit les anatomies de jolies cotonnades blanches et l'on marcha sous des bannières de procession vers l'avenir radieux d'un nouveau paradis. L'obéissance étant mère de toutes les vertus, le manquement à la messe dominicale était ponctuée d'une volée de coups de fouet pour rappeler que l'accès à la vie éternelle exigeait de se remuer le popotin. Mais l'ambition des moines était là aussi fraîche que les conversions, et l'élan prédicateur et conquérant donnait une dynamique – un peu violente, certes, mais il faut « se replacer dans le contexte » - à ces perspectives audacieuses.

La Compagnie de Jésus déboula avec une méthodologie plus construite et, sidérée par les abus des colons, regroupa à son tour l'Indien autour de ses couvents, encouragea l'étude des langues quechua, la sauvegarde des coutumes locales et l'organisation sociale des communautés. Ce qui prouve que « se replacer dans le contexte » n'exclut pas de meilleures façons de faire que d'autres. Mais les jèzes eurent maille à partir avec la graine conquistador plantée dans son pouvoir arbitraire. Une conjonction d'événements – la disgrâce de l'Ordre en Europe, les oppositions politiques entre l'Espagne et le Portugal – les forcèrent à quitter leurs missions, supplantés par une nouvelle équipe pastorale congestionnée de luxe et d'inertie.

Si l'Église évita d'incorporer l'indigène dans ses rangs, la christianisation ne s'enracina guère en profondeur et demeura une doctrine allogène greffée sur un système de croyances issu directement de la *sierra*. Les pratiques idolâtres et les tours de passe-passe syncrétistes pallièrent les boniments des prêcheurs. Le naturel revenant au galop, l'ancienne cosmogonie réapparut en filigrane comme une tache indélébile sur les nouvelles icônes. Mama Ocllo, perçant sous les traits de la Vierge Marie, veillait toujours aux grains des récoltes tandis que les constellations des Pléiades subsistaient encore dans les paillettes des anges.

La peinture fut un vecteur missionnaire de taille dans la mesure où elle permit de diffuser le propos chrétien dans une imagerie capable de toucher l'univers mental de l'autochtone. La splendeur surchargée des costumes soulignait la sainteté des personnages tout en témoignant du faste espagnol dont une grande partie des occupants étaient originaires. Tout ce que ce petit monde comptait au-dessus de la tourbe s'y retrouvait plus ou moins. Le baroque espagnol se mêlait à d'autres influences plus maniéristes sorties des Flandres et d'Italie. Quelques artistes firent le voyage (dont une poignée venant de l'atelier de Zurbarán) et répandirent une manière que les peintres et les artisans locaux s'empressèrent d'imiter. Un art dit « métis » (*mestizo*) vit le jour, soutenu par les autorités, qui voyait en lui une bonne méthode pour catéchiser plus profond. Cette peinture hybride, exécutée sur place par l'Indien et le Sang-mêlé, transmettait l'Histoire sainte avec force plumes, fruits multicolores et brocarts rutilants, acclimatée à l'esthétique du nouveau fidèle. Peinture jugée naïve, maladroite, lourde, mal proportionnée, exubérante, raide, plate, plébéienne, du haut d'une moue barrée d'un rictus entendu, de ces esthètes en carton-pâte imbibés d'un bon goût insipide à force d'être certain.

Cette peinture est troublante justement par sa naïveté et son défaut de perspective. On croit à tort qu'ils relèvent de l'incapacité du peintre local à figurer la profondeur selon les principes euclidiens que tout artiste, qu'il vienne de Séville ou du lac Titicaca, est censé maîtriser. Les anonymes de l'école de Cuzco produisaient des œuvres du cru, avec les goûts du cru et les moyens du cru. Les vergers clos y sont chargés d'oiseaux, de fleurs exotiques et d'infantes inapprochables entrevues derrière un voile. De saints à l'aura étincelante saturés de parures, de couronnes impériales cloisonnées de gemmes en souvenir des orfèvres d'Atahualpa. De couleurs franches et complémentaires disposées en orthogonales comme les tissages incaïques des lointains ancêtres. Des fonds de jungle équatoriale et de *sfumato* bleuté qu'on y sentirait presque l'odeur des anacondas et le frôlement des papillons. Et il y a toujours les rayons du soleil, l'or ruisselant de partout pour faire flamboyer la pénombre jusqu'à s'y brûler la rétine. Tout y est transfiguré comme un voyage dans les sphères célestes, les brosses et les pinceaux restant bien arrimés dans cette pâte épaisse, solide, réelle comme la terre qui nourrit et ensevelit les hommes.

Mais troublante est aussi cette peinture dans ses motivations. Si rien n'égale le zèle des convertis, nous voilà rassurés, il est difficile d'aller plus loin dans la bonne volonté. A moins que ce ne fût de la prudence ou de la dissimulation : en faire des tonnes pour plaire, pour « en être » enfin, pour passer au balcon supérieur. Étaient-ils sincères dans leur adhésion forcée au Christ que le temps et l'habitude ont rendu familier ? Cette peinture n'a pas été réalisée sous la menace. Les conversions massives, lorsqu'elles ne sont pas imposées, sont fondées sur l'intérêt social : il est toujours plus avantageux et confortable d'évoluer dans le camp des vainqueurs. Le métissage culturel, outre les ouvertures et les infinies possibilités qu'il entraîne, est toujours fécond, mobile, en transformation, tandis que le métissage génétique, lui, est beaucoup moins réversible dans les corps. La pénurie de femmes blanches a conduit les conquistadores à s'accoler aux femmes indigènes, d'où de nouvelles générations mélangées qui ne savaient plus très bien qui elles étaient vraiment. Si les natifs des Andes ont fini par s'approprier la langue et la religion de l'occupant, les Européens ont jalousement conservé le dessus du panier dont le rang décline selon le pourcentage de sang indien dans les veines. Ni complètement l'un ni complètement l'autre, pas assez concentré pour être les deux à la fois, il ne devient plus rien sinon une gênante anomalie de la nature qui complique les discours idéologiques de la pureté raciale. Les guérilleros du Sentier Lumineux, mouvement indigéniste, préconisaient l'extermination pure et simple des métis. L'État bolivien a remis récemment au goût du jour les statistiques ethniques pour faire le distinguo entre le peuple légitime et celui qui le serait moins. Les montagnards du Pérou restent aujourd'hui dans les montagnes du Pérou à tisser des ponchos pour les vacanciers en short. Les métis, majoritaires, se placent en ville au prorata de leur condition sociale, elle-même conditionnée à la couleur de leur peau (en sachant qu'Africains et Asiatiques y ont ajouté d'autres nuances qui entortillent encore l'appréciation).

La théologie de la libération, dans sa lutte contre les pratiques discriminatoires, s'est nourrie aux missionnaires jésuites d'antan pour redonner aux pauvres, toutes gammes chromatiques confondues, l'espoir d'une vie meilleure. Elle puise aux sources des premiers rapprochements. La peinture baroque des Andes, métisse d'Inca et d'Andalou, est un témoin local des processus d'acculturation que l'Histoire des peuples a déclenchés, pour le meilleur et pour le pire, dans un monde où tout semblait possible.

Kadhafi, Cattelan, l'art et les cochons

Kadhafi était un virtuose qui possédait le talent d'indisposer la galerie. Pour cette raison, il se posait comme un individu remarquable. J'ai envie de glisser ici un petit *in memoriam* en son honneur, cet Emmerdeur Public Numéro Un dont on a, pour finir, réussi à neutraliser l'effronterie à coups de crosse. Je me souviens d'une interview donnée il y a quelques années dans sa tente de bédouin où, assis sur un trône en léopard, paré comme une châsse et flanqué de deux Lara Croft orientales, il répondait aux questions tout en maniant nonchalamment une tapette à mouche. Nous étions là, subjugués, devant une véritable et authentique performance. Le jeu souple de son poignet contrastait avec l'extrême fixité du visage encore épargné des exploits de son chirurgien esthétique, les frisettes bien serrées sous un bibi en lamé or et la draperie ajustée sur un torse de totem. La rectitude massive de ses traits laissait percer, derrière des paupières mi-closes, un regard de crocodile à l'affût. Sa théâtralité était jubilatoire, son lyrisme à la fois kitsch et magnétique. On aimait, on adorait cette outrance tout en étant vexé du dédain qu'il nous affichait. On espérait que la tapette à mouche, dans un savant calcul de trajectoire, ripe volontairement sur la figure du blanc-bec à micro, mais l'instrument se contentait d'ondoyer dans les airs avec la grâce et la précision du cobra. Reconnaissons que cette tapette en plastique était d'une élégance folle. Entre coquetterie, comédie bouffonne et provocation, il poussait le pittoresque et l'arrogance jusqu'à déclamer ses propres vers face à la caméra - car n'en déplaise à son image de brute épaisse, le raïs suprême se piquait d'être poète. Un artiste véritable, notre Mouammar, mille fois plus artiste que les artistes habilités, aux antipodes de nos misérables *happenings* de salon. Là-dessus, le colonel était un maître.

Maurizio Cattelan, lui, est moins libyen. D'abord parce qu'il est italien, ensuite parce que la *Fashion Week* milanaise est passée par là. Un paradoxe, ce type, artiste contemporain d'un genre qui énerve mais dont on reconnaît parfois l'à-propos et dont on apprécie, justement et avec délectation, l'art d'enquiquiner aussi son monde. Avec une différence toutefois : son dandysme est plus primesautier que celui du raïs, sa pose moins martiale. L'enjeu plus frivole aussi : le bougre ne joue pas sa peau, il sait qu'un escadron de l'OTAN ne viendra pas lui canonner la tête au moindre geste ni faire exploser sa garçonnière de l'East Village pour que « triomphe la liberté ». Le *ragazzo* y va *piano piano*, conscient que ses bravades n'empièteront pas sur la lisière du bac à sable qui lui sert de terrain de jeu. Au pire essuiera-t-il une jérémiade d'association ou une réprimande d'élu local, et encore. À sa décharge, l'art ne prétend pas non plus être une arme de destruction massive, ni même un moyen redoutable d'ébranler les consciences, à part peut-être dans le rayon *Bibliothèque Rose*. L'art comme subversion? Même avec des ambitions à casser la baraque, il ne change pas grand-chose à la marche du monde sinon les capitaux investis par les collectionneurs. En matière d'indiscipline, on peut faire mieux. Cattelan ne se veut ni justicier ni dénonciateur de quoi que ce soit ; sa démarche provoque des colonnes d'interprétations diverses censées justifier ce qui pourrait ressembler parfois à de l'entourloupe. Mais tant qu'il y aura des exégètes pour expliquer des banalités et des non-sens, sa cote sur le marché restera au *top five*.

Cattelan fait partie de ces gens que l'on aime bien mais pas tant que cela. Il est parfois génial, souvent agaçant. Plein de ressources, il se révèle également limité, audacieux mais répétitif, espiègle, parfois lourd, souvent macabre. Il conserve cependant cette fraîcheur gouailleuse de sirop des faubourgs, de celle toujours partante pour la pitrerie, qui nous fatigue autant qu'elle nous réjouit. Fort en gueule, en blagues et en farces démesurées, et détalant comme un lapin, mort de rire, après sa forfaiture, Cattelan est selon les uns le « Buster Keaton de l'art contemporain », selon les autres « l'idiot du village », et selon tout le monde un personnage incontournable sur la scène artistique contemporaine. Adulé, moqué, haï, il échappe malgré sa réputation internationale aux catégories définitives, à l'étiquetage du produit, même s'il a, en vraie superstar, ses entrées dans toutes les officines du milieu. De la rébellion gonflée de star-system à la Warhol, de l'exploitation médiatique comme moyen de diffusion des œuvres, de la posture mesurée au cordeau dont les retombées se comptent toujours en nombre de zéros après le premier chiffre.

Prenons par exemple cette installation qui fit scandale en Italie : trois mannequins grandeur nature représentant des enfants pendus à une branche d'arbre et se balançant dans la brise de la Piazza XXIV-Maggio à Milan. Vision choc, bouleversante. Un passant, indigné par cette apparition surréelle, se mit à grimper au chêne pour décrocher les corps de cire. L'escalade était périlleuse, l'émotion intense et l'homme grimpait rarement aux arbres. Ce qui devait arriver arriva : il tomba et se fractura le crâne. La Fondation Trussardi, mécène et commanditaire, retira sans tarder le chef-d'œuvre. La mécanique de *com* était lancée, battit son plein, provoqua des réactions. Si l' « art » contemporain exige du public un rôle actif, on se frottait les mains : la mission était accomplie, le succès au rendez-vous. On parlait une fois de plus de Cattelan, de ce sacré farceur de Cattelan.

Provocation gratuite, voyeurisme macabre ? Il ne répond jamais aux questions, se contente d'avoir des idées, ce qui est déjà quelque chose. La mise en œuvre se déroule en coulisses par de petites mains besogneuses, l'attitude du public face au résultat faisant partie intégrante de ce dernier. Et puis rappelons la règle d'or du marché : pas de public, pas d'œuvre. À quoi cela sert-il de mettre en scène une pendaison d'enfants ? Réponse : à quoi cela sert-il de barbouiller un bouquet de fleurs, Léonidas aux Thermopyles ou la Loire au soleil couchant ? Les interprètes affirment que cette approche traduit la réalité de la société actuelle, que cette réalité est beaucoup plus violente, agressive et morbide que sa représentation, qu'une scénographie plus vraie que nature doit troubler le spectateur jusqu'au fond de ses répugnances et l'amener à réévaluer son rapport aux autres, à lui-même, au monde et à la vie. L'enfance malheureuse, en l'occurrence, thème privilégié de l'auteur avec ses blessures qui ne cicatrisent qu'à moitié. Cattelan serait donc une sorte d'accoucheur de conscience, un éducateur à la vérité. Mais le trauma perdure malgré tout, la portée de la réflexion s'arrête bien vite en chemin pour n'aboutir qu'à un sentiment de malaise et d'insupportable impuissance.

Autre idée, autre culot : se farcir le milieu de l'art contemporain, son milieu où il pointe grassement pour la soupe. La 6ème Biennale des Caraïbes tenue en 1999 quelque part dans les Bahamas fut une performance artistique - c'est-à-dire une œuvre éphémère – censée remuer le cocotier des habitudes. Organisée à partir de généreux fonds privés, Cattelan et consort invitèrent une dizaine d'artistes à la mode et quelques galeristes, journaleux, critiques et autres parasites habitués des biennales pour une semaine de farniente à l'œil sur des plages de sable fin. Exposition-fantôme à gros budget, sans aucune œuvre tangible à découvrir sinon un catalogue publicitaire et une bande de touristes en goguette. Effet médiatique immédiat : le *ragazzo* avait encore frappé. Quand d'autres emmanchés peignent toujours à l'huile ou s'échinent à sculpter de la caillasse comme des bêtes de somme, la technique de Cattelan, économe d'huile de coude, repose sur l'indécence, ou plus exactement sur la représentation de l'indécence. Alors ? Provocation gratuite, escroquerie? Que disent nos experts ? Que le coup de la biennale en eau de boudin antillais met en scène une critique délibérée vis-à-vis de l'art et de ses satellites, une accusation potache mais non moins brutale d'un système mafieux et déliquescent, une condamnation sans appel de ce petit monde élitiste peuplé de sangsues et d'écornifleurs, de l'immoralité de ses usages et pire - ô combien pire - du vide sidéral de ses obsessions. Bien sûr, on ne peut s'empêcher d'être d'accord.

Les voies de l'Art sont décidément impénétrables. Peut-être faudrait-il également cesser de mettre des majuscules à des mots qui ne le méritent pas, à qui l'on prête une valeur excessive, souvent déviée de son sens initial. Comme l'amour, l'amitié, le bonheur ou la vérité, concepts vagues, décharges de sentiments confus dont on ne sait trop que faire. Corrigeons : il y a des instants d'amour, des moments d'amitié, des minutes de bonheur comme il y a des bribes, des éclats, des fragments d'art dans un bloc ordinaire de matière, de sensation ou d'émotion. Quant à la vérité, il y en a autant que les sept milliards d'humains sur terre. Tant que nous nous cramponnerons à des principes fantasmatiques pour bâtir nos existences, celles-ci ressembleront à des naufrages, ou plus allègrement, à des résignations.

Kadhafi était un artiste-dictateur dont l'œuvre consistait à se jouer de la tyrannie des autres. Cattelan est un artiste pratiquement sans œuvres qui manipule la dictature de l'art pour mieux la tourner en ridicule. Et au point où nous en sommes, bien malin celui qui fera la différence.

« On peint faute de mieux »

L'effondrement moral suscité par la découverte d'une vérité qui ne m'avait jamais effleuré l'esprit mit du temps à se dissiper. J'avais toujours pris comme une évidence que les personnages représentés au lit[24] étaient deux enfants qui faisaient les fous dans les murmures et les rires étouffés des minutes précédant le sommeil. De celles juste avant qu'un adulte ne vienne et ne hausse le ton pour intimer l'ordre aux chahuteurs de faire silence et de dormir. Jusqu'au jour où l'on me mit sous le nez une autre œuvre de la même série, où je ne vis plus des enfants mais des femmes enlacées s'embrassant à pleine bouche.

Le choc fut rude. Non pas que je sois née de la dernière pluie - le roulage de pelles lesbien fait partie des loisirs que je ne pratique pas - mais l'innocence de mon âme l'associait naturellement au monde de l'enfance avant celui du stupre.

Des enfants avec du rouge à lèvres? Certes, j'avais minimisé ce détail. Le visage de la dame inspire davantage les abus en tous genres que l'innocence enfantine. Ce quelque chose de dilaté, de boursouflé, ce dard de vice que l'on sent poindre au coin de l'œil, ces cernes d'adulte chargés de vin et de fatigue fornicatoire ; je reconnais, dépitée, m'être laissée avoir par une forme d'insouciance qui confine à la puérilité, pour ne pas dire à la bêtise. Qu'attendent-elles, ces deux hétaïres? Le croque-mitaine? De toute évidence, l'homme est exclu du saint des saints, il n'évolue qu'en périphérie

---

[24] Henri de Toulouse-Lautrec, *Au lit*, huile sur toile, v. 1892, 55 x 46 cm, musée d'Orsay, Paris.

et n'intervient que pour y apporter son tribut matériel, sonnant et trébuchant. Mais méfions-nous des évidences - enfin, moi, surtout - car l'invisible mâle n'est jamais très loin.

Le peintre, d'abord, qui produisit un lot de muses au paddock sans visiblement se faire prier. Lautrec non plus n'est pas né de la dernière pluie. Il aimait les femmes (mais aussi les chevaux, la bicyclette et les alcools forts) et bien que son œuvre fut un exemple de labeur continu chargé de peintures, croquis, dessins et lithographies, sa vie, toute entière, fut elle aussi chargée de démesure, de trop-plein, de beuveries et de chair. Lautrec, une épave? Pas si simple. Dernier rejeton des illustres comtes de Toulouse, le chétif Henri pâtit d'une consanguinité manifeste qui le laissa physiquement diminué, l'empêchant ainsi de prétendre aux cénacles feutrés de son milieu. Cette difformité lui aurait fait dire, dans un mouvement d'amertume: "on peint faute de mieux"[25], ce qui semble excessif si l'on considère qu'à sept ans, encore alerte sur des jambes malingres, il croquait avec talent tout ce qui lui passait sous le nez. Exclu d'une carrière plus conventionnelle, l'entregent familial lui permit d'intégrer aisément l'atelier de Princeteau, peintre animalier, dont le handicap (il était sourd et muet) le convainquit de persévérer dans la noble voie des arts. Il y apprit son métier chez les académiques Cormon et Bonnat, y développa de nouvelles camaraderies et s'installa à Montmartre où de belles saltimbanques répondant aux doux noms de Grille-d'égout, la môme Caca ou Nini-Patte-en-l'air, encanaillaient ce que Paris comptait de notables établis et de lords en goguette. C'est dans ces lieux de bamboche et de décadence "fin-de-siècle" que le jeune homme disgracié mit au monde ses œuvres les plus emblématiques.

Mais revenons aux femmes, centrales chez Lautrec. Elles évoluent dans son sillage à coups d'ombrelle, de jupons virevoltants et de moiteur génitale. Qu'elles soient mère, cousine,

---

[25] Confidence à son ami Alfred Edwards.

populo de la Butte, cancan, divettes ou théâtreuse de music-hall, elles offrent à l'artiste un éventail de types féminins dont il tira de sa palette les traits les plus saillants: la douceur et la bienveillance de la comtesse, peinte dans une harmonie poudrée de blanc, Carmen la blanchisseuse avec sa "tête en or", la Goulue, débordante d'érotisme gouailleur, Yvette Guilbert et son mystère à gants noirs, l'écarlate Jane Avril - ancienne patiente de Charcot – ou encore l'orageuse Valadon. Enfin, *last but not least*, loin des feux de la rampe, au-delà des coulisses, derrière des rideaux à pampilles qu'on écarte furtivement du bout de la canne, apparaît un monde clos à dominante rouge satin: celui des femmes du bordel.

Aujourd'hui où l'on tend à fantasmer l'ambiance suave des maisons closes, où les représentations du claque, aussi pouilleux soit-il, soulèvent de nostalgiques enthousiasmes, où il n'est pas d'émission sur ce thème sans qu'un académicien, des trémolos dans la voix, n'entonne un panégyrique sur la "putain au grand coeur", la prostituée d'Épinal, auréolée de toutes les vertus, trône au centre du panthéon, d'égale à égale avec la sainte Vierge. Pourtant, lorsqu'on descend des sommets de l'idéalisation et que l'on regarde de plain-pied les faits de l'époque, les dessins de Lautrec, bien qu'explicites, restent en-deçà de la réalité.

Sous la troisième République, les "placeurs" préposés au rabattage des candidates, écumaient pensions et hôpitaux (service des maladies vénériennes) pour y dénicher leur butin. Une fois campées dans leur décor de bonbonnière, les filles turbinaient à la chaîne, recevant des taulières la moitié de leurs passes, s'acquittaient du gîte (le plus souvent sous les combles), du couvert et de la blanchisserie. La consultation régulière du médecin, chargé de palper leurs outils de travail, permettait de traquer tuberculose et vérole qui, une fois repérées, les expédiaient directement à l'hospice. L'extraordinaire carton de Lautrec, *Rue des Moulins: la visite médicale*[26], saisissant de réalisme, présente ces pensionnaires à la queue-leu-leu, attendant cul nu leur inspection. Chaude volupté en effet que ces lupanars à fanfreluches où la misère et la maladie, loin du pittoresque, s'inscrivent dans une vie domestique réglementée où il n'est plus question d'étreintes généreuses et de raffinement sensuel. La froide chirurgie de cette œuvre, à la fois brusque et bouleversante, rappelle au poète la tragique condition de ces femmes exploitées qu'une envolée lyrique ne suffit pas à rendre plus dignes. Quand Marthe Richard, dite la "Veuve qui clôt", fit campagne après-guerre pour la fermeture des bordels, ce n'était par pruderie ou par bienséance. Sa jeunesse dans les boîtes à soldats de Champagne, au rythme d'une cinquantaine de passes par jour, où la maltraitance allait de pair avec la syphilis qu'elle finit par contracter et refiler au régiment, lui donnait une crédibilité qu'il serait vain de tourner en ridicule. Le bocard parisien ne fait plus rêver que les feuilletonistes et les désespérés, et sa réouverture, dans une version plus blonde et siliconée, fait surtout fantasmer le commerce. L'intention hygiéniste, voire humaniste, ne fera jamais disparaître la profonde détresse de ces femmes, toujours là "faute de mieux", définitivement parias, que la misère et la désespérance ont conduites au pire.

Le regard de Lautrec sur cette humanité est précieux. Pas vraiment voyeur, il offre toutefois au spectateur un tableau honnête et sans concessions du tapin confiné de la Belle Époque, dans son ordinaire et sa crudité, tels qu'il les vivait à demeure. Réprouvé lui aussi par son corps, il a su transcrire avec indulgence, sans cynisme ni apitoiement, l'envers méprisé du décor. Ses coups de brosse nerveux et hachés, sa manière directe et expressive, ses couleurs chaleureuses et subtiles qu'il délayait à l'essence, qu'il effaçait au gré de ses humeurs pour éviter la pâte et la stratification, toute la virtuosité technique mise en œuvre pour obtenir une facture mate et allégée de tout gras superflu, le range - puisqu'il

---

[26] 1894, huile sur carton, 82 x 59,5 cm, musée Toulouse-Lautrec, Albi.

faut le ranger - aux marges des courants dominants de l'époque, ni impressionniste ni nabi, loin de toute mode et de tout conformisme, mais prodigieusement rétribué par une gloire posthume.

Il s'affiche au hit-parade des artistes populaires et c'est une très bonne chose. Mais derrière les posters glacés tirés à millions d'exemplaires, derrière les assiettes-souvenirs de la rue Steinkerque et les t-shirts sérigraphiés d'Aristide Bruant, existe une peinture généreuse et profonde qu'il serait bon de remettre au jour. Et n'en déplaise au maître, on ne peint jamais en vain…

De l'air!

Modernisme et régression.

Un pape qui rend ses mules, des sodomites dans la curie romaine, des prélats aux mains baladeuses, un Vatican impliqué dans des ententes mafieuses et des trafics bancaires : les murs de l'institution s'effritent depuis déjà belle lurette. Voilà que les fondations se lézardent après que la foudre s'est abattue sur la basilique Saint-Pierre comme le glas qui sonne le début de la fin.

Ceux qui n'aimaient pas Benoît XVI le complimentent aujourd'hui pour sa capitulation. Renoncer à la succession du premier apôtre après y avoir été élu, après avoir accepté ce ministère, inverse l'ordre des choses et signe un malaise qui laisse augurer une longue nuit de l'Esprit. C'est comme retourner le paraclet à l'envoyeur, comme expédier une fin de non-recevoir à l'Église tout entière. Il y a quelque chose de profondément funeste dans ce choix, quelque chose de déprimant. On croyait jusqu'ici qu'un pape ne « démissionnait » pas, qu'un pape n'était pas le taulier d'une boîte en carton, qu'il affrontait ses responsabilités jusqu'à la mort, et au-delà. On croyait bêtement que le pape était catholique. Les papolâtres applaudissent sa décision ; il ferait des claquettes à l'angélus qu'ils l'applaudiraient encore. Les pourfendeurs de curé approuvent son choix ; c'est donc le signal de l'agonie.

D'autres indices confirment l'espèce de délitement général des valeurs de base qui font que l'homme se soit redressé pour se connecter à plus vaste que lui, pour se dégourdir les jambes, les mains, la tête, le cœur et l'âme, pour servir de pont entre la boue et les nuages. Si le progrès n'est plus synonyme d'élévation (spirituelle, morale, sociale), il est à coup sûr l'équivalent de l'abandon à toutes les outrances, sans garde-fous et sans balises. L'homme civilisé aime la liberté qu'il confond avec la bamboche, avec le moi d'abord. Il veut tout et refuse tout, en particulier l'évidence de son humanité. Il n'a plus qu'une obsession : consommer. Il n'a plus qu'un but : jouir sans entraves. Toutes ces années pour se redresser et voilà qu'il s'affaisse, qu'il s'horizontalise, qu'il se transformerait presque en sac poubelle.

On légalise comme une évidence le « mariage homosexuel » (en trouvant normal et équitable d'appeler papa Gwendoline et maman Jean-Claude) ; on évoque sérieusement la possibilité de louer des ventres de pauvres pour se fournir en enfants ; on considère qu'être le fils d'un tube de sperme anonyme et congelé peut être une option formidable. Défendre la dignité des femmes en se roulant dans le caniveau, en slip, des slogans ineptes écrits sur les seins, paraît le summum de l'émancipation.

Il n'est pas un jour sans que l'on pérore sur le droit de réhabiliter l'inceste (dépénalisation discutée en Suisse), de se taper son chien, sa grand-mère ou son aspirateur, de se vautrer dans la fange et d'en être fier, de construire des systèmes ridicules, d'élucubrer officiellement au nom de Dieu, de la science, des droits de l'homme, de la démocratie, du libéralisme, des femmes, des jeunes, des vieux, des noirs, des juifs, des beiges rosés, des carambars, des tournevis et des cornets à pistons. Pas un jour sans que l'on clame l'urgence d'anéantir les fondements de la dignité humaine en faisant croire qu'il s'agit d'un progrès, de porter les contresens au pinacle, de bénir la régression, d'exploiter la misère et de renouveler la bêtise. Pas un jour sans que l'on nous bombarde d'allégations fumeuses, de jérémiades, d'exigences échevelées vendues comme droits légitimes. Le mot d'ordre est de s'extasier sur telle ou telle aberration, tel ou tel fantasme, tel ou tel délire narcissique. Place à l'exhibition, au nombrilisme, au jeu des permutations puériles, à l'irresponsabilité, à la déshumanisation, au consumérisme totalitaire. Il nous fallait une preuve du désespoir de l'homme ? Nous l'avons : l'obésité de son ego.

Deux formes d'hystérie s'offrent à nous. D'un côté, battre le pavé à genoux en récitant des formules incantatoires, de l'autre, trémousser son paquet de viande moulé dans du latex en éructant n'importe quoi. Ici, des automates, là, des guignols. Les deux portent à rire, les deux portent à pleurer. L'alternative serait de voter, nous rassure-t-on. Super. Mais voter pour qui ? Le moins pire, ose-t-on répondre. Cette démocratie-là n'est pas la mienne.

Réac ? Évidemment. Naturaliste ? À fond. Fasciste, homophobe, antisémite, je prends tout, ces gros mots sont devenus flatteurs à force d'être assénés par des robots au garde-à-vous. Le syndrome Gilles de la Tourette en boucle.

« Il faut « vivre avec son temps », finissent par lâcher les trouillards, des fois qu'on les confondrait avec les affreux mentionnés ci-dessus. Au nom de quoi faudrait-il « vivre avec son temps » ? Si son temps marque un déclin, une impasse, une démence, au nom de quoi faudrait-il le cautionner ? Pourquoi devrait-on s'y soumettre ? On peut très bien vivre sans son temps, sans ses bouffées délirantes, en parallèle, sur une ligne saine, solide, autonome. À plusieurs, ça fonctionne. Ça s'appelle la résistance, le serrage de coudes, la dignité ; ça s'appelle la colonne vertébrale qui permet de passer de la larve à l'homo-sapiens et de l'homo-sapiens à l'homme civilisé, c'est-à-dire l'homme qui bâtit (au sens figuré), qui grandit, qui se renforce, qui protège les plus faibles, qui développe ses capacités, qui les utilise pour le bien commun. L'homme qui marche droit et dans un sens conforme aux intérêts de son espèce.

Le sursaut de bon sens, le tressaillement de vie, l'instinct et l'intuition des gens structurés s'opposent naturellement à la folie sectaire qui nous submerge, au bricolage d'amateur qu'on inflige au vivant, à la frénésie des fioles et des cornues, à la fringale de merde et de bidoche, à la bestialisation des principes, au nivellement systématique au-dessous de la ceinture.

Dans ce contexte de mystification, l'homme non encore contaminé a besoin d'air frais, d'oxygène, de lumière. Il cherche la sortie. L'appel du large, de l'altitude, des vraies gens et des vraies choses, loin, très loin du cloaque, des miasmes, de l' « évolution » sociétale que l'on décrète inexorable, dans le sens du plongeon, de la chute, comme une ultime pulsion de mort. Le spectacle est affligeant.

Il reste encore, néanmoins, la part lumineuse de notre humanité, la part divine, celle qui brûle à l'intérieur de soi et qui ne déclare pas forfait. Ayons le courage de la faire grandir et de ne pas nous incliner devant l'avilissement obligatoire. Ayons l'honnêteté de combattre cette avalanche de bobards, cette arnaque, cette escroquerie.

Va f'enculo ! dirait Beppe Grillo, puisqu'il n'y a plus que ça qui compte, *va f'enculo !* et advienne que pourra.

La planète Maths

Nuls en maths, frères et sœurs bien-aimés, relevez enfin la tête. Une fois n'est pas coutume, un réchauffement entre polards et poètes s'amorce. Par la reconnaissance officielle du génocide des sections philo ? Non. Par un *mea culpa* de trop longues années de morgue et de brimades de la part d'une élite auto-proclamée ? Non plus. Par l'aveu penaud que les rangs des sections scientifiques aient aussi pu contenir de fieffés demeurés et les nôtres, des génies magnifiques ? N'exagérons rien. On est binaire à seize ans, on tranche toujours un peu vite entre les quiches et les autres mais si l'intelligence, une fois adulte, dépasse un tantinet la barre des algorithmes, on peut espérer, sans trop rêver, un début d'échange entre les deux parties.

C'est ce que la Fondation Cartier pour l'art contemporain a l'audace de mettre en branle : une causerie féconde entre des mathématiciens et des artistes, une expérience interactive entre les théorèmes des uns et l'inspiration des autres, une classe de travaux pratiques en commun libérés des préjugés ambiants[27].

La fondation invite dans son espace immaculé la fine fleur de la mathématique. Je dis *la* mathématique par esprit de cohésion, de concorde – *les* morcellerait trop une discipline infiniment vaste et ramifiée mais pourtant plus globale qu'elle n'y paraît. Le lycée nous l'a mise au pluriel pour ne pas brouiller davantage nos cervelles d'adolescents déjà bien bordéliques, confinant chaque branche dans son pré carré (géométrie, algèbre, probabilités, statistiques, etc.), prévenant ainsi, à sa petite échelle, l'angoisse de

---

[27] Exposition *Mathématiques – un dépaysement soudain*, du 21 octobre 2011 au 18 mars 2012 à Paris.

l'égarement dans un domaine à première vue inhospitalier. Intention louable quoique peu effective : on finit toujours par se paumer dans le dédale des démonstrations sans fin, le CQFD qu'on croyait si proche, phare clignotant après des jours de mer démontée, se révélant à chaque fois toujours plus distant. L'exposition qui lui est consacrée ramène à hauteur d'homme des logiques perchées sur orbite, presque méta-humaines, et transmue des abstractions en réalités (à peu près) accessibles aux sens, immédiatement tangibles à défaut d'être connaissables. La fiction devient expérience. Si votre esprit appréhende mal les concepts emberlificotés, vos sens, eux, les sentiront sans effort. C'est du moins le pari de cette exposition montée avec l'aide de l'Institut des Hautes Études Scientifiques (IHÉS) et le soutien de l'UNESCO, qui invite les curieux à bourlinguer aux confins de l'inconnu, conduits par des guides non encartés (Jean-Michel Alberola, Takeshi Kitano, Patti Smith et d'autres), spoutniks autonomes entre la Terre et la planète Maths. Un voyage miraculeux dans l'infini du monde des formules, des possibilités sans limites, des hypothèses les plus folles où l'émerveillement et la fascination nous décollent du plancher et nous entraînent dans une autre dimension, comme un sortilège.

L'exposition est remarquable, à tout point de vue. Bien sûr, il ne faut pas s'attendre à trouver de l'ornement, des choses unanimement applaudies comme de jolis objets décoratifs ou des œuvres graves et académiques flattant nos prétentions d'esthètes. Nous glissons ici dans une géométrie non-euclidienne où le rapport tête-corps, cher aux croqueurs de nus, demande à ses modèles d'aller se rhabiller. On sort de son petit pépère de boulevard pour s'aventurer vers d'autres expériences, d'autres postulats – pas forcément meilleurs ni pires, juste différents : ce qu'on appelle l'art contemporain, mutable et mutin par principe, avec tout ce qu'il inclut d'approximations, d'essais, de recherches. Un art de défricheur, un art de risque-tout – si tant est que, parlant d'art, quelqu'un ait enfin réussi à définir une bonne fois pour toutes les contours de cette activité.

Dans la grande salle, la *Bibliothèque des mystères* nous accueille dans son ventre maternel. Des textes et des poèmes récités par une Patti Smith à la voix plus lugubre que jamais accompagnent une projection de David Lynch qui énonce, à coups de citations tremblotantes, les avancées scientifiques depuis l'Antiquité. Les premières secondes nous font craindre que l'expérience ne tourne en pénible installation vidéo, mais finalement, non, le film nous happe aux limites de la connaissance du monde observable que nous (re)découvrons avec vertige, subjugués par le chemin parcouru. D'un Héraclite, d'aussi loin que son VIème siècle av. J.-C. le laisse encore discourir, qui affirme que tout est toujours en transformation, à un Poincaré qui réactive les systèmes d'équations différentielles, tout cela est un peu raide pour mes maigres ressorts conceptuels, mais le trouble ressenti, l'espèce de poussée d'adrénaline causée par l'arpentage méthodique de l'absolu, en équilibre sur un fil, est une sensation mêlant le tournis à un filet d'extase. Ces explorations, à la fois exercice cérébral et chute libre dans une apparente irréalité, sont des sports extrêmes qu'on aborde avec l'entraînement nécessaire, c'est-à-dire un *curriculum* adéquat qui exige au minimum des années de recherche postdoc dans un domaine extra-terrestre. Tous les visiteurs pénétrant dans ce lieu – profs de maths du secondaire inclus - sont donc très en-deçà d'une compréhension, même partielle, de ce que l'exposition veut nous communiquer. C'est dire si je jubile.

Toutefois, on peut saisir gentiment et sans se cabrer, ce que le mathématicien Misha Gromov[28] entend par les *quatre mystères du monde* (point de départ de notre parcours) : la nature des lois de la physique, la vie, le rôle du cerveau et la structure mathématique. Pour faire simple, le monde serait agencé de la manière suivante : à partir d'une organisation originelle parfaitement équilibrée s'estompant progressivement de l'observation humaine, une autre

---

[28] Professeur à l'IHÉS et titulaire de la chaire de mathématique Jay Gould au Courant Institute of Mathematical Sciences de l'Université de New-York.

organisation se développe formée de petits ensembles de réalité dispersés dans une étendue infinie de possibilités. Intervient ensuite la matière organique capable de représenter ces possibilités et donc de créer des modèles mathématiques en vue de les approfondir et d'en explorer tous les pans virtuels. Enfin, grâce à cet outil (cette science hypothético-déductive), le cerveau – qui n'a pas encore tout résolu - persiste à essayer de comprendre et de trouver la formule de l'équilibre ultime de l'univers (je paraphrase mon dépliant publicitaire). Ainsi, de l'infiniment petit à l'infiniment grand, un monde, *le* monde, se construit et s'appréhende en ramifications et structures kaléidoscopiques aussi complexes qu'ensorcelantes.

Tout bêtement.

À moins que je me sois déjà emmêlé les crayons.

Ici s'arrête ma tentative d'explication parce qu'être aussi limpide qu'une formule algébrique est au-dessus de mes moyens. Pourtant, les maths ont tout pour plaire. D'abord, leur langage, précisément, qui foisonne de symboles et d'alphabets divers, de signes et de mots détournés, d'expressions pittoresques et de dialectes tribaux. Partir, par exemple, à la recherche d'une boîte à moustache dans une forêt touffue peuplée de spectres discrets ; languir dans cette moiteur tropicale sous les cris du chtouca et les yeux ronds des lemniscates de Bernoulli ; trouver enfin une alcôve de feuilles de bananier où relaxer son corps à l'heure du crépuscule. Un langage de contes et légendes d'un royaume exotique imaginé par Magritte ou le Douanier Rousseau et pianoté sur une partition de Satie. Le chtouca, qui ne signifie rien d'autre que « truc » en russe, mais qui contient un bric-à-brac de formules obscures, s'éclaircit soudain dans mon esprit comme un oiseau pastel et ventru à gros bec bombé. La merveilleuse lemniscate de Bernoulli, courbe plane en forme de huit horizontal, était dans mes songes une femelle lémurien particulièrement facétieuse. Le bicomodule, un plafonnier à ampoules bicolores vendu dans des boutiques à *bobos*, quelque part entre République et Bastille, la bande de Möbius, un ramassis de traîne-savates rôdant dans les bas-fonds puants d'un Dantzig sous suzeraineté polonaise. Quant à la bouteille de Klein, elle m'apparaissait comme un récipient rempli du célèbre pigment bleu outremer inventé par l'artiste et agrémenté au passage d'une grosse pincée de cocaïne. Il y en a des centaines encore, de ces malentendus saturés de magie, bourrés d'évocations à tiroirs et de promesses luxuriantes. Rien que pour eux, je m'enfermerais bien trois heures à potasser, pour le *fun*, des manuels d'hypotaupe. Mais je ne me fais guère d'illusions : « *le sup' est rieur mais le spé' chiale* » et l'on n'y peut rien, c'est la vie.

Ensuite vient l'esthétique. On n'est jamais déçu par l'esthétique des maths. Elle est toujours chiadée, impeccable, tirée à quatre épingles. Avec un éclat métallique dans les rondeurs et des ombres chaudes dans les creux. Le sculpteur Hiroshi Sugimoto nous offre ici un objet des plus troublants[29], sorte de nez de fusée spatiale surgi d'un bain de mercure. La chose matérialise, bien entendu, une fonction mathématique : une histoire de rotation de courbe à deux lignes qui s'élèvent sans jamais se rencontrer (enfin ! si, ailleurs, très loin, mais on s'en fout). J'ai tout de suite pensé au supplice de Vlad l'Empaleur (le Dracula historique) qui embrochait l'armée du Grand Turc, de l'anus à la bouche, par rangées d'oignons. J'ai donc fait ma petite rotation personnelle autour du pal d'aluminium et j'ai frissonné. Du beau redoutable, astiqué pour la circonstance, débarrassé des coulures d'Ottomans.

Dans un registre plus jovial, les arborescences animées[30] de Beatriz Milhazes et BUF projetées dans une énorme demi-sphère en *placo* nous procurent des visions psychédéliques - toujours bienvenues - fabriquées non par quelque substance frauduleuse mais par de très jolies images de synthèse. Les constructions

---

[29] *Conceptual Form 011*, 2008. Œuvre en aluminium et miroir représentant une « surface de révolution à courbure négative constante. »

[30] *Les Paradis mathématiques.*

abstraites modélisées s'érigent comme des cathédrales de lignes, toujours plus hautes, toujours plus amples, se ramifient, se stabilisent et fusionnent pour exploser en paillettes fluo. On est là, debout, la tête en l'air, à suivre serpentins et confettis dans leur danse, hypnotisés par ces architectures insolites, torsades et hélices sondant la théorie des nombres, mobiles comme des organismes à croissance rapide, furtives, espiègles, insaisissables. Nos pupilles s'en dilatent.

Il y a aussi mon chouchou : le satellite Planck. Placé quelque part tout là-haut, il étudie le rayonnement micro-onde fossile afin de déterminer - excusez du peu - l'âge de l'univers. Les images reçues nous causent des palpitations : pétarades de rose fuchsia, nuées acides ou laiteuses enchevêtrées comme des fumerolles de cornues, ectoplasmes bruns sortant de la bouche des enfers en un roulement lent et visqueux d'où émergent parfois des silhouettes qu'on croirait humaines. Ça irradie grave l'énergie fossile, ça vous détraquerait presque l'entendement, mais Dieu que c'est beau !

Quant à la cerise sur le gâteau, la petite histoire, celle filmée par Raymond Depardon, Claudine Nougaret[31] et Jean-Michel Alberola[32], elle vaut toutes les lectures avant de s'endormir et faire de beaux rêves (ou des cauchemars), celle qu'on passerait bien en boucle à nos bambins pour qu'ils cessent un instant de brailler et deviennent de futurs Prix Nobel. Ça vous structure une petite tête, le témoignage d'un savant. Nicole El Karoui[33], mère de cinq enfants, ne dira pas le contraire, elle qui relate sur un ton monocorde, neutre et plan, son enthousiasme exponentiel à mesure que, jeune chercheur, elle se frayait un passage dans l'univers des probabilités. Elle osera d'ailleurs, en conclusion, établir un parallélisme entre l'émerveillement de la connaissance et celui, plus prosaïque, d'enfanter de petits êtres tressaillant de vie. Ce mélange d'hyper-

---

[31] *Au Bonheur des Maths.*

[32] *La Main de Cédric Villani* (La Conjecture de Cercignani).

[33] Professeur à l'Université Pierre et Marie Curie (Paris VI), ancien professeur à l'École Polytechnique.

cérébralité froide et austère et d'engagement affectif, charnel et même trivial, nous frappe d'abord par ses contrastes, mais vite, une connexion invisible nous rend la chose plus évidente, nous fait comprendre que tout est infiniment plus vaste et plus subtil que nos petits cloisonnages mentaux. Les logiques immédiates disparaissent au profit d'autres logiques, plus imperceptibles, probablement plus archaïques et donc très en rapport avec les formules ultimes et primordiales dont tout le monde est avide. Lorsque Cédric Villani[34], la craie à la main devant son tableau, nous raconte, l'œil halluciné, sa passion des triangles, on ne l'écoute pas (enfin ! pas tout de suite) tant son allure de jeune ménestrel - manches ballon, lavallière, gilet d'homme et coupe au carré - nous désoriente. Son apparence anachronique et totalement saugrenue tranche avec l'extrême rigueur de sa discipline, l'implacabilité de ses raisonnements, mais il sait transmettre quelque chose d'essentiel malgré son look fantaisiste : la curiosité et la frénésie d'en savoir toujours davantage, de creuser jusqu'au fond du problème et de conserver ce regard à la fois lucide et dément, presque prophétique, d'explorateur solitaire naviguant dans des mondes parallèles pour en cartographier les miracles. Tous ces mathématiciens apparaissent humbles et perplexes face au champ éternel des connaissances et de leurs potentialités, presque gênés d'en savoir si peu alors qu'ils en savent immensément plus que tous. On les admire, ils nous captivent et pourtant nous ne sommes pas crédules : l'intelligence pure et acérée de ces surhommes, aussi extraordinaire et précieuse pour les progrès de l'humanité, a aussi son revers de médaille, ses faiblesses et ses dérives. Les mathématiques ont construit autant de systèmes salutaires et de rêves praticables que détruit des peuples, des milieux, des cultures. Promptes par définition à réduire l'individu à une simple formule, elles se révèlent parfaitement compatibles avec tout appareil, doctrine, idéologie, tendance qui

---

[34] Professeur à l'Université Claude Bernard de Lyon, directeur de l'Institut Henri Poincaré à Paris.

viserait, inconsciemment ou non, à dominer, domestiquer, asservir des corps moins strictement inflexibles qu'elles. Les maths appliquées à la finance en sont la preuve aujourd'hui, ravageant la planète de sa logique binaire dont on ne sait même plus, tant elle a proliféré et perverti le paysage, comment la neutraliser pour reconquérir enfin une vue saine des choses. Et je ne parle même pas du reste, des prodiges de l'armement de pointe et autres merveilles de l'industrie nucléaire.

Je suis restée presque trois heures dans cette exposition, littéralement chamboulée par les questionnements, les débuts de réponse, les détours, le va-et-vient entre deux mondes, le silence et la parole, la lumière et l'obscurité. Je suis sortie un peu *groggy* de l'immense bâtiment de verre, pleine d'images et de devinettes, et soudainement dépaysée de retrouver la terre ferme. Dehors, j'ai croisé une femme qui se plaignait que l'entrée ne fut pas gratuite pour les enseignants. Je suis donc redescendue du cosmos à une vitesse vertigineuse. Les lois de l'entropie se confirmaient, pour elle comme pour moi. Une folle envie de lui faire manger son *Pass Éducation* s'empara de mes mains mais je sus me contenir. La médiocrité fait partie de ce monde, me raisonnai-je, elle assure l'équilibre avec le génie. Comment lui faire comprendre que la gratuité pour les fonctionnaires de l'Éducation Nationale a moins de raison d'être que pour le balayeur de feuilles mortes à côté d'elle qui lui dégage le passage pour éviter qu'elle ne glisse sur le tapis gluant du trottoir et ne se fracture la boîte crânienne ? Inutile d'entrer dans l' « effet papillon » qui, partant d'une remarque stupide de prof trop gâté, pourrait entraîner un cataclysme à l'échelle mondiale. Il y a des équations pour le démontrer. Mais y en a-t-il au moins une, infaillible, qui prouverait à la face prétentieuse de l'homo-sapiens que c'est toujours lui et lui seul – et non les mathématiques – qui déclenche et entretient la théorie du chaos ? Des bas-fonds de mon extrême ignorance, je suis sûre que oui.

Fresques et sortilèges des Ballets russes

La danse est une discipline singulière. Si l'on observe d'un œil froid ses gesticulations et sa minauderie, l'homme convenable y trouvera maintes raisons pour la suspecter de démence. Se tordre le corps, sauter en tous sens, agiter ses membres de manière confuse forment un tableau clinique pour le moins éloquent. Et que dire du théâtre? Des défilés? Du football? S'affirmer en battant le tambour, se prendre pour un dieu du panthéon grec ou talonner un ballon qui, par définition, vous échappe, ne sont-ils pas le signe d'un désordre mental dont il est permis de s'inquiéter?

Je me fis cette réflexion un soir, au théâtre du Châtelet, alors que nous assistions, ma sœur et moi, à un ballet de Pina Bausch. Les poses molles et désarticulées des danseuses trimballées comme des poupées de chiffon et les couples accolés, gravissant dans un fouillis de jambes le versant d'un alpage en carton, éveillèrent en moi un trouble inattendu. De loin, on aurait dit une sarabande de faucheux en désordre traqués par un balai. Nous craignions que leur hâte leur emmêlât les pinceaux et qu'ils finissent ratatinés dans un coin du décor.

À six ans, pour des raisons obscures, ma mère m'inscrivit au cours d'Hélène Poliakoff. Outre la figure du "panier" qui consistait à poser ses pieds à plat sur sa propre tête, je ne goûtais guère les déplacements sur les demi-pointes et les entrechats. N'excédant pas une année d'entraînement, je fus redirigée vers une activité plus conforme à mes compétences - les agrès - où je pus exprimer librement ma passion de la voltige et des cabrioles. Mais rien n'était perdu pour autant et mon âme de cascadeuse redécouvrit, une fois adulte, le charme discret de la danse classique. Les postures affectées ne me dérangeaient plus et les traversées impétueuses d'un bout à l'autre de la scène prirent un tour moins burlesque. Bien que je sois restée dubitative sur l'usage des pointes et des collants blancs chez les hommes, je contemple à présent d'un autre œil les figures ondoyantes des danseurs, leurs prouesses techniques et leurs corps où saille une plastique étrangement expressive. Tiraillée entre gêne et fascination, la danse contemporaine a balayé mes scrupules et m'a fait fait pénétrer un royaume de créatures envoûtantes et d'émotions primales.

Les grandes étoiles ne sont pas légion. Elles tourbillonnent à l'aise dans le firmament des prodiges, sous les projecteurs des opéras et les lorgnettes des balcons. Une idole s'en détache pour ses inventions de style: le légendaire Nijinski et ses audaces chorégraphiques. Des bonds surnaturels fixés en l'air l'espace d'un instant, des interprétations pétries d'animalité et de gestuelle équivoque, toutes ces innovations introduites par les Ballets russes de Diaghilev et incarnées, parfois pour le pire - songeons au tollé soulevé à la première du *Sacre du Printemps* (1913) - par un Nijinski délibérément en rupture avec les canons stylistiques de son époque. Le cinéaste Jan Kounen l'a magnifiquement reconstitué dans *Coco Chanel & Igor Stravinsky* (2009) où le chahut dans la salle et la consternation du compositeur répondent à l'insolent avant-gardisme du spectacle. Et pourtant, cette compagnie valorisa les expressions artistiques de son temps et leur donna, *a posteriori*, un lustre incomparable devenu aujourd'hui une référence solide.

Car ces Ballets russes révolutionnèrent l'art de la scène. Et quand je parle de révolution, ce n'est pas un vain mot. Ils cassèrent les standards des ballets impériaux empreints d'académisme où déroger du tutu à cerclettes et du pas de biche relevait du sacrilège.

Ils osèrent déconstruire les mouvements ordinaires et formuler des sentiments par des mimiques moins formalistes. Ils dépoussiérèrent les usages et les codes, introduisant des décors bigarrés et des costumes invraisemblables. Ils invitèrent des artistes contemporains qui dévoilèrent au public des mondes exotiques et mystérieux. Tous ces bouleversements dont l'impact s'enracina au plus profond du terreau tricolore, imprégna les milieux artistiques et littéraires, leur offrit de multiples sources d'inspiration, de dépaysements, d'émotions nouvelles.

L'ameublement, l'orfèvrerie, la haute-couture bénéficièrent aussi de cette vague inédite. Sur la cinquantaine de ballets présentés au public, de 1909 à 1929, il n'est question que de voyages dans des lieux insolites peuplés de personnages fantasques: *L'Oiseau de feu*[35] révèle la magie des contes russes, l'Orient fabuleux de *Shéhérazade*[36] ensorcelle par son exubérance, *L'Après-midi d'un faune*[37] déambule dans l'Antiquité grecque parmi les nymphes et les déesses. *Le Dieu bleu*[38] transporte le spectateur vers l'intensité des poses hindoues et la grâce aérienne des danseuses siamoises, *Le Sacre du Printemps*[39] simule les remous chtoniens de la vieille Russie païenne. D'autres univers encore, tous aussi singuliers, investissent les ballets. Celui, troublant, des automates, les diablotins surgissant de leur boîte, les raouts sabbatiques, les vieux cimetières abandonnés au clair de lune et, dans un registre plus léger, les roucoulades d'un séducteur napolitain, les galanteries de femmes du monde sur des cours de tennis, ces frivolités en tous genres symptomatiques des Années folles où les soirées débridées conjuraient l'abattoir de la Grande Guerre et les prémices de celle qui incubait. Je n'ose évoquer le parti-pris "politique" de certains spectacles - n'exagérons pas, les Ballets russes n'ont rien d'engagé

---

[35] Conte russe mis en musique par Igor Stravinsky en 1909-10.

[36] Composé par Nikolaï Rimski-Korsakov en 1888.

[37] Poème de Stéphane Mallarmé mis en musique par Claude Debussy en 1912.

[38] Mis en scène par Reynaldo Hahn sur un livret de Jean Cocteau en 1912.

[39] Mis en musique par Igor Stravinsky en 1913.

dans leurs formules et leurs desseins - mais la mémoire des révoltes moscovites devant le Palais des Tsars ou les critiques sociales d'un monde déliquescent donnent aux décors un relief plus aigu.

Diaghilev, leur fondateur, était un drôle de type. Outre son élan syncrétiste, génial et novateur, consistant à réunir sur scène tout ce que l'art comptait d'aptitudes et de talents, il dirigea sa compagnie comme un capitaine sur une mer démontée. Le roulis des querelles, fâcheries, passions et rivalités firent souvent tanguer le navire, parfois jusqu'au naufrage, les obstacles et les résistances entamèrent aussi le moral des troupes. Et que dire de sa personnalité, archétype du Slave extravagant et ombrageux portant sur lui l'odeur du soufre. N'avait-il pas couché avec son cousin et entretenu une liaison tumultueuse avec son danseur-vedette? Ses affections ne supportaient ni tiédeur ni tempérance, tout manquement relevait de la forfaiture, tout écart du baiser de Judas. Les gens qui l'entouraient, danseurs, musiciens, peintres, dotés de tempérament ou de génie, ajoutaient au tableau un éclat nouveau qui essaima dans tous les domaines de la création. Ida Rubinstein, égérie et mécène, très ouverte aux égaiements de toutes sortes, s'était distinguée au départ par une danse des sept voiles particulièrement expressive qui l'avait tellement enfiévrée qu'elle termina complètement nue sur scène en deux temps trois mouvements. Le chorégraphe Fokine réformait les vieux carcans de style en intégrant les émotions dans la mobilité corporelle ; le peintre Bakst, compagnon des débuts, renouvelait la scénographie par des décors monumentaux, des perspectives décalées, des costumes multicolores et tournoyants. La liste est encore longue: Stravinsky s'y fit connaître par ses inventions polytonales, Debussy y épancha la hardiesse de ses harmoniques et le charme subtil de Satie put enchaîner ses compositions dans *Parade* (1916-17) sur un poème de Cocteau et des décors de Picasso. Matisse, Prokofiev, Derain, Poulenc, Larionov, Ravel, Fauré, Rouault forment une farandole d'artistes impliqués dans ce bataillon légendaire, éléments épars dans la profusion presque indigeste des gloires du moment. De quelque angle que ce soit, les Ballets russes demeurent incontournables et leurs champs artistiques présents à perte de vue.

Petit bémol toutefois dans ce jardin des délices: l'environnement parisien et sa traînée de m'as-tu-vu. Je crains que ce monde-là, opulent et festif, ne soit totalement affranchi d'un snobisme à la mode où l'argent des nouveaux riches s'y exhibe aux côtés des parasites mondains, où les caprices des *prima donna* et leurs impudeurs graveleuses masquent une désolation intérieure, révélatrice d'une époque désenchantée qui n'a plus rien à perdre et tout à répandre. Cette réserve gâche un peu la vision idyllique que j'en ai, mais je me console avec cet argument ultime: et si c'était cela, finalement, le levain de tous les chefs-d'œuvre du monde?

« Allô Papa Tango Charlie… »

Je ne me souviens pas si c'était avant le choc pétrolier ou après que je nourrissais des macaques à la main, mangeais du poulet basquaise et de la fondue bourguignonne dans des assiettes compartimentées et écoutais en boucle un chanteur qui s'appelait Mort Shuman. Je ne sais pas s'il y a un lien de cause à effet entre les uns et les autres ou si c'est un choc – pétrolier ou non – qui fut à l'origine de mon rapprochement simiesque et de mon penchant pour les crêpes bouffantes et la cuisine régionale. Quoiqu'il en fût, une chanson de variétés me fit grosse impression :

« Ici Papa Tango Charlie, je n'entends cette fois plus rien
Ici Papa Tango Charlie, vous m'avez laissé enfin
Mon avion est comme fou
Moi, je me moque de tout
Je vais noyer ma solitude
Dans le Triangle des Bermudes … »

C'est à sept ans que j'entendis parler pour la première fois, grâce à l'alphabet radio transposé sur synthé, non pas de solitude, mais de cette étrange région des Caraïbes, théâtre de phénomènes extrêmement mystérieux.

Le Triangle des Bermudes est *le* mythe des années 70. Non pas au sens de légende ou d'historiette exagérée au fil des déformations, mais mythe comme faits, observations, témoignages circonstanciés, suscitant trouille et fantasmes propres à dramatiser encore des événements déjà insolites. Charles Berlitz[40] en a promu leur diffusion en étayant ses dires d'hypothèses fantastiques qui ont excité l'intérêt du public, toutes catégories sociales, sexuelles et ethniques confondues. Parce que le Triangle des Bermudes propose une liste impressionnante de disparitions non élucidées, parce qu'il a touché dans son périmètre, depuis l'après-guerre, environ cent cinquante avions civils et militaires et, depuis trois siècles, plus d'une cinquantaine de navires officiels, paquebots, cargos, pétroliers, sans compter les bateaux plus petits, volatilisés en un claquement de doigts ou trouvés à la dérive, intacts mais sans équipage. Parce que tout cela n'a jamais été clarifié de manière rigoureuse et définitive, cette zone funestement célèbre allume l'imaginaire des hommes, les poussant à chercher toujours plus loin, plus vaste et plus fou, des morceaux d'explications à ce qui échappe à leur contrôle.

La liste est longue. Dès avant les enregistrements électroniques et les rapports consignés dans les archives des garde-côtes, les caravelles de Christophe Colomb mentionnaient déjà des phénomènes étranges dans la région – lumières clignotantes, langues de feu plongeant dans la mer – et des pertes de vaisseaux inexpliquées. Au XVIIIème siècle, une dizaine de navires américains s'y évapora sans laisser la moindre trace. En 1872, la *Mary Celeste*, un brigantin new-yorkais, fut retrouvée sans passagers ni membres d'équipage, errant en parfait état au large des Açores. En 1918, le cargo *Cyclops* de l'US Navy, chargé de minerai de manganèse, disparut au large de la Barbade avec plus de trois cent personnes à son bord. Plus récemment, le *SS Poet* de la marine marchande à destination d'Alexandrie s'éclipsa sans plus de nouvelles après avoir franchi le cap Henlopen (Delaware) en direction de Gibraltar. Aucun message de détresse ne fut émis et, malgré plusieurs jours de quadrillage, nul signe, débris ou souvenir

---

[40] Écrivain américain, auteur du best-seller *Le Triangle des Bermudes* (2 vol.), coll. « L'Aventure mystérieuse », J'ai Lu, 1974.

de l'énorme cargo ne fut repéré dans le secteur. Des bâtiments de guerre aux voiliers de plaisance, on n'entendit jamais plus parler d'eux.

D'autres bizarreries survinrent, comme cette histoire d'apparition relatée par Jim Thorne, responsable d'une équipe d'océanographes dans les années 1970 qui, en franchissant un orage magnétique, voulut photographier l'un de ces impressionnants flux d'énergie. L'immense éclair apparut en effet sur le tirage mais surprise ! celui-ci était accompagné d'un vieux vaisseau à voiles carrées que personne n'avait remarqué sur le coup. Après avoir écarté un éventuel canular de potache et vérifier le trafic auprès des autorités maritimes, le cliché se révéla authentique et aucun navire ne croisait dans le voisinage ce jour-là.

Les avions ne sont pas en reste. L'une des affaires les plus retentissantes fut certainement cette escadrille de cinq bombardiers *TBM Avenger* de l'armée américaine disparue en 1945 lors d'un vol d'entraînement au-dessus des Bahamas. Le contact fut à jamais perdu sans qu'il n'y ait eu de missive radio sinon l'indication d'un problème de compas. Des bateaux et avions partirent à leur recherche, dont un hydravion de sauvetage et ses treize membres d'équipage. Ils ne découvrirent rien qui leur permit d'expliquer l'évanouissement de la flottille et, comble de malchance, perdirent en route l'hydravion de secours, volatilisé lui aussi sans demander son reste. Au fil des années, de nombreux appareils civils et militaires subirent le même sort et les conclusions restèrent des interrogations. En 1961, un B-52 décolla de Caroline du Nord flanqué de ses acolytes (l'escadre *Pogo 22*) et prit soudain la poudre d'escampette quelque part dans les nuées sans que ses voisins ne remarquent quoi que ce soit en vol. On ignore toujours ce qui lui est arrivé. L'affaire Helen Cascio et son Cessna 172 au-dessus de l'archipel des Turques, aux Antilles, est du même ressort, avec les dernières transmissions radio en prime. Alors qu'elle s'apprêtait à poser son zinc sur l'île principale et que la tour de contrôle voyait déjà ses phares approcher, le contact fut rompu du côté du pilote tandis que les aiguilleurs du ciel entendaient toujours ce qui se disait dans le cockpit. Helen, la voix angoissée, constatait qu'il n'y avait plus de piste d'atterrissage, plus de maisons, plus âme qui vive au sol. « Il n'y a plus rien en-dessous, c'est complètement désert ! Il n'y a donc pas moyen de se poser quelque part ! » s'exclama-t-elle. L'avion fit demi-tour et puis plus rien. Certains parlent de distorsion du temps, comme si Helen et son avion étaient revenus des siècles en arrière, avant la ville et l'aéroport, et que ce décalage, ce chevauchement temporo-spatial avait brouillé la communication, l'un et l'autre au même endroit mais à des dates différentes.

J'en profite ici pour glisser une anecdote personnelle du même genre : il y a une quinzaine d'années, je vivais sur l'île de Chypre. Alors qu'un matin je balayais tranquillement chez moi, il se passa quelque chose de troublant. Durant quelques secondes, je fus prise d'un léger vertige. Soudain, des images rapides et plaquées sur ma rétine reflétèrent exactement la même situation – moi balayant le sol, ici-même – avec l'absolue certitude que l'action était déjà enregistrée dans mes cellules et se manifestait maintenant. J'avais déjà vécu ce que j'étais en train de vivre. Je sus instinctivement que mon corps, ou ma conscience, portait en mémoire cet instant précis et je le reconnus comme tel, comme quelques secondes familières déjà traversées, comme une tranche furtive de vie qui se superposait à l'instant présent. Expérience brève mais puissante.

Sur les quatre millions de kilomètres carré que couvre le delta maudit (Floride – Bermudes – Porto Rico), plusieurs explications rationnelles ont été avancées, les principales incriminant la météo et l'erreur humaine. La compagnie Lloyd's qui assure la majorité des navires en service déclare qu'il ne s'y passe rien de spécial et, sur la base de données statistiques, conclut qu'il n'y a pas plus d'incidence ici qu'ailleurs si l'on tient compte de l'importante circulation maritime et des cyclones à répétition. Les garde-côtes ajoutent que la piraterie a toujours sévi dans le secteur et que les trafics en tous genres – surtout la drogue – pourraient justifier des accrochages en mer, voire des liquidations pures et simples. Toutefois, les brusques changements de temps restent la version privilégiée, les fameux « grains blancs » – bourrasques verticales et imprévisibles – pouvant terrasser en quelques secondes bateaux et avions. Le climat tropical chahuté par les eaux chaudes du Gulf Stream entraîne de fortes perturbations atmosphériques, parfois dévastatrices, qui pourraient expliquer les phénomènes bizarres et les disparitions.

L'océan, dans cette zone, se montre aussi caractériel. Les reliefs sous-marins y sont démesurés, des bancs de sable y côtoient des abysses, les courants et les nombreux récifs pouvant surprendre les navigateurs ingénus. Les mouvements puissants de l'Atlantique font s'y briser des masses d'eau impressionnantes tandis que des lames imprévues sont en mesure de débouler sans crier gare et d'engloutir un bâtiment de guerre en moins de temps qu'il ne faut pour le croire. Les énigmatiques trous bleus y sont particulièrement abondants. Ces gouffres abrupts, présents en eaux peu profondes, génèrent des tourbillons très dangereux capables de dévorer rapidement plongeurs et esquifs. Mieux, aux dernières nouvelles, une équipe de chercheurs russes aurait décelé de fortes concentrations d'hydrates de gaz dans les profondeurs caribéennes. Lors des mouvements tectoniques, quand survient une fracture, ces gaz se libèreraient et, associés à l'eau de mer, en diminueraient la densité. À flot, un amollissement notable de la poussée d'Archimède ferait couler le bateau ; en l'air, la diminution de la portance des ailes due au nuage de méthane ainsi généré ferait chuter l'avion. La démonstration est éloquente mais pas encore unanimement reconnue.

Les perturbations magnétiques entrent aussi en jeu. Moult témoignages sur l'hystérie soudaine des instruments de navigation

– compas déréglés, coupures radio, pannes électriques, GPS brouillés – alimentent le mystère. La célèbre confusion du « Nord géographique » et du « Nord magnétique », distants de près de deux mille kilomètres, contribue au problème. Cette bande de déroute est variable en fonction de la position du capitaine ou du pilote, la différence pouvant osciller de zéro à vingt degrés. Avec une ligne de déclinaison nulle, il est donc facile de perdre la boussole. Les nuages électroniques formés en altitude sont également une hypothèse : ce brouillard diffus qui se colle aux appareils en vol serait le résultat d'une interaction entre l'atmosphère et les particules solaires et engendrerait une sorte de tunnel fluidique qui rendrait les systèmes de pilotage complètement zinzins. Quant au très controversé « effet Hutchison » – anomalie électromagnétique provoquant la fusion à froid des métaux et la lévitation spontanée de matières solides – il expliquerait à lui seul les innombrables volatilisations en cours de route grâce à l'annulation du champ gravitationnel et l'énergie du « zéro absolu ». Mary Poppins et les adeptes du vol yogique pourraient probablement en témoigner.

Mais alors, où tous ces gens et leurs engins se sont-ils carapatés ? Certains affirment qu'ils ont été enfouis dans des trous spatio-temporels. Force est de constater que la psychose des orifices demeure récurrente dans l'esprit de l'humanité. Mais ces orifices-là sont des bidules gigantesques au champ de gravitation tellement puissant qu'ils en aspirent tout ce qui traîne sur leur passage. Ces énormes masses noires offriraient néanmoins une sortie à leurs hôtes – et des plus honorables – puisqu'elles permettraient, via un tuyau de raccordement appelé « fontaine blanche », de recracher leur prise quelque part dans l'univers. L'opération s'effectuerait en quelques secondes, le temps de passer d'un plan à l'autre. L'avion ou le navire englouti ressurgirait ailleurs, coupé de tout contact terrestre, pour ne plus jamais revenir, et leurs occupants vivraient à présent dans une dimension parallèle.

Grâce à ce phénomène naturel de machine à remonter le temps, peut-être ont-ils fini, les veinards, par retrouver l'Atlantide. C'est du moins ce que pensent des spécialistes du continent perdu. Certains la localisent à Chypre (tiens, tiens !), d'autres au large de l'Irlande, de l'Amérique latine, d'autres encore dans l'océan Indien et l'Antarctique. Sans oublier bien sûr… les Bahamas. Et plus précisément près des îles Bimini[41]. Un célèbre voyant, Edgar Cayce (1877–1945), réglait la question d'une théorie rondement menée révélant que cette civilisation engloutie possédait une extraordinaire ressource naturelle, les « cristaux de feu », minerai remarquable[42] et source d'énergie surpuissante – tellement surpuissante d'ailleurs, que sa maîtrise lui glissa des mains et provoqua un cataclysme qui détruisit l'île et ses habitants. À l'heure qu'il est, ces cristaux de feu dégageraient toujours un champ énergétique suffisamment fort pour accaparer avions et navires croisant à proximité.

Dans un souci d'équilibre, ne manquaient plus que les extra-terrestres – et ils auraient eu tort de se gêner. Ils ont, d'après certains observateurs, construit une base sous-marine dans ce périmètre qui leur servirait de point de départ et d'arrivée lors de voyages intergalactiques. Un genre de planque et de centre de recherche occulte qu'ils atteindraient par courants magnétiques, à la manière des trous spatio-temporels mentionnés plus haut. Nous n'en savons pas plus pour l'instant mais il semblerait que l'affaire soit bigrement sérieuse et qu'elle rivalise avec une autre base, authentifiée celle-là, et militaire, dont le Gouvernement américain dispose à sa guise pour y faire ses manigances. Le Centre d'Evaluation et d'Essais sous-marins de l'Atlantique – l'AUTEC –

---

[41] En 1968, près des Bimini, des plongeurs identifièrent un alignement sous-marin de blocs de pierre probablement taillés de mains d'hommes, corroborant ainsi la thèse de Cayce sur la position de l'Atlantide.

[42] Cristaux correspondant peut-être à l' « orichalque » de Platon, métal précieux mentionné dans le *Timée* et le *Critias* (IVème siècle av. J.-C.) et qui aurait permis le développement d'une haute technologie.

y aurait des missions top-secrètes portant sur des choses qui font peur, des choses interdites, des choses inavouables. Des savants fous seraient capables de reproduire des phénomènes paranormaux susceptibles de parasiter le trafic aérien et maritime. Pire, peut-être pire. Le complot n'est pas encore déjoué mais il est montré du doigt avec d'autant plus d'insistance que la Marine américaine se refuse à donner la moindre explication. Posture qui emballe fatalement l'imagination des foules et qui excite la concurrence.

Dans cette débauche de possibilités qui renforce le mystère de cette satanée zone, aucune réponse n'a été formellement arrêtée. On suppose, on conjecture, on déduit mais on ignore toujours de quoi elle retourne. Si les statistiques officielles n'interpellent visiblement personne, les modalités des disparitions, elles, soulèvent des questions légitimes. Les circonstances sont inhabituelles, l'erreur humaine ne peut pas toujours être imputée, par principe, à des pilotes émérites et les dégâts d'une météo chaotique systématiquement responsables de désintégrations spontanées ne laissant aucune trace. Quelqu'un déchiffrera peut-être un jour (par hasard, comme toutes les grandes découvertes) la clé de l'énigme – qui sait, un truc tout bête... – et pourra éclaircir par la même occasion les phénomènes identiques qui surviennent en mer du Diable, le Triangle du Dragon, et les catastrophes aériennes successives du Triangle de la Burle, le franchouillard « Bermudes des Cévennes ». Nous n'avons pas fini de frissonner encore sur les « grandes énigmes » du monde, des archipels bleu turquoise au fin fond du terroir, et si le légendaire Triangle de mon enfance est un peu moins en vogue aujourd'hui, il restera malgré tout un des grands émois de ma génération. Au même titre que la fondue bourguignonne, le poulet basquaise et Mort Shuman.

Daime Amor

Quand je le questionnai, B. avait balayé d'un regard soupçonneux les environs et m'avait répondu à voix basse qu'il s'agissait d'une secte hallucinogène venue du Brésil. L'idée me plut, par principe : « Une secte hallucinogène ? Le Brésil ? Je peux les contacter ? » Cette question l'avait mis mal à l'aise : les mots seuls suffisaient à la rendre hors-la-loi donc non, bien-sûr que non, je ne pouvais pas les contacter et heureusement. Les adeptes avaient bien essayé de monter une vague annexe en région parisienne mais le groupe s'était vite délité sous l'effet d'une procédure. « Une secte, de la drogue, où veux-tu que cela mène, avait conclu B. en haussant les épaules, sinon au tribunal ou à l'asile ? ».

L'Église christiano-chamanique du Santo Daime, considérée comme tout à fait respectable au Brésil, ne jouit pas des mêmes égards dans un pays aussi viscéralement hostile à la liberté de conscience qu'est la République française. Mouvement religieux fondé dans les années trente en Amazonie sous la houlette d'un ouvrier du caoutchouc, le Santo Daime (traduit par *Saint Don*) est une sorte de syncrétisme, incorporant des éléments amérindiens et africains (entités liées à des phénomènes naturels, *orixás* du candomblé, umbanda et coutumes spirites) dans une tradition catholique forte dont le sacrement des sacrements, l'eucharistie, se distingue par l'ingestion d'une substance psychotrope. Ce breuvage naturel, issu d'une infusion d'écorce de lianes amazoniennes (*ayahuasca*) et de feuilles d'arbustes (*chacruna*) provoquent, peu après la prise, une dilatation de la conscience, un affinage des perceptions dans le but d'entrevoir, d'englober, d'embrasser l'essence divine contenue dans la nature et l'humanité entières. Rite de purification individuelle s'inscrivant dans une démarche thérapeutique, le Santo Daime déclame aussi sa compassion universelle en voulant relier les hommes autour du Bien afin que triomphent, dans un mouvement planétaire ascendant, l'Amour, la Vérité, l'Harmonie et la Justice, sur fond d'extases, d'incantations et de forêts tropicales. OK, m'étais-je dit, une nouvelle transe *new-age* donc, un genre de *revival* écolo-communautaire chez les peuplades indigènes. Je passai donc mon chemin en rigolant.

Je n'étais pas arrivée au bout de l'impasse que je faisais déjà demi-tour. Entre temps, l'héritage catho et la communion psychoactive avaient parcouru les ruelles tortueuses de ma pensée. Cette affaire offrait de quoi rassasier ma vocation ratée d'anthropologue des religions ; Éliade et Mauss, déguisés en revenants, faisaient *toc-toc* contre ma boîte crânienne et insistaient. J'avais bien de lointains cousins à São Paulo dont la matriarche, décédée depuis plus de dix ans, avait trempé dans des confréries suspectes mais rien à ma connaissance ne faisait état de paroissiens défoncés au moment de l'Envoi. Les hippies, pour la plupart ignorants des choses de la messe et les fidèles, aussi bâtés au sujet de la drogue, n'avaient en commun qu'une propension à croire au sublime et la faculté de se réunir en corps autonome et de résister aux diktats extérieurs. Cette accointance paraissait douteuse au premier regard mais si l'on creusait, le lien s'avérait plus ténu dans leurs idéaux respectifs, perchés quelque part ensemble sur les cimes de l'amour et de la transcendance.

Je me renseignai auprès de G., mon vieil ami, dont la culture psychédélique était aussi vaste que son estime des bigots minuscule. À l'ombre de ses cultures bio, sous le soleil brûlant d'un été espagnol, il ne me parla pas du culte daimiste mais du nectar des offrandes amoureusement conservé dans des calices en pyrex. Cet ayahuasca mythique, entrevu chez Moebius et Kounen, n'était pour moi qu'un trip conceptuel et cinématographique - que je devinais puissant et instructif – mais dont je n'avais pas encore vérifié l'intérêt. G. me proposa une séance sur le pouce, accompagnée d'un chamane (local ? importé ?), dans une hutte tapissée de kilims au cœur d'un jardinet urbain. J'hésitai un instant puis déclinai l'invite, n'étant pas dans les dispositions requises pour vomir et me faire dessus[43] en public. J'avais très envie de goûter au saint Graal mais dans un cadre chrétien, entourée d'un bidon d'eau bénite, de patenôtres et de sacrés-cœurs en plâtre, là où une figure familière m'aurait tenu la main pour la traversée des enfers et me ramener à bon port, par la voix d'un cantique, en cas d'accrochage avec l'esprit du jaguar ou du boa constricteur. Une façon comme une autre de décompenser l'espèce de parjure rituel que j'allais infliger à mon vieux catéchisme.

C'était d'abord l'audace du Santo Daime qui me plaisait et ce formidable penchant, dans les sociétés métisses, de s'extraire en douce des appareils compresseurs, de s'affranchir des normes confessionnelles – à défaut d'être sociales – trop souvent issues d'un monde parfaitement étranger aux singularités du cru. Dans nos cultures glacées de cérébralité juridique, où même l'âme est tenue en laisse comme un chihuahua capricieux, cette candeur à façonner des liturgies transfuges (la table du sacrifice devenant une auberge espagnole, chacun y apportant son petit écot) rappelle celle, humble et bouleversante, du christianisme primitif, fait de bric et de broc au fond des grottes et des souterrains. Le Santo Daime retournait au cœur de nos premiers émois, là où l'étincelle avait surgi entre deux influences contraires, dans un creuset de cultures composites.

---

[43] Nausées, vomissements et parfois diarrhées peuvent constituer les effets périphériques de l'absorption, au bout d'une demi-heure.

Pour ces pionniers brésiliens, la jungle était une église. Le fondateur, Raimundo Irineu Serra (1892-1971), un Noir du Nordeste petit-fils d'esclaves, avait suivi l'exode vers les contreforts des Andes. Il y trouva, tout jeune homme, le gagne-pain providentiel de l'Amazonie des années prospères : *seringueiro*, saigneur d'hévéa, extracteur d'or noir, cette sève à fabriquer les pneus. Le boom du caoutchouc[44] nécessitant une main-d'œuvre docile et bon marché offrit à des milliers de miséreux blancs, noirs, indiens, *mulatos*, *caboclos* et *cafusos*, un cadre paternaliste où les exploitants forestiers les prirent en charge, du gîte au couvert en passant par le lit conjugal, les soins de santé, l'éducation, les petites affaires de tous les jours. Raimundo, plus futé que la moyenne, emprunta sagement le parcours fléché jusqu'à ce qu'un sous-chef, puis un chef, puis un sur-chef, repèrent sa volonté et son intelligence, l'introduisent dans un milieu aux ouvertures plus larges et le propulsent, lui le fils de rien, à un poste de fonctionnaire du gouvernement fédéral. Chargé du bornage des zones frontalières du Brésil, du Pérou et de la Bolivie, il côtoya une humanité des plus hétéroclites, mûrit à son contact, poussa le zèle jusqu'aux paillottes des indiens emplumés, sympathisa avec leurs magiciens, développa une camaraderie virile en buvant leur breuvage sacré et reçut, tel un coup sur la tête, une révélation de la bouche même de la sainte Vierge. Notre Dame, se présentant comme la Reine de la Forêt, confia à un Raimundo médusé la tâche de fonder une doctrine spirituelle afin de réconcilier le catholicisme avec les mânes sylvestres, les Indiens, les Africains, les Européens, la terre, la mer et les nuages. La consommation du philtre d'amour baptisé par elle *daime*, sacrement de l'Esprit saint (soit deux heures minimum d'incursions dans des mondes parallèles) servirait de liaison, d'alliance, de lien organique, de liane entre Tarzan et Jane, Tarzan et Dieu, Tarzan et l'archange Michel, les saints patrons, les enchantements de la jungle, du

---

[44] Expansion de l'industrie automobile en Amérique du Nord.

fleuve, des caïmans, des maladies parasitaires. Un abrégé des multiples influences locales allait naître en vue de rabibocher tout ce petit monde. La démarche était charitable et surtout ambitieuse.

La fondation de l'Église de Raimundo - devenu entretemps Maître Irineu - alla de pair avec l'écroulement du commerce du caoutchouc que la lointaine Malaisie, plus prolixe et abordable, avait provoqué. Les producteurs quittèrent les grandes exploitations forestières, abandonnèrent sur place les ouvriers et leurs familles, leur système social réduit à une armature fantôme, grinçante et rouillée. C'est dans ce contexte de misère et de désespérance que Maître Irineu, fort de sa découverte, allait développer son grand projet.

Chacun est libre de penser ce qu'il veut de cette Église, farfelue à nos yeux d'Occidentaux blasés, de son contenu théologal un peu fourre-tout, de l'immanence trouble de ses inspirations, du terreau famélique dans lequel elle prit racine, mais il serait hâtif de la juger à cette phase de son développement comme une lubie d'illuminé. L'ancien *seringueiro* descendant d'esclaves regroupa autour de lui des hommes de bonne volonté et s'employa à tirer de la désolation cette harde de laissés-pour-compte. Il fit davantage que se poser un genre de mitre sur la tête et d'avancer, pontifiant sous les vivats, pour finalement se mettre les pieds sous la table devant une fricassée de haricots rouges comme le plus ordinaire des prélats. Investi d'un mandat divin, sans hiérarchie intermédiaire, Maître Irineu se retroussa les manches et prit la barre du navire à la dérive. Il organisa une communauté de volontaires décidés à relever les ruines des anciens patronages, les transforma en « missions d'amour et de paix » ouvertes à tous, se maintenant par autogestion (production de latex, manioc, maïs, bananes plantain, etc.) et articulée autour d'une règle commune à la manière des fraternités religieuses. L'intérêt général passant par une discipline individuelle et collective – purification de l'âme par la communion au *daime*, hymnes inspirés par des transes médiumniques, prières

127

catholiques communautaires, rituels de guérison, musiques, chants et danses issus du fonds populaire nordestin - cette vocation à la fois sociale et spirituelle se polarisait avant tout sur l'exigence des valeurs de base : la compassion et la charité pour tous les hommes, quels qu'ils soient, d'où qu'ils viennent et le puissant désir de les délivrer de leurs maux. Ces *Daime Amor, daime Força, daime Luz* (« Donne-moi l'Amour, donne-moi la Force, donne-moi la Lumière »), invoqués dans le culte, récapitulaient le message des origines et le besoin de retrouver sa dignité sous le bâton d'un pasteur soumis aux mêmes lois divines que ses brebis. Une secte, oui, au sens plénier du terme, au sens d'école, et non celui exagérément simplificateur du commun parano abreuvé de Miviludes[45].

Sapés comme des joueurs de fanfare ou de bossa-nova (moitié Andrew Sisters moitié grands prêtres du Temple) ou plus sobrement avec des rubans verts et des diadèmes en strass, extravagants, solennels, pittoresques, simples et profonds, les ouailles du *Mestre Imperador* firent des émules dans tout le Brésil. À sa mort en 1971, un de ses disciples (controversé) lui succéda, le *Mestre Fundador* Padrinho Sebastião, orientant le mouvement vers une reconnaissance nationale. Artistes, intellectuels, guérilleros à béret et jeunes bourgeois des mégapoles, attirés par le retour à la nature, l'harmonie inter-ethnique et les multiples avatars de la culture baba, rejoignirent le cercle daimiste qui, après avoir essaimé dans les centres urbains, retourna aux sources : le fin fond de la forêt. Le nouveau maître continuait de prôner l'égalité pour tous, Noirs, Blancs, Métis devant le droit et l'accès aux libertés

---

[45] Encore elle ! Mission interministérielle de vigilance et de lutte contre les dérives sectaires. Sorte de comité inquisiteur français chargé de trancher entre le Bien et le Mal en matière de conscience, de mettre à l'index (sans véritables sources, méthodologie, approfondissement ou réflexion critique sérieuse) des groupes religieux et philosophiques autonomes qui évoluent en marge des grandes Traditions ; stigmatisation de la liberté de conscience d'autrui d'autant plus douteuse et paradoxale que ses membres sont issus pour beaucoup de la Franc-Maçonnerie et du catholicisme bon teint. L'ONU et l'OSCE ayant osé émettre quelques réserves sur ses pressions et ses agissements, la Miviludes a répondu n'avoir de leçons à recevoir de personne, encore moins d'institutions noyautées par des lobbies et groupuscules suspects.

individuelles, mais surtout de prêcher la libération intérieure par la consommation toujours plus poussée d'ayahuasca, l'étude des visions qui en découlent, la prière sanctifiante et le retour à une forme d'écologie mystique chère aux Indiens de la *selva*. Chargée par le gouvernement à la fin des années 80 de maintenir la biodiversité locale, l'Église-mère du Santo Daime établie en communauté de familles dans le village amazonien de Céu do Mapiá, s'enrichit de chercheurs, poètes, contemplatifs et révoltés en quête d'idéal. De malades aussi. Ce laboratoire en plein air, grouillant d'expériences sous la canopée dont il avait la tâche de prendre soin, se déploya en une galaxie multicolore, assez peu rigoriste sur le plan doctrinaire, traversé d'apports étrangers compliquant davantage le syncrétisme de base. La marmite de Pandrinho Sebastião, ouverte à tous les vents, accueillit pêle-mêle les épices du monde entier, transformant l'enseignement historique en éclectisme du tout-venant. Il y eut donc de l'embrouille, on se disputa, on s'arracha les clés du paradis, on s'excommunia réciproquement pour enfin se séparer en Églises rivales. Malgré leurs désaccords, elles conservèrent chacune leurs particularités, restant en lien sous la bannière d'une fédération, entremise officielle entre les autorités brésiliennes et l'usage balisé, dans un cadre strictement religieux, de la liane enchanteresse.

Cette Église actuelle poursuit sa défense du « poumon vert de la planète » (titre pompeux et passablement galvaudé) et dans la mise en place de programmes pour sa sauvegarde. Des botanistes, des ethno-pharmacologues, des médecins et des thérapeutes en tous genres sont venus compléter le noyau dur de la communauté, prospectant les plantes disponibles, analysant, validant leurs substances actives et leurs effets curatifs. L'esprit de cet Auroville amazonien, bâti sur une transe intégrale copieusement abreuvée de sérotonine (activée par les alcaloïdes contenus dans la boisson), tout entier dévolu à des fins écolo et mystiques dont on se fout de savoir si elles relèvent d'une secte ou non (tant qu'elles font du bien à leurs adeptes…), cet esprit messager donc, a passé les frontières, gagné quelques âmes larguées en périphérie des gros systèmes, catholiques romains sans illusions, évangéliques récalcitrants et fatigués ayant trouvé dans les rythmes afro-brésiliens en costumes de scène, un sacrement bigrement tangible, une réponse substantielle à leur quête des profondeurs.

Disons-le franchement, combien plus *funky* serait la messe si nos paroisses nous faisaient communier au Sang du Christ sous les espèces d'un petit verre de *daime* (qui, selon les normes françaises, demeure un stupéfiant quand l'UNESCO voudrait le classer au Patrimoine mondial)! *Gloria in excelsis Deo* à fond les gosiers, explosion du denier du culte, consécration du vin prodigieux (avec étoiles et paillettes sur la cruche), coup d'encensoir et hop ! *Notre Père* les bras en l'air en mode carioca, serrements de paluches, petits pas à droite, petits pas à gauche à l'unisson, éventuellement des maracas ou du reco-reco… *O sabor do Brassssilll*… Des nuits de folie sous les croisées d'ogives! Combien de brebis égarées retourneraient au bercail, la foi chevillée au corps ? À peu près toutes.

Les maillons pieux et grincheux de ma lignée doivent se retourner dans leur tombe. Quelques anciens compagnons de chapelet aussi. Je suis une ingrate, une traîtresse. Ma vie montante à moi, sur le versant buissonnier, me transporte un peu partout au gré des vents, des parfums, des lumières dorées, ici, ailleurs, au hasard des coups de cœur. Et les découvertes sont sacrément excitantes. *Daime Amor*, répètent-ils comme un mantra, *daime Amor* ! Parce qu'au fond, y aurait-il autre chose que cette vérité-là ?

La grande *Kultur* et ses nuances

Le IIIe Reich, bien qu'ayant duré douze ans, a laissé dans la mémoire du vieux continent une telle fosse commune et béante qu'il donne l'impression, tant son souvenir est vif, d'avoir couvert le siècle entier. Les chercheurs ont arpenté le nazisme dans tous les sens, chaque discipline s'y est penchée pour y traquer les ferments du Mal, chacun a livré son témoignage et ses conclusions jusqu'à nous cristalliser dans la tête, au rayon Histoire, un bloc monolithique de noirceur, d'ignominie et de culpabilité.

Née à la fin des années soixante, j'ai grandi dans l'évidence de cette horreur. À Paris, l'école, les livres, l'ambiance, tout n'a eu de cesse de me rappeler, à moi, petit-rejeton de la France occupée, que je n'étais pas tout à fait nette dans cette histoire. Si mes grands-parents paternels, plus intrépides qu'idéalistes, s'étaient engagés dans les premiers réseaux armés du Sud-Ouest, si mes aïeux étaient, sur le plan ethnique et politique, relativement disparates, on me servait malgré tout le même menu, en filigrane, des supposés enfants de salauds. Les bonimenteurs de tout poil y sont allés de leur couplet, mettant à l'index cette France puante de chancres mous, pourrie d'ordure jusqu'à la moelle, ce « grand cadavre à la renverse »[46] qui nous enfonçait notre honte toujours plus loin dans les gencives. *Congénitalement coupable* était presque écrit sur la pancarte virtuelle que je portais autour du cou,

---

[46] LÉVY, B.-H., Grasset, 2007.

a posteriori et face aux nouveaux juges, en expiation d'un passé qui n'était ni le mien ni celui de ma famille.

Nous pourrions proposer aux justiciers rétroactifs d'examiner nos pedigrees jusqu'à l'Âge de pierre ; ils en exhumeraient fatalement des individus aux vertus bigarrées, prétexte à se couvrir de cendres ou à bomber le torse dans une logique d'équilibrage et de compensation. Si le Gouvernement français s'est courbé sous l'étendard nazi de 40 à 44 - dans un contexte de débâcle, d'invasion, de panique et d'exode - cela ne fait pas de la France et des Français le « ventre fécond » de la « bête immonde ». Le réquisitoire nécessite de la distance et des mises à jour. La collaboration fut loin d'être glorieuse, elle fut même déplorable, mais en faire une constante appliquée à toute une population relève de l'imposture.

Il n'est pas question de s'en défausser en montrant du doigt cette méchante voisine qui nous a entraînés (nous et les autres) dans ce sacré merdier. Il y eut une Résistance allemande[47], précoce mais pas assez solide ni soutenue pour ébranler le régime infernal. La plupart de ses membres fut déportée, assassinée ou exécutée. La Résistance française, elle - des premiers réseaux de renseignements à l'insurrection de Paris, en passant par les maquis du Vercors ou du Limousin - impliqua de nombreuses personnes, reconnues ou anonymes, qui n'hésitèrent pas devant le courage et le dévouement. Les combattants de la onzième heure, plus empressés à tondre les femmes à la Libération qu'à faire foi de leur engagement réel, distribuèrent haut et fort les blâmes, trop contents de se racheter, ostensiblement et sur le tard, une nouvelle virginité. Nous connaissons cette histoire et l'avons maintes fois ressassée. Cela ne rend pas les enfants des protagonistes responsables des agissements de leurs pères. Se repentir ou se faire mousser au nom d'un autre, fut-il du même sang et *a fortiori* soixante-dix ans plus

---

[47] Les catholiques de la *Rose blanche*, les pasteurs du *Pfarremotbund*, les socio-démocrates de l'organisation *Spengemann*, les communistes de *l'Orchestre rouge*, etc.

tard, est une tentation cosmétique. La repentance collective, un gadget moral n'apaisant que la galerie.

L'humanité génère parfois des monstres et le corps social en adopte un de temps à autre. Les images des discours de Hitler sont saisissantes, même si celles-ci, nous en déplaisent, correspondent aux formes de communication de l'époque. L'énergie qu'il met à hurler son propos dans un tressaillement convulsif, l'agitation permanente de ses bras, ses yeux qui souvent plafonnent, et cette voix, cette voix qui part dans les aigus et éructe gras, est d'un théâtral tellement poussé qu'on la croirait sortie d'un numéro comique. Charlot ne s'y était pas trompé : il y a de la clownerie dans ces tirades imprécatoires, un burlesque de situation, comme ce pas de gigue à Rethondes en 40 après la signature de l'Armistice. Et cette manie de tendre le bras à tout bout de champ, a-t-on idée ? D'où leur venait cette marotte ? Chipée aux jeux du Cirque, chez son voisin fasciste, le Duce l'ayant une fois accueilli d'un « *Ave, Imitator* ! ».

Si les usages de la sociabilité nazie laissent perplexe, le soin prodigué aux mises en scène collectives, au décorum et aux symboles, signale une réelle appétence esthétique. Je ne prétends pas qu'Hitler avait du goût (bien que je n'en sache rien) mais rappelons que notre homme, recalé par deux fois aux Beaux-Arts de Vienne, taquinait du pinceau et se flattait d'un talent de scénographe. L'initiateur de la Solution Finale, en bon disciple du dieu Wotan et de ses walkyries, avait aussi un faible pour l'opéra qu'il utilisait pour agrémenter la propagande officielle. Il considérait les arts - et la peinture en particulier - comme un instrument de la cause germanique. La politique était une perspective construite comme un tableau et devait servir à idéaliser, puis galvaniser le sentiment collectif de la prééminence allemande. Le ministère de l'Éducation du peuple et de la Propagande (boutique tenue par Goebbels) fixa dès le début une politique culturelle planifiée. Tout écart de conduite était immédiatement réprimé et son auteur expédié en camp ou forcé à l'exil. L'incroyable bûcher du 10 mai 1933, organisé par les autorités et soutenu en masse par de tendres *blonden Bestien* (jeunesses hitlériennes) détruisit en place publique près de vingt mille ouvrages d'auteurs jugés décadents (Marx, Heine, Seghers, Zweig, etc.). La complicité de nombreux universitaires, que les critères hitlériens confortaient dans leur hostilité aux avant-gardes, rencontrait l'acquiescement des classes moyennes peu portées sur l'innovation littéraire et artistique. Les principales écoles d'art furent fermées, leurs professeurs révoqués, l'Académie purgée de ses agents infectieux. L'État créa une *Chambre de Culture* chargée de surveiller ce qui se barbouillait sous les verrières des ateliers et mit en place des établissements conformes aux idéaux de l'éternelle *Grossedeutschland*.

C'est dans cette ambiance un peu tendue que fut ouverte au public, en juillet 1937, dans les salles du vieil Institut munichois d'archéologie, l'exposition éducative *Entartete Kunst* (« Art dégénéré ») présentant ce que l'avant-garde allemande des années 20 et 30 avait produit de plus audacieux depuis l'Art nouveau. Près de six cents toiles extraites des collections publiques, confisquées dans des galeries ou saisies chez des particuliers, furent livrées en pâture à deux millions de visiteurs acquis d'avance à l'hallali national. Le professeur Ziegler, sénateur des Arts et grand amateur de poils pubiens[48], inaugura l'exposition par un discours tonitruant, accusant la peinture moderne d'abuser le bon peuple par des « œuvres de putréfaction », représentations infâmes et chaotiques attentatoires à la beauté et à l'intégrité aryennes. Tout écart à la conformité plastique était par nature criminel et devait être isolé du corps sain, puis détruit. Les œuvres étaient sciemment accrochées dans un désordre décuplant l'effet brouillon et confus, chacune

---

[48] Adolf Ziegler était le peintre favori d'Hitler. Expert en nu académique, son obsession de reproduire l'anatomie dans ses moindres détails lui valait les moqueries des peintres plus expérimentaux.

indiquant son prix d'acquisition (le contribuable découvrait à quelles impostures le précédent gouvernement avait consacré les deniers de l'État), toutes assorties de paroles sages du Führer (ou d'un autre inspiré de l'équipe) à propos de la grande *Kultur* dévoyée. Des notices remplies de citations d'artistes, tronquées et sorties de leur contexte, mettaient en lumière leur insane dangerosité. Les mêmes idées fixes revenaient sans cesse : la race gangrenée, la mission pangermaniste mise en péril, l'excellence bafouée. La sélection s'appuyait sur trois principaux critères dont le premier, le pire : la judaïsation galopante, était immanquablement accolé aux deux autres, le nuisible bolchévique à couteau entre les dents et l'affront aux normes de la beauté aryenne.

Cette fixette sur les juifs, coupables de tous les maux, ne va pas être étudiée ici car nous n'en avons plus la force, nous sommes flapie d'avance. Mais une chose est sûre : le retour des chevaliers teutoniques excluait leur présence et n'envisageait pas d'accommodement. Le concept même de judéité leur retournait la tête au point que le *projet Ouganda*, soutenu par Herzl en son temps et qui aurait soulagé leur phobie (mais probablement pas celle des Africains) fut balayé au profit d'une solution définitive dont nous connaissons l'atroce aboutissement. L'art ne devait souffrir aucune expression racialement litigieuse. Par définition, ces *untermenschen*, proliférant comme des cafards, ne pouvaient qu'accoucher d'immondices et freiner de ce fait la vigueur de l'idéal allemand. Ludwig Meidner (1884-1966), ayant le mauvais goût d'être juif, aggravait son cas en peignant des apocalypses incompréhensibles et des portraits tordus qui n'entraient pas dans les cases officielles. Emil Nolde (1857-1966), membre éminent de la *Brücke* (premier expressionnisme allemand) et contaminé par la « juiverie » environnante, introduisit dans ses œuvres – suprême horreur - des figures de la culture africaine. Mis à l'index, interdit de peindre et déclaré *persona non grata*, ses tableaux furent confisqués et certains détruits. Otto Mueller (1874-1930), également infecté, fut banni à titre posthume, ses jeunes tsiganes graciles ne pouvant s'accorder aux hygiéniques *deutsch Frauen*.

L'obsession du communisme, répandant son coulis rouge sur la carte de l'Europe, entrait dans le grand nettoyage. Les sarcasmes dont usaient ces infiltrés pour diviser la nation blonde, leur crayon insolent, leurs incessantes critiques sociales et leurs injures à l'héroïsme guerrier n'étaient pas compatibles avec les desseins d'une Allemagne forte et unifiée. Otto Dix (1891-1969), ancien soldat de la Grande Guerre devenu antimilitariste, poussait trop loin la caricature pour mériter d'exercer plus longtemps son art féroce et intraitable. Destitué de son poste d'enseignant, ses œuvres furent saisies et dispersées. George Grosz (1893-1959) brocardait le petit-bourgeois teigneux et lâche et ricanait, à visage découvert, de la gloriole patriotique. Son arrogance contestataire le contraignit à l'exil. La branche berlinoise de la *Nouvelle Objectivité*, mouvement issu des Dada, regardait froidement cette société vorace sous ses airs honorables et ne respectait plus rien, jusqu'à finalement disparaître dans un bruit de bottes général.

La production d'images « bestiales » et « primitives » (sorties de cabaret, demi-mondaines, étreintes de noceurs et de pédérastes) encrassait l'image de la famille traditionnelle, réplique miniature du caporalisme ambiant. Karl Hofer (1878-1955) resta miraculeusement en vie malgré ses prises de position franches contre le régime, la déportation de sa femme et la perte de tous ses biens. Sa toile mélancolique des *Deux amis*[49] où de jeunes hommes se pressent l'un contre l'autre, était une insulte aux bonnes mœurs – jugement retors si l'on considère l'homosexualité avérée de certains dignitaires nazis et le culte du muscle saillant sur les affiches de propagande. Le Triangle rose était plus facilement cousu sur l'épaule des sous-hommes que sur celle, galonnée, des Sections d'assaut. La maladie, répugnante par principe, transparaissait aussi dans le traitement réservé aux plus vulnérables

---

[49] 1926, huile sur toile, 100 x 70 cm, Städelsches Kunstinstitut, Francfort.

dont les cellules anarchiques influençaient, pour le pire, la création. Lovis Corinth (1858-1925) fut après coup tourné en ridicule, sa dernière touche, de plus en plus large et vibrante[50], n'était pas regardée comme une recherche plastique mais comme le fatal contrecoup d'une crise cardiaque. Ernst Ludwig Kirchner (1880-1938) quant à lui, parfait spécimen du taré incurable, vit un grand nombre de ses œuvres détruites par la censure, la dépression chronique et la tuberculose l'acculant finalement au suicide.

Dans un tel mouroir, quels étaient les critères pour figurer au firmament des peintres ? L'art officiel national-socialiste (appelé « art héroïque ») tablait d'abord sur la valeur du « bien dessiné » et du « bien peint », sur des sujets immédiatement identifiables. De l'art premier degré donc. Avec une émotion dûment canalisée, qu'on ne soit pas tenté de sortir des clous. L'apologie de la race pure était personnifiée par de *kolossalen* athlètes nus en pleine action, une camaraderie virile cheminant vers le paradis aryen, une féminité sobre mais généreuse, une famille ordonnée autour de son chef. Parfois, de joyeux bambins folâtraient avec ce *gute Onkel Adolf*, le tout dans des tons sable, beige, brun ou vert-de-gris. Les portraits du Führer étaient prisés, particulièrement dans les cercles mondains où l'on s'offrait l'effigie des héros comme dans un genre de collection *Panini Foot*, version culottes de cuir et Waffen-SS. L'idylle champêtre dans le houblon trouvait également son public ; il est toujours utile de rappeler l'importance nourricière d'un sol sain, celui d'où provient la bonne bière blonde que l'on sert dans les meilleures brasseries de la nation allemande. Un art normatif donc, montrant de façon normale des choses normales. De la peinture à boîte de chocolats, conventionnellement, obsessionnellement, mortifèrement figurative où toute déformation était traquée dans ses moindres recoins. Pour faciliter la tâche, l'abstraction fut interdite. Cette manière de ne jamais finir son

---

[50] *Ecce homo*, 1925, huile sur toile, 189 x 148 cm, Kunstmuseum, Bâle.

dessin outrageait l'efficacité germanique, toute imagination dans le trait, la couleur ou la composition n'étant que barbouillis puéril. Vassily Kandinsky (1866-1944), fondateur de l'art abstrait, en fit les frais, lui dont le cerveau vicié de Russe dégénéré eut le mauvais goût de « transformer l'art pictural en alphabet morse ». Les expérimentations de Paul Klee (1879-1940), traduisant le rythme et la mélodie sur un mode pictural, furent dénoncées comme « bolchévisme culturel », ses œuvres qualifiées de primaires et nocives. Un académisme répétitif, porté sur le mastoc et le kitsch, sans aucune nuance, trônait lourdement comme l'aigle du Reich, toutes serres dehors, sur la création artistique allemande. Le parcours, balisé au pistolet mitrailleur, offrait des latitudes pour le moins rétrécies.

Environ cinq mille œuvres sacrilège furent débarrassées des musées, saisies et mises sous séquestre ou directement pillées à la source. La plupart d'entre elles furent détruites. Quelques-unes échappèrent à la curée en étant vendues au profit de l'État ou du NSDAP[51] quand d'autres atterrirent par magie chez des collectionneurs proches du pouvoir qui, esthètes à leurs heures, y voyaient surtout un placement confortable en cas d'avanie. Certains tableaux ne sont plus que des souvenirs figés sur des photographies, certains peintres définitivement relégués aux oubliettes, le travail de toute une vie minutieusement annihilé. Les artistes restés sur place, harcelés davantage pour leur style que pour leurs idées, furent contraints à la *fleufleur*, à la *popomme* et aux sujets autorisés tandis que d'autres, plus aventureux et mus par une dévorante *nécessité intérieure*, exprimèrent en secret et au péril de leur vie, des émotions plus chaotiques et incorrectes.

Le mot de la fin est ici donné par un inconnu alors qu'Hitler, abandonnant l'aquarelle au profit de la politique, cherchait le salut dans de nouvelles voies : « *Un jour, un certain Thiele, que Hitler*

---

[51] Parti national-socialiste ouvrier allemand.

avait tenu à raccompagner jusqu'à chez lui, pour ne pas interrompre son interminable laïus sur la véritable mission de l'artiste allemand, finit par exploser : « Dites donc, Adolf, est-ce que par hasard on n'aurait pas chié dans votre cervelle, en oubliant de tirer la chasse d'eau ? »[52]

La suite lui prouva que oui.

---

[52] Cité dans PRIEUR, J., *Hitler, médium de Satan*, Lanore, 2004 – ouvrage consacré au mysticisme nazi et à la Société de Thulé.

Rastafar-West

Quand on en est resté, comme moi et tant d'autres, au bonnet vert-jaune-rouge d'un Bob Marley punaisé dans une chambre d'ado, quand on croit qu'il suffit de se laisser pousser des *dreadlocks* en fumant de l'herbe au son du reggae pour être un vrai rasta, c'est-à-dire un mec cool, et bien il se trouve que l'on est en plein âge ingrat ou totalement ignorant. Le mouvement rastafari, purement jamaïcain, a perdu une partie de son âme en se propageant dans les zones urbaines de la petite bourgeoisie blanche, essaimant ses attributs les plus spectaculaires à travers le monde (musique, fumette, préférence capillaire) et séduisant une jeunesse occidentale envoûtée par sa bonhomie apparente. L'ambiance soleil et cocotiers où l'on ne vit que pour et par la ganja bio, nonchalamment vautré dans une paillote autour d'un poste diffusant les Wailers du matin au soir et d'un shilom bien fourni, ne pouvait que faire des émules au sein de populations privées de plages, de lumière et d'exotisme. Vivre de défonce et d'eau fraîche sans plus se préoccuper des astreintes quotidiennes est un projet de développement personnel, à moindres frais, et d'amour universel, à moindre exigence. Un projet cool en somme.

Pourtant, ailleurs qu'en Jamaïque, il n'existe aucune racine suffisamment profonde et extensible pour venir se gorger du terreau dans lequel ce courant a vu le jour ; un terreau imbibé de la sueur et du sang de milliers de nègres en captivité, duquel a germé la certitude messianique de retourner définitivement au pays des ancêtres pour y accomplir la prophétie que Dieu, Jah, a su accorder à ses enfants libérés.

C'est cela, être rasta: c'est évoluer dans un cadre religieux, être immergé dans le fondement biblique de la libération de l'homme noir dont l'espérance se projette au-delà du folklore et des volutes de cannabis pour se ré-enraciner en Afrique, terre des origines, affranchis à jamais de l'esclavage et des Blancs. Être rasta implique aussi, et surtout, de croire en Dieu avec ferveur, de croire à tous ses prophètes – en toge, en tongs ou en habit militaire – et de considérer la suprématie noire comme un préalable à son salut.

L'histoire est tout de suite moins glamour lorsqu'on est rouquin et qu'on habite à Châtellerault. L'idéologie religieuse rasta – car le mouvement rasta est profondément religieux, au sens réglementaire et systémique du terme – est la partie cachée de l'iceberg d'où émerge le style rasta, minuscule partie visible, populaire et attachante, celle-là même où se fixent les chimères de l'adolescent blanc.

La libération de l'homme noir

Les Noirs américains et antillais, tous issus de la traite, avaient en commun de servir d'esclaves aux colons d'Europe installés sur ces terres. Ces derniers avaient éradiqué les Indiens de Jamaïque, globalement ingérables, pour les remplacer par une main d'œuvre acquise à des chefs tribaux de l'ouest africain. Ces bras tout neufs étaient transférés à fond de cale vers le Nouveau Monde, promis aux champs de canne à sucre dont l'île était généreusement pourvue.

L'esclavage y fut officiellement aboli par Sa Majesté anglaise en 1833 mais les habitudes étant tenaces, les anciens captifs restèrent concrètement prisonniers de leurs maîtres durant une centaine d'années supplémentaires, à défaut de pouvoir travailler ailleurs et autrement. Une poignée d'entre eux, les « marrons », réussirent à s'enfuir et se cacher au cœur de l'île, afin d'y mener une vie retirée en Pays Cockpit, inaccessible retranchement qu'ils défendaient sans capituler face aux incursions des toubabs. Les autres abandonnèrent progressivement les plantations au début du XXème siècle pour s'établir dans les taudis des faubourgs de la capitale, Kingston, à la recherche d'emplois plus rémunérateurs. Ils n'y trouvèrent qu'une agglutination toujours plus misérable du nom de Trenchtown qui, avant de devenir le Hollywood du reggae, fut un bidonville au-dessus duquel passait une énorme conduite reliant à la mer les latrines des quartiers blancs de la ville.

Le courant éthiopianiste

Il arriva un moment où trop était trop, où l'on devait briser définitivement les chaînes. Le panafricanisme proposa de résoudre la question en rassemblant la diaspora africaine des anciens esclaves dans un programme de retour auprès des frères d'Afrique afin de revitaliser le continent noir, d'en faire une nation homogène et pure, débarrassée de tout ce qui avait pollué l'âme noire, son corps et ses traditions. Les années 20 grouillèrent de ces mouvements politiques et culturels établis sur l'identité, le communautarisme, l'entre-soi strictement balisé et protégé. Il y eut un nationalisme noir comme il y eut un nationalisme allemand et un nationalisme juif, basés sur la ségrégation raciale et professant la domination d'un groupe ethnique sur l'autre, soit une domination noire sur les non-noirs, aryenne sur les non-aryens ou juive sur les non-juifs. Ces doctrines-là, racialistes et discriminatoires, ont encore très bonne presse aujourd'hui.

Le « poing de la gloire » du Black Power, celui d'une fierté noire, panafricaine, fut beaucoup moins efficace dans les faits, faute de relais et de fonds. Initié par Marcus Garvey (1887-1940), le « Moïse noir » des Rastas, considéré comme un prophète par ses derniers et leader farouchement dévoué au « Back to Africa », descendant des Marrons de Jamaïque, émigré aux États-Unis et installé à Harlem, la réhabilitation noire passait selon lui par le rapatriement massif des Afro-Américains dans des régions d'Afrique qui deviendraient ainsi une nouvelle « Terre promise ». Combattu par des opposants noirs qui préféraient l'intégration égalitaire avec les Blancs, Garvey fraya avec le Ku Klux Klan et tomba d'accord avec eux pour que chacun reste à sa place, bien séparé. Ses activités politiques mêlées à des malversations financières le jetèrent en prison puis le contraignirent à l'exil dans son île natale où il devint un héros national. Ses discours enfiévrés mentionnaient souvent l'Éthiopie qui, d'après la version King James de la Bible anglo-saxonne, signifiait l'Afrique en général. Il aurait déclaré un jour, citant un pasteur noir de l'époque, quelque chose qui devint le fondement même du mouvement rasta, une prophétie gravée à jamais dans le marbre : « Regardez vers l'Afrique où un roi noir sera couronné, qui mènera le peuple noir à sa délivrance. »

Un roi-messie couronné, des prophètes et des apôtres

Et en effet, c'est ce qui arriva : un roi noir fut couronné et mieux, un roi éthiopien. Hasard ? Divine Providence ? Synchronicité ? Cristallisations mentales convergeant vers un idéal commun et finissant, sous la puissance et la pression de l'égrégore, par se matérialiser en événement ?

Un souverain noir fut donc sacré en Éthiopie en 1930 sous le nom de Haïlé Sélassié Ier (« Puissance de la Trinité » et, en toute modestie, « Roi des rois d'Éthiopie, Seigneur des seigneurs, Lion conquérant de la tribu de Juda, Lumière du monde, Élu de Dieu) et ce roi noir accomplit à point nommé la prophétie de Garvey. Pour rendre la chose plus miraculeuse encore, le souverain, de son vrai nom Ras (« chef ») Täfäri Mäkonnen, devait descendre en droite ligne des amours du roi Salomon et de la reine de Saba, Makéda, qui, dans la tradition judéo-chrétienne locale, était noire elle aussi. Le pedigree était sauf et confirmait ainsi l'inspiration des prêcheurs panafricanistes : Dieu avait offert au peuple noir son Messie noir, seule incarnation valide de Dieu et « dirigeant légitime de la Terre ».

C'est alors que « le Gong Gourou » déboula, Leonard Percival Howell (1898-1981), deuxième prophète mais premier Rasta officiel de l'Histoire, natif de l'île et émigré aux États-Unis comme son ami Garvey. Entièrement dévolu à son nouveau maître et sauveur, Haïlé Sélassié Ier – dont la charge et le titre le préservaient strictement de tout contact direct avec le petit peuple afro-américain, fut-il noir et frénétiquement consacré à sa personne – le Gong se voua à sa glorification et adhéra corps et âme aux visées messianiques projetées sur lui. Fâché avec Garvey pour de sombres histoires d'impayés (à New-York, Howell louait à l'association politique de Garvey un local qui servait de « coffee-shop » avant l'heure et avant la prohibition), il revint en Jamaïque pour y prêcher la Bonne Nouvelle et propagea un code de conduite, un genre de Six ou Sept Commandements sur mesure: adoration du Messie-Roi d'Éthiopie, soumission à son pouvoir, suprématie de la race noire, haine de la race blanche, refus et mépris des autorités jamaïcaines et plan de rapatriement en Afrique.

Il organisa une première communauté, le Pinnacle, sur les hauteurs de Kingston, sorte de tribu autogérée et autarcique vivant d'artisanat, de commerce de marie-jeanne et de communion religieuse. D'autres groupes suivirent la mouvance dans le reste de l'île, portés par une foi hardie et pleine d'espérance, celle du retour aux racines par une purification spirituelle préalable faite de prescriptions de l'Ancien Testament mâtinées d'une poignée d'ésotérisme à la saddhou, de cultes premiers et de paroles «

conscientisées », c'est-à-dire absconses. Seuls les initiés étaient capables de déchiffrer la réalité, traduisant un rapport au monde à la fois rebelle et éclairé, hostile aux Blancs mais mystiquement convaincu d'appartenir à une élite.

Pour avoir prôné l'obéissance à l'Empereur d'Éthiopie et non plus à la Couronne d'Angleterre, pour avoir traité la reine Victoria de «putain », pour avoir qualifié les sujets britanniques noirs d'« Éthiopiens », le Gong fut régulièrement emprisonné et interné en hôpital psychiatrique. Lorsque, dans les années 50, la police expulsa du Pinnacle les centaines d'adeptes du Ras Tafari, la mouvance avait déjà pris corps dans toute la Jamaïque et consolidé ses croyances pour les générations futures. Des groupes s'organisèrent çà et là, de plus en plus convaincus de leur destin, au grand dam du Gouvernement qui, impuissant face à ces accès mystico-identitaires, se replia sur la seule chose dont sa faiblesse était capable : le harcèlement et les vexations.

Lorsque l'Empereur Haïlé Sélassié fit l'honneur de sa présence sur l'île, en 1966, des foules immenses et exaltées l'accueillirent comme au dimanche des Rameaux, certains percevant déjà les stigmates du Christ sur ses mains. Ce fut là que Bob Marley se convertit, pris par la Grâce et le charisme du nouveau guide. Ce fut là aussi que le roi d'Éthiopie prit conscience de l'ampleur du culte qui lui était voué, à des milliers de kilomètres de son royaume et par des hommes étrangers à sa culture mais convaincus de sa divinité. Il en éprouva de l'embarras même s'il crut bon de ne jamais infirmer officiellement être le Messie envoyé par Dieu pour sauver les Noirs. Il entretint une certaine ambiguïté et offrit aux Rastas un territoire en Éthiopie, Shashemene, jusque-là réservé aux Falachas, juifs noirs locaux qui ne rêvaient que d'Israël. Inquiet par cet engouement mystique, il aurait affirmé à l'un de ses ministres qu' « il y [avait] un gros problème en Jamaïque ». Il fit d'ailleurs importer sur l'île l'Église copte d'Éthiopie afin de diriger les âmes vers la vraie foi chrétienne. La chose n'eut pas vraiment le succès escompté car les Rastas campèrent sur leurs certitudes, refusant de trahir la prophétie biblique décantée dans le moule américain. Quand l'Empereur mourut, naturellement on n'y crut pas. Encore aujourd'hui, certains prétendent qu'il est encore en vie et que Babylone la Blanche, dévoyée au mensonge et à la corruption, s'acharne à le soustraire de ses fidèles pour protéger ses intérêts.

Les fidèles rastas

Les authentiques Rastas, ceux que l'on trouve encore en Jamaïque et dans quelques planques éloignées des projecteurs, gardent toujours la rédemption du peuple noir comme principal argument de foi. Le mouvement n'est pas homogène et compte différentes branches en son sein, les *Mansions of Rastafari*, idéologiquement distinctes les unes des autres. Entre le groupe des Bobo Ashanti, celui des Douze tribus d'Israël et l'Ordre de Nyabinghi – sans compter les autres formations, plus petites et moins influentes – la mosaïque rasta révèle des ambitions variées, parfois divergentes, sur la définition et l'objectif de sa raison d'être. Ils ont en commun un idéal de vie, appelé *livity*, reposant sur la Torah et la figure messianique de Haïlé Sélassié, le roi noir immortel envoyé par Dieu pour sauver le peuple noir et le mener vers sa Terre Promise.

Il n'existe pas de système rasta écrit, consigné ou enregistré, pas de somme théologique et hagiographique, pas de statuts formels sur lesquels trancher en cas de litige. La Bible, ou du moins ses cinq premiers livres, demeure le socle de la Loi - quoiqu'un socle bordé de bémols, certains passages sont rejetés comme étant factices, mal traduits ou réinventés par des Blancs pour favoriser les Blancs. Sans compter que l'Écriture ne représente que la moitié de l'histoire, l'autre moitié se trouvant dans le cœur de chaque homme, c'est-à-dire de chaque Rasta, pour qui la Vérité, unique, est une inspiration aussi bien collective qu'individuelle.

L'exécration de la société blanche, de la civilisation occidentale, est un trait commun à tous leurs groupes et participe à l'élan général de libération. Ce monde blanc est étranger aux valeurs premières. C'est un monde corrompu, mauvais, trompeur, autoritaire et oppressif qui a transmis et universalisé le vice, la méchanceté, la bêtise et la violence. Ce monde-là a oublié les principes fondamentaux de l'existence, le miracle de la vie, la beauté somptueuse d'une nature intacte, le respect et l'amour des habitants de cette planète. C'est un monde comparable à la Babylone biblique, symbole du péché et du Mal, de la décadence et de la débauche. C'est un monde appelé à disparaître, à être rayé de la surface de la terre (psaume 137). Le Rasta est un insurgé social et politique, c'est aussi un militant spirituel qui en appelle à la libération de la conscience, au déconditionnement culturel, à l'émancipation des codes édictés par les Blancs.

Le langage est une arme particulièrement efficace pour brouiller les pistes, se reconnaître entre soi et écarter les intrus. Le parler rasta, sorte d'idiome fabriqué sur une base anglaise truffée de jeux de mots et de subtilités sémantiques, sert à la fois de mode de communication mais aussi d'arguments de combat, de fronde, de positionnement. Tous les mots finissant par –isme sont bannis du vocabulaire (capitalisme, communisme, christianisme, etc.) car créés par le tyran blanc pour mieux diviser l'humanité. Certains termes sont détournés afin de mettre en valeur l'absurdité de leur sens : le *system* est transformé en *shitstem* ou le *politics* en *politricks* (« tricks » : ruse, arnaque); l'expression *I and I*, récurrente, signifiant « moi » mais un moi uni dans la diversité, un moi qui est un soi individuel, humain, terrestre mais aussi un soi divin, connecté ; d'où le rejet du mot *unity* transmué en *Inity*, le *u* [you] étant synonyme d'altérité, d'exclusion.

Le Rasta prononce trois vœux tirés des Nombres (6, 1-21), censés le sanctifier et sur lesquels il ne doit pas déroger : ne pas boire d'alcool, ne pas consommer de viande, ne pas se couper les cheveux. L'habitude alcoolique est une sujétion de plus apportée de Babylone par le colon blanc pour mieux réduire l'homme noir à sa merci. L'alcool bloque le cheminement de la conscience et l'empêche de se dilater, elle enchaîne l'homme à son triste sort, aux démons qui l'agrippent et lui ferme les portes de la délivrance. La coiffure immortalisée par les dreadlocks de Bob Marley ou de Peter Tosh (et plus encore par les cadenettes ultra-longues de la version jusqu'au-boutiste) vient aussi des interdits hébraïques revisités par l'esthétique. Elles représenteraient la crinière du lion, bannière de l'Éthiopie, et le « lien ombilical à maintenir avec l'Afrique ». L'interdiction de manger du porc et des fruits de mer (prescrits dans l'Ancien Testament) et plus largement, de s'abstenir de toute viande et même de laitages, est primordial parce qu'un corps vivant « conscientisé » ne saurait absorber un autre corps vivant. La vie devenue mort devient alors tabou – sujet brûlant que l'on aborde avec circonspection et avec les outils rituels adaptés. Il n'est, de toutes façons, pas acceptable de survivre sur le dos d'autres vies. On ne saurait non plus ingurgiter des aliments chimiquement modifiés, artificiellement conservés ou assaisonnés sans faire offense à la nature et à ses dons. Ce régime dit *ital* (de « vital »), strictement végétarien, maintient l'homme dans un état de pureté compatible avec la loi et avec son destin.

Une coolitude *relative*

La Bible recommande également l'usage de l' « herbe sacrée » (Genèse 1, 29), celle que la tradition dit avoir retrouvée dans le sépulcre du roi Salomon. Cette plante de sagesse, introduite en Jamaïque à la fin du XIXème siècle par des commerçants venus d'Inde, servait à la préparation d'huiles, d'onguents et de teintures jusqu'au jour où, dans une plantation, quelqu'un eut l'idée de la mâchouiller puis de la rouler en cigarette. L'effet ne tarda guère et permit aux ouvriers des champs de tenir de longues heures sous le soleil, apportant au corps une forme de tempo mécanique qui allégeait la pression du labeur et enveloppait l'esprit d'un confort cotonneux. Son utilisation rituelle facilita ensuite la communion céleste, viatique passant de la réalité ordinaire à la Vérité divine.

Fumer de la ganja devint un sacrement, la pipe à eau un calice passant de mains en mains et connectant le fidèle à lui-même et à Dieu. Certaines cérémonies où la consommation de cannabis permet de mieux coller aux battements des tambours liturgiques africains (*grounations*) conduisent à des états de conscience modifiés qui propulsent l'adepte dans le sein de Jah et la vision de la Terre Promise - ou du moins le relient à ses racines véritables, loin par-delà l'océan mais infiniment proches par le biais de la transe. Dans certains groupes comme l'Ordre de Nyabinghi, cette eucharistie de fumée n'est réservée qu'aux peaux bénies par le soleil, la « race noire » étant la mère de la création divine. Les Bobo Ashanti vont jusqu'à s'extraire des autres Rastas dans des services strictement destinés à leurs membres (les Bobo Dreads), le rite de l'herbe sainte y étant la bénédiction suprême à ne pas dévoyer et à consommer dans la plus grande discrétion.

Si, en dehors du culte, la fumette rend aussi con que l'alcool, ou du moins paralyse certains ressorts de l'intelligence et manipule la perception pure, les sociétés blanches et carrées la détournent pour ne plus voir en face leur condition précaire et décadente. Les petits Blancs s'enfument le cerveau jusqu'à se griller les neurones ; l'herbe est désacralisée, jetée aux pourceaux, réduite à l'état de camelote trafiquée. Les Rastas, les vrais, sont les garants de son utilisation saine et correcte, se réservant les plus belles pousses – et les mieux entretenues – comme un trésor à sauvegarder et à partager entre soi. Tout le monde ne peut s'y approcher et se servir à la bonne franquette. Les femmes rastas en savent quelque chose. La connaissance par le calice ordonne quelques restrictions à leur égard qu'il convient de suivre sans broncher ; elles ne peuvent y avoir accès sans l'approbation de leur « roi » (mari), elles-mêmes étant des « reines » consacrées au foyer, aux enfants, aux fourneaux et au bon plaisir de celui qui les dirige. Une femme doit se couvrir la tête, ne pas se maquiller, porter de longues jupes et ne jamais cuisiner lorsqu'elle a ses règles. Toute méthode contraceptive est formellement prohibée, cette habitude de Blanche délurée relevant de l'infanticide. On enchaîne les femmes comme on enfile les colliers de perles – Bob Marley en eut neuf – et il est très mal vu d'être contaminé par une non Noire bien que le pape du reggae, fruit d'un Anglais et d'une Jamaïcaine, ait assoupli par son exemple certaines règles jusque-là non négociables.

Certains groupes ne transigent pas sur la couleur de peau et bien inconscients le naïf enfariné qui viendrait se la jouer cool auprès de Rastas purs et durs. Même topo, en pire, pour les homosexuels. Transgression des Écritures, anomalie de la nature, produit de Babylone, déviance indéfendable, Bob Marley en personne reconnaissait qu'ils ne pouvaient être admis comme rastas. Certaines voix du reggae jamaïcain comme Buju Banton ont appelé à l' « éradication des pédés » ou clamé, comme Elephant Man, que « les sodomites devaient mourir ». Discrimination et apartheid dans tous les sens du terme sont véhiculés par une musique qui, bien qu'étendard identitaire, reste un métissage nourri au chancre de l'Occident – mento jamaïcain, calypso des Antilles, R'n'B et soul nord-américains, ska passé par le prolo anglais et transmué en rocksteady, etc., le reggae ne transmet pas que des incantations à Jah. L'ignoble Blanc se l'est aussi approprié en le gorgeant de malentendus. Pernicieuse Babylone…

Je n'ai croisé en Europe que deux Rastas dits véritables dans la prolifération de Rastas auto-proclamés, blancs et métis, le bonnet en tricot vissé sur la tête et le cône éternellement pendu aux lèvres. Ces deux-là ne ressemblaient en rien aux pâles copies pullulant dans nos villes. Le premier était une espèce d'épouvantail hirsute, labellisé cent pour cent reggae avec les trois couleurs, les *dreads*, toute la boutique, qui sévissait dans un des quartiers les plus chauds de Londres. C'était à l'époque des émeutes contre la Poll Tax, en 1990. Je séjournais dans un squat de Brixton, chez des amis « artistes alternatifs ». L'ambiance y était : vie communautaire entre punks peintres et musiciens fortement politisés, herbe à gogo et champignons magiques cueillis dans les bouses des pâtures de banlieue. Infusions et omelettes formaient notre pain quotidien. Je dormais dans une voile de parachute au dernier étage d'une maison multicolore, devant un feu de cheminée qui brûlait jour et nuit tant le froid humide nous mordait jusqu'aux os. Un matin, je rencontrai un Rasta noir d'une trentaine d'années, très agité, torse nu malgré le froid, vociférant tout seul au milieu de la rue, un fusil d'assaut à bout de bras. Sentant rugir le branque sous la crinière, j'avais accéléré le pas puis sursauté au bruit d'une déflagration assourdissante dans mon dos. Une escouade de bobbies le neutralisait déjà à terre tandis qu'il poussait des hurlements de rage, la pétoire encore fumante hors d'atteinte. Rastafar-West. J'appris plus tard que le I-man en question, jamaïcain pur jus, adorateur de Jah et mangeur ital, s'amusait depuis des mois à tirer sur les passants.

Dans un autre genre et des années plus tard, dans un supermarché de l'avenue des Ternes à Paris, je croisai un couple de Rastas plus sages, lui droit comme un I et coiffé d'un turban, elle derrière, à distance respectable, effacée, couverte, les yeux rivés au sol. Aucun signe ostentatoire d'appartenance, pas de laisser-aller, une sorte de pas réglé au cordeau, presque militaire, discipliné au millimètre. L'homme faisait ses emplettes, la femme l'accompagnait sans toucher à rien, sans parler, sans même lever les yeux sur lui. On le sentait maître, responsable, acéré, directif ; on la voyait soumise, matée, molle et capitulante. Elle suivait son roi. *No woman, no cry.*

Entre le dément de Brixton et le *kingman* du quartier des Ternes, entre les gangs de *yardies* et les fondamentalistes soignés, mille fosses d'Anegada séparent les disciples du Ras Tafari. Des ghettos des Caraïbes à ceux de la vieille Europe, des assemblées de prières aux prisons surpeuplées, des militants musclés aux passifs perdus dans les limbes, finalement, très peu de Rastas sont retournés en

Afrique. Prophétie, mystique et poésie, transe, racines et communion ont suffi à faire surgir de la misère une lueur d'espoir sur laquelle glisser, la tête haute, vers le terreau des origines, loin de l'uniformité coloniale et de la domination blanche. Les dogmes ont mué, se sont renouvelés, ont revu leurs ambitions à la baisse – rapatriement, remboursement et réparation flottent encore dans les esprits mais sans réelle influence – tandis que la dimension spirituelle, dans le mouvement rasta de masse, estompe progressivement la rancune. Il s'agit maintenant de savoir qui l'on est vraiment, se connaître, s'approfondir, essayer d'autres techniques pour voir plus clair en soi – yoga tantrique, méditation transcendantale, patchouli et fumigations de sauge – tout un attirail new-age de développement personnel en gardant parfois allumée la petite flamme au fond du ventre qui relie au Négus et à la prophétie. Les traditionalistes veulent cloisonner toujours plus, purifier la race, exterminer les parasites. Les autres, portés sur la réconciliation car déjà infectés (demi-blancs mondialisés), veulent vivre en harmonie, avec amour, probité et discernement.

Un projet cool, en somme, si le mot cool signifie encore quelque chose.

Chasseurs de têtes dans les étoiles

A priori, rien ne me prédisposait à m'aventurer du côté des aborigènes d'Australie. D'abord, à cause de la perspective des vingt-quatre heures enfermée dans une carlingue volante ; ensuite parce que l'avalanche de clichés associés au pays - du récital de didgeridoo aux tournois de boomerang, des touristes déchiquetés par des reptiles du jurassique ou des requins-marteaux, des veillées de biture dans des bars clignotants remplis d'écrans plasma où des brutes en short, rougeaudes et trapues, hurlent des chants de stade dans un miasme de bière - ne m'y encourageait pas. Même la curiosité d'approcher les monolithes de grès rouge sous lesquelles des visions rupestres dévoileraient leurs figures de charbon lié au sang ne suffisait à mettre mon désir en route pour cette contrée lointaine.

Puis il y eut Brodzinski.

Tom Brodzinski, inculpé de meurtre pour avoir distraitement jeté son dernier mégot sur le crâne d'un retraité.

L'attentat eut lieu au début du livre de Will Self[53], l'un des auteurs britanniques les plus stimulants d'aujourd'hui. S'il y est question d'une affaire démentielle où pigeon d'outre-mer, savant mégalo, blancs dégénérés et indigènes tyranniques s'empoignent pour sauver au mieux leurs intérêts, l'histoire nous emmène sur une île-continent qui ressemble fort à l'Australie. Ses nombreuses tribus et sous-clans rivaux, ses métissages embrouillés, son vieux

---

[53] SELF, W., *No Smoking*, Éditions de l'Olivier, 2009.

racisme colonial et son folklore rituel donnent le ton à ce roman survolté que seul un auteur comme Will Self est capable de pondre. Et c'est grâce à lui, grâce aux tribulations du héros dans cet univers hallucinatoire que l'idée me vint d'aller voir de plus près de quoi l'Australie retournait.

L'occasion se présenta sous la forme d'une exposition temporaire de Dennis Nona[54], artiste australien dont j'avais entendu parler mais dont j'ignorais le travail. La conjonction Nona-Brodzinski, incongrue si l'on considère qu'ils sont la thèse et l'antithèse du sujet, les deux contrastes complémentaires d'une même réalité transmutés par la création artistique. Après m'être délectée de l'Océanie brodzinskienne, il me fallait un contrepoids pour retrouver l'équilibre du funambule. La chose fut entendue par le truchement de Nona.

L'artiste vient d'un îlet du bout du monde qui, à contempler ses estampes et ses sculptures, doit ressembler au paradis perdu de nos lointains aïeux. Quelque chose qui aurait un goût de *Bounty* et la température d'un bord de mer tropical qu'une brise légère, délicatement parfumée de vanille, viendrait effleurer les soirs de barbecue. Les flots livreraient avec discernement leurs offrandes de pêche, et le large, au lointain, accueillerait pour la nuit la volée descendante d'un soleil d'orpiment. Les esprits des ancêtres, flânant dans les parages, seraient en quête d'une conscience en éveil pour lui chuchoter mémoires héroïques et recettes perdues. Des canoës constellés de motifs occultes côtoieraient des tortues et des raies pastenague dont les bonds hors de l'eau révèleraient des augures que seuls les initiés seraient capables de comprendre. Les étoiles et la lune deviendraient les témoins d'une douceur primitive à nulle autre pareille qu'un flûtiste en queue-de-pie achèverait d'illustrer d'un *adagio* limpide en guise de somnifère. Plantation du décor.

---

[54] Exposition *Dennis Nona. Entre ciel, terre et mer ou le mythe revisité. Îles du Détroit de Torrès, Australie*, du 27 janvier au 20 mai 2011 à l'ambassade d'Australie à Paris.

Sur ce, déboulerait une bestiole hystérique qu'un *staccato* rageur précipiterait dans mes jambes. Perché sur deux pattes de volaille ("dinde du bush" nous dit-on), le machin - un crâne humain gravé de pictogrammes - tressauterait comme un damné dans les braises de l'enfer. Un pif cyranesque à plumes de casoar rehausserait ses yeux d'aruspice étouffant un tumulte de cris suraigus. L'audace de ma présence serait annoncée au village et je palperais mes poches en vue d'une compensation. Je doute qu'un *Pass Navigo* ou qu'un *Kiss Cool* collé dans un vieux ticket de caisse fassent l'objet d'un troc effréné de la part de mes hôtes parce que là, les enfants, finie la rigolade, nous ne sommes plus au paradis des noix de coco.

La culture ancestrale de Nona ne vivait pas de vocalises en tressant des paniers. Véritables chasseurs de têtes, ce peuple de la mer collectionnait les crânes d'ennemis glanés au gré de rixes et d'incursions dans les tribus voisines. Les trophées rapportés, ornés d'accessoires de nacre, servaient ensuite de monnaie d'échange avec les Papous, au-delà du détroit. Les preux défunts de la lignée transmettaient aux enfants leur puissance guerrière en offrant ainsi leur tête décapitée. On y grattait ensuite la zone frontale pour en extraire de la poudre d'os qu'on transformait ensuite en pâte fortifiante. Bébé enfournait alors sa bouillie miraculeuse qui lui permettrait d'égaler les héros de son clan.

L'artiste matérialise cet univers séculaire en réactualisant les traditions et les mythes des îles du détroit de Torrès. Travaillant le bronze, l'aluminium et le cuivre, il en fait surgir une faune fantastique où l'homme harmonise ses valeurs et son âme au milieu qui l'entoure. Ses estampes participent de la même impulsion, guidée la nuit par son grand-père, avec des plantes surnaturelles inondant l'espace, des astres aux rayons vivifiants et des totems animaliers sur des coquillages trompette. La grâce du trait et l'élégance chromatique, délicatement rendues par le difficile procédé à l'eau-forte, où la plaque de métal appliquée sur un papier épais laisse une empreinte en creux sur son grain duveté.

C'est un monde onirique parfaitement abordable que l'artiste nous propose à travers ses œuvres ; un songe rempli d'un passé déclinant mais que lui, fils prodige de ces îles céruléennes, réinvente fidèlement pour nous l'offrir intact sous un ciel plus laiteux.

Renoyauter les cœurs

Fukushima.

Quand les forces naturelles se déchaînent, il n'y a plus qu'à s'incliner. Tous les calculs, les études et les raisonnements éclatent comme des bulles de savon emballées sous vide et rien ne sert de rebondir sur d'autres tremplins, on atterrit fatalement, penaud et dégrisé, sur le ciment froid.

Personne n'avait prévu si grand, si haut, si fort. Personne ne prévoit vraiment rien d'ailleurs, car dans l'absolu, personne n'a jamais conscience des amplitudes possibles. Le chaos brut est démesuré et insaisissable, comme l'harmonie, la beauté ou le plaisir. Une abstraction puissante aussi aimantée qu'un pôle, qui excite l'esprit jusqu'à en brouiller la fréquence. C'est pour cela qu'on ne va jamais si loin. On le sait sans le savoir, c'est inscrit dans nos corps, nos *data* génétiques. Il y a toujours un seuil au-delà duquel nous sommes totalement largués.

Un gros séisme, un tsunami, du feu, des ruines, un nuage atomique. Scénario banal dans une salle de cinéma, des millions d'entrées et l'US Military en super messie. Tout pète et l'on applaudit en grignotant des chips. Puis arrive le jour où les studios d'Hollywood et d'ailleurs ne maîtrisent plus rien, où les figurants ne se relèvent pas après la dernière prise, où ils viennent s'échouer par paquets le lendemain sur les rivages dévastés. Recrachées par la mer, nos fragiles petites vies se dégonflent et s'évaporent dans les limbes.

Quand il n'y en a plus, il y en a encore. Après le vrai cataclysme surgit le vrai cauchemar. L'aboutissement de nos délires les plus improbables. Avec de vrais survivants paralysés dans l'œil d'une vraie calamité. Dans une production *gore*, des mutants nécrophages constitueraient une suite logique, s'il restait encore un peu de mouvement et de cœur à l'ouvrage. Puis le bouquet final, photogénique : l'engloutissement définitif de l'archipel dans un liquide bouillonnant vert fluo.

Pendus à nos radios, nos télévisions, nous suivons en direct la catastrophe, ahuris par l'étendue des dégâts et de leurs conséquences. La tectonique des plaques comme maître d'œuvre et le monde s'écroule telle une ligne de dominos. La nature infiniment réglée domine avec une morgue frondeuse la prétention humaine dans ses ivresses de bricolo. Elle rase tout sur son passage selon son bon plaisir et développe des processus, factoriellement monstrueux, que nous avons nous-mêmes enclenchés. Le coup de l'alerte atomique et le spectre de la contamination générale, la nuée toxique qui se promène autour du globe, les particules mortelles se dispersant dans nos circuits veineux... Qu'avions-nous rêvé de plus abominable, de plus terrifiant ? Le *must*. Chaque jour apporte son nouveau frisson : d'autres secousses aussi violentes, d'autres vagues destructrices, des barres de combustibles en surchauffe, en fusion, dans des réacteurs nucléaires incontrôlables, rien en magasin pour les refroidir et cet expert de marteler : « *il faut absolument renoyauter les cœurs !* », formule poétique dans un contexte atroce, pour stabiliser et neutraliser la partance en vrille avant la fin, la toute fin des haricots. Prochaine étape : les radio-éléments en folie, sans structure et sans cadres, en roue libre.

Dans cette ambiance eschatologique, il semblerait pourtant que le sang-froid l'emporte. Pas de panique, pas de pillages, pas de scènes d'empoignades pour une tranche de tofu (contrairement aux marchés financiers qui, eux, ont dévissé). Le spectacle de ces gens retenus et disciplinés force l'admiration. Ici, le deuil serait à coup sûr plus démonstratif : étripage et concerts de pleureuses hystériques en dolby stéréo. Là-bas, les larmes sont pudiques, la douleur sur les visages ne se lit pas, ou du moins pas encore, elle déserte la surface des choses et se niche en profondeur, là où l'étranger n'a pas de prise. D'où vient ce masque impassible qui permet à ces braves de rester dignes en déblayant les cadavres et les gravats sous la neige et les radiations ? Le pays en quarantaine focalise l'intérêt planétaire, son peuple attend stoïquement de se faire irradier en victime expiatoire et le reste du monde, impuissant, attend avec lui.

Une chaîne ouvre et ferme ses éditions en boucle par un « La catastrophe au Japon, vous l'avez vécue sur BFM.TV. » Être les premiers à rabattre du scoop : « Avez-vous peur ? Êtes-vous pessimiste ? Qu'allez-vous faire ? » et l'on rougit de honte devant l'inanité des questions et des commentaires où tout signe d'horreur et de souffrance ferait exploser l'audimat. La tradition nippone répond poliment, posément, là où notre main aurait sans doute fusé dans leur micro obscène mais comment rendre compte d'une catastrophe au long cours qui a un début mais pas encore de fin ? Nous ne connaissons pas l'issue de cet enfer mais avons la certitude du pire, le chronomètre tournant vers quelque chose d'inéluctable. Le shinto s'est exprimé par les humeurs de dame Nature - la terre, l'eau, le feu et l'air - les *kami* redoutables par l'esprit de violence déployé sur les hommes imprudents. Ces épreuves sont là pour mieux admettre la sacro-sainte (ou satanée) impermanence des choses, notion bouddhique superposée au terreau animiste, le néant de nos vies provisoires et de nos idoles en papier, un reste confucéen moral et collectif servant de liant à la profusion spirite. La religiosité japonaise est syncrétiste et répond à toutes les questions par les faits, même si ceux-là dépassent la mesure. Petit homme pressé au cœur de l'univers, organisme dérisoire anéanti par des éléments voraces. On ne joue pas impunément avec le feu, c'est la leçon de ce début d'année. En tirerons-nous les conséquences ?

Les pauvres gens cherchent leurs enfants, leurs parents, leurs amis morts dans les décombres glacés pendant que des corpuscules radioactifs s'engouffrent dans les systèmes respiratoires et se déposent sur les peaux. Les pauvres gens, nos semblables. Et nous ne pouvons rien faire sinon pleurer avec eux avant que n'émerge l'inexorable fureur trop longtemps contenue.

Renoyauter les cœurs, disait l'expert. Les cœurs ont fondu, le feu s'est éteint, la mer s'est calmée et la terre vibre encore. Un paysage crépusculaire et figé va remplacer la fourmilière. Renoyauter les cœurs est une priorité.

Oum, avec ou sans oud[55]

J'ai loupé Oum Kalsoum.

Sur mon barème personnel, je ne situe pas cette carence au niveau écarlate parce qu'il ne faut pas en remettre, il y a pire comme privation. La somme des petits ruisseaux fait les grands fleuves et l'abondance de cette femme est aussi nourricière que le limon noir du Nil, le ventre fécond d'une mère épanouie. Enfin, quelque chose de ce genre. Qui aurait un rapport avec l'utérus, la femelle, la fertilité et la vie. Avec sa face obscure, comme toujours, assurant l'équilibre ; soit avec du sang et des mucosités. Un amour dévorant et mortel, une matrice insatiable.

Dès la première note du oud, les poils de mes bras se hérissent. Réaction purement physique à des vibrations – le son de l'instrument – se combinant à d'autres vibrations – les miennes. Glissant d'abord en surface, ces doublets d'ondes pénètrent ensuite dans les cellules, montent jusqu'à la gorge, puis jusqu'aux yeux. Normalement, dans la seconde qui suit, les larmes coulent. Ce n'est pas une émotion, c'est une sensation, la rencontre de deux champs magnétiques. Et quand arrive la première inflexion vocale de la diva, quand sa voix rauque accroche la note miroitante du luth, s'y maintient pour mieux la manœuvrer, l'emporter dans ses modulations, la bousculer, lui faire perdre le fil pour la rattraper ensuite du bout du doigt, la remettre en équilibre, l'amadouer et l'apaiser jusqu'au dernier souffle, quand le timbre d'Oum Kalsoum dirige les pincements du oud et l'orchestre tout entier, il y a

---

[55] Luth oriental.

quelque chose qui flanche en moi, un rythme qui casse, une veine qui pète, un spasme cardiaque qui me projette en rythme *thêta* sur un tapis volant.

Un jeune type de Rabat m'a dit récemment qu'Oum Kalsoum, c'était ringard. Que c'était comme si un Rabati kiffait Mireille Mathieu. Là, *bug* instantané. Oum Kalsoum, la Mireille Mathieu égyptienne ? Ridicule.

La luette de Mireille Mathieu est comme une sonnette branchée sur secteur. Ce grasseyement soutenu, factice, pétri dans le gosier, est un son glacial et crispé qui pourrait rendre agressif un lapin en peluche. Et que ça braille, que ça tressaute, que ça chancèle d'une décharge de décibels trop vigoureuse pour un corps trop petit. Oum Kalsoum, au contraire, enveloppe. Elle est plantée en terre jusqu'au magma, c'est un volcan d'où coule lentement une lave élastomère qui épouse de l'intérieur tous les reliefs du corps. Elle se répand comme une ombre chaude, remplit les vides, s'insinue dans le moindre capillaire et nous possède dans une totale dilatation des sens.

Devenir la plus grande chanteuse que l'Égypte ait portée implique une vaillance au-delà du commun, un caractère irréductible, une individualité d'exception. Devenir l' « Astre de l'Orient », la « quatrième pyramide », la « cantatrice du peuple », être admirée par la Callas, par les puissants et par les rois, offrir à des foules en pâmoison trois milliers de chansons sur une cinquantaine d'années sans jamais déclencher de lassitude ou d'impatience, relève, il faut bien le reconnaître, d'un héroïsme surhumain. Pourtant, rien ne l'y prédisposait dans son village du Delta, dans sa condition subalterne de fille et dans celle, réduite, de son milieu : vouée au destin ordinaire d'épouse courbée, de mère prolifique et de trimeuse à temps plein. Son père arrondissait ses modestes revenus d'imam en chantant lors de cérémonies dans les villages alentour et inculquait à son fils cet art viril et vénérable. En cachette, Oum n'en perdait pas une miette, apprenait par cœur à force d'écouter et translatait les psalmodies d'une voix juste et puissante. Son père, en homme sage et avisé, y reconnut le don et lui fit intégrer, à dix ans, déguisée en garçon, son petit groupe de cheikhs chanteurs. Repérée par des poètes et des musiciens, cornaquée par un frère sourcilleux, elle finit par déployer son talent sur les scènes cairotes, toujours travestie en bédouin, esquivant toute frivolité qui aurait attenté aux bonnes mœurs. Et les rencontres, la vie, l'âge la transformèrent en diva, en déesse, en joyau national, en incarnation étoilée de l'âme orientale, de la quintessence de la femme, de l'amplitude arabe.

Mais que chantait-elle pour tenir en haleine tous ces êtres tendus vers son irrésistible éclat ? Quels étaient les mots, les intonations, les vibratos qui envoûtaient à ce point les foules ? Elle allait droit au but, à l'essentiel de l'homme nu et sans masque, embrassant tout entière la foi, l'amour et la terre natale. D'un dépouillement absolu mais d'un dépouillement chargé. Un fond pur et compact dans une forme dense, culturellement riche et profonde. Les quatre-vingt-dix-neuf noms du Tout-Puissant, l'amour impossible, interdit, douloureux, et bien-sûr la sacro-sainte terre d'Égypte. Trois thèmes inlassablement déclinés sur un mode exotique que nous, Occidentaux, habitués aux compositions cartésiennes, cérébrales, avons peine à recevoir. *Sache que lorsqu'une blessure se referme, le souvenir en fait saigner une autre*[56] peut donner un aperçu de l'ambiance. D'ailleurs, qu'importe de comprendre ces mots, pourtant universels. La tête est ici hors-jeu, seuls le cœur et le corps participent aux agapes. Le *tarab*, ce frisson extatique qui parcourt l'être entier, difficilement traduisible, réagit puissamment aux stimuli. Volupté déchargée, offerte, partagée. *Aaaaaaaaaaaahhh* ! répond la foule.

Cela mérite une explication car on ne crie pas impunément *aaaaaahhhh* ! comme ça, sans savoir de quelles profondeurs ce *aaaaaahhhh* ! émerge. L'émulation collective peut amplifier le

---

[56] Tiré de *El Atal* (*Les Ruines*), 1966. Trad. Samir Mégally, *L'Égypte chantée*, IMA.

tarab mais le *tarab*, c'est le *tarab*, on ne le sent pas sur commande, en claquant des doigts, dans une salle chauffée à blanc. Non, Oum Kalsoum ne se laisse pas goulument consommer entre deux portes.

La musique vocale, monophonique, telle qu'elle se pratique depuis toujours, est seule maîtresse de la mélodie tandis que le oud se tripatouille en arrière-plan ; la voix donne le *la* si je puis dire, le oud le *do* grave : DO-FA-LA-ré-sol-do.

L'air du morceau posé, calé par la voix, sert de base à d'infinies possibilités de modulations dans le temps et de fluctuations plus ou moins nuancées (je suis d'ailleurs surprise qu'un branque n'en ait pas encore tiré de statistiques). Venue du *mawwal*, cette forme issue de la poésie traditionnelle arabe qui initie le début de la chanson et plante le décor. Cette recherche improvisée de l'artiste vise à rencontrer l'auditoire jusqu'au point nodal où celui-ci entrera en résonance avec la chanteuse jusqu'à mettre en place un véritable dialogue entre elle et lui. L'artiste invente, propose des séries pour captiver son public qui les déguste et les confirme par de sonores transports d'aise. Encouragée par une sorte de transe progressive, elle pouvait moduler deux heures sur le même mot. Dans un tel contexte, le public était primordial et l'enregistrement sec en studio aurait perdu toute la substance des morceaux. C'est pour cela que sa musique fut toujours emmagasinée en direct.

Oum Kalsoum reste néanmoins un personnage ambigu. Son habileté est d'avoir su déverser chastement des sentiments à la fois brûlants et désespérés sur un auditoire essentiellement masculin. La charge érotique était puissante et son effet assuré. Nul conflit entre foi religieuse et amour fou, entre continence et sensualité : sa voix chaude de contralto, son souffle long, ses mots équivoques et insistants oscillant entre sublimation et lascivité, embrasait les foules, galvanisait les hommes, des notables cravatés assis en rang d'oignons dans la salle de concert aux fidèles en *galabeya* rassemblés sous les transistors des cafés et fumant la pipe à eau. La béatitude mystique servait à coup sûr de prétexte à des béatitudes plus licencieuses. La fièvre du plaisir interdit diffusée sur ses fans en adoration, du haut de la scène ou des fréquences radiophoniques tous les premiers jeudis du mois, lui épargnait l'impudeur du corps. Elle restait debout, presque immobile – seuls de discrets signes de la main d'où pendait un mouchoir de soie annonçaient aux instrumentistes les changements de variations – le chignon lustré, les bras décemment couverts, les yeux fermés en femme-offrande inaccessible. Telle scintillait la diva, la reine, la divinité en chair et en os dans le regard enamouré de ses millions de soupirants.

On lit çà et là qu'elle était homosexuelle et qu'elle aimait la coke. Je vois déjà le tableau : de petits halos poudreux autour de ses narines et l'odeur de la femelle dilatant ses pupilles. Mais c'est un ruban à mouches qui ne vaut pas de s'y engluer. Oum est hors d'atteinte par nature et ne se révèle ni dans les coulisses ni par le trou de la serrure des cabinets. Barbus, remballez vos fatwas ! D'ailleurs, l'accès au privé est une manie barbare : après le débordement vocal, elle disparaît des projecteurs, remonte comme un *pschiiit* au-dessus des nuages, se désincarne, se dématérialise, et pouf ! sa robe et ses diamants retombent sur le sol. Oum est comme le génie de la lampe d'Aladin.

Dans la frénésie du copiage de tout ce qui venait d'Europe et des États-Unis, elle sut résister aux sirènes du modernisme esthétique en se concentrant sur le chant arabe formel, le renouvelant à sa manière de l'intérieur. Sa musique balançait entre le répertoire classique et la chanson populaire, la langue savante et la langue des faubourgs. Dans un pays d'abord soumis aux diktats coloniaux, puis se relevant avec lenteur de cette longue emprise étrangère, elle revalorisait la culture arabe dans toute son ampleur et sa singularité. Elle retournait aux racines, à la fierté d'être née dans cette civilisation, sentiment que la domination d'un ordre extérieur avait plus ou moins éteint. Le patriotisme égyptien, à son zénith sous Nasser, relevait des millions de têtes contre les menées impérialistes de l'Ouest, plaçait le Tiers-Monde comme troisième force dans la guerre froide et donnait une nouvelle dignité aux peuples trop longtemps asservis. De Tunis à Beyrouth, du Caire à Bagdad, elle portait les foules dans un même élan régénérateur, convaincue par les promesses d'un nouveau destin en marche, elle qui était devenue la star incontestée du Maghreb et du Machrek, l'emblème d'une arabité enfin assumée. Elle était aussi, en face B, l'ancienne enfant pauvre séduite par le luxe et l'apparat, le pouvoir et les honneurs, celle à qui l'on a reproché de s'être pliée à tous, du roi Fouad à Sadate, avec une application docile sentant sa courtisane. Enfin, elle encore, définitivement déposée entre quatre planches de bois, dans son trajet définitif parmi la foule hagarde et sanglotante, promenée de bras en bras dans son cercueil par les rues de la ville jusqu'à sa dernière demeure.

J'ai loupé Oum Kalsoum mais je l'écoute toujours. Le oud l'accompagne, le oud de Mohamed El Qasabji, modal et mélodique, derrière cette voix que j'ai tant absorbée grâce aux disques, que je connais par cœur et dont je ne me lasse pas. Puisse l'Égypte se rassembler à nouveau, telle que Oum la chantait, retrouver l'unité d'une nation fière et libre, coptes et sunnites côte à côte, sans se faire pourrir par le djihad salafiste, irresponsable et puéril, et la vendetta des anciens corrompus qui tireront toujours profit de tout. Comment dit-on déjà ? *Inch'Allah...*

L'art de se faire opérer par un chirurgien en transe

Adolf Frederick Yeperssoven, communément appelé « docteur Fritz », est un médecin allemand du début du XXème siècle qui, bien que n'ayant jamais existé, trouve encore le moyen de s'introduire dans le corps des gens.

Outre cette bizarrerie, les gens en question, possédés par l'esprit de cet envahisseur, se transforment soudain en chirurgiens - c'est-à-dire en individus capables d'opérer d'autres individus - à la différence qu'ils n'ont ni diplôme ni qualification pour le faire. Une transe passagère leur sert de compétence et l'affaire est bouclée. En un tour de main, ils vous pétrissent ostensiblement les boyaux pour en extirper des matières glaireuses et glougloutantes, manipulations spectaculaires censées vous guérir en deux minutes et gratuitement de tous vos maux.

Tout a commencé avec le petit José. Celui qui allait devenir le célèbre Zé Arigó (1921-1971) n'était pas encore ce vase médiumnique nationalement célèbre mais un petit Brésilien pauvre du Minas Gerais qui, dès l'âge de quatorze ans, travaillait dans la mine. Devenu grand, il se plaignait fréquemment de migraines, d'insomnies, de berlue régulière et d'épisodes d'agitation interne orchestrée par une voix inconnue. Ces manifestations n'ayant rien à voir avec un éventuel grisou local, José finit par découvrir le maître des lieux grâce à une vision extrêmement précise qui lui donna la clé de ce chambardement : un homme en blouse blanche, au crâne dégarni et au type germanique, supervisant une équipe de médecins et d'infirmières dans un bloc opératoire, se présenta comme le Dr Fritz de Munich. Il le prévint que, dorénavant, il ne serait plus question de consacrer sa vie à piocher ni tamiser du gravier mais à s'ouvrir à de plus nobles ambitions. José deviendrait tout simplement chirurgien - pas chirurgien normal, comme les autres, mais chirurgien-médium, « canal » d'une entité désincarnée - le Dr Fritz soi-même - qui allait continuer d'opérer par l'intermédiaire des mains d'un vivant, les siennes. La faculté de médecine n'avait qu'à bien se tenir, il agirait désormais suivant ses intuitions, transporté par l'énergie d'un médecin fictif - et mort, de surcroît - qui allait s'incorporer en lui. Au diable le rythme frénétique des cours, de l'internat et des gardes, au diable les interminables années de formation, de compréhension et d'expérience, le *channeling* règlerait la question et lui ferait gagner un temps considérable. Il suffisait juste de se dégourdir un peu les menottes, de travailler son doigté et d'habituer son corps à recevoir l'éminent visiteur. A court terme, son cabinet en ville serait prêt pour les consultations.

Les patients affluèrent. Zé joua d'abord du bistouri mais, en prenant de l'assurance, s'orienta vers plus de frugalité et opta pour le couteau de cuisine. Parfois, une paire de ciseaux à ongles venait compléter son humble matériel. Les mains aussi rapides et agiles qu'un tour de bonneteau, Zé triturait les entrailles et en ressortait des rognons sauce Madère ou des andouillettes gourmandes avec une dextérité confondante. L'asepsie étant une notion relative en chirurgie psychique, les conditions d'hygiène se limitaient au minimum, c'est-à-dire à rien, pas même un rince-doigt ou un coup d'éponge sur la table. Les malades arrivaient, expliquaient leur problème, se penchaient, levaient la jambe ou s'allongeait sur le dos ; Zé, dans un état de transe visionnaire, les scannait d'un œil entendu et intervenait sans anesthésie, extirpant de leur chair des matières sanguinolentes en un temps record. Le malade, après s'être fait charcuter sans ciller, remontait son falzar, boutonnait sa chemise et s'en retournait, soulagé et reconnaissant, réparer son vélo ou danser la *capoeira* dans une fête de quartier. Plusieurs fois condamné pour exercice illégal de la médecine, il fut arrêté mais continua toujours son activité en prison, recevant hommes d'affaires, juges, députés - jusqu'à Kubitschek, ancien président de la République et docteur en médecine, qui le considérait – crédibilité spirite oblige - comme un guérisseur authentique et respectable.

Car on ne rigole pas avec la chirurgie psychique au Brésil. Si en France, elle reste une impossibilité, un tour de prestidigitation ou une « dangereuse dérive sectaire », là-bas, sa popularité et son crédit complètent et concurrencent la chirurgie conventionnelle. Discipline directement issue du spiritisme d'Allan Kardec[57], elle officie dans des arrière-cours, des réduits où s'entassent linge et bassines douteuses jusqu'à des centres plus cossus, véritables cliniques spécialisées où les chirurgiens « opèrent » dans un décor high-tech, entourés d'un *staff* aussi professionnel qu'une équipe hospitalière. La tradition spirite, importée de France à la fin du XIXème siècle a trouvé dans le sol brésilien un terreau favorable, répandant sa philosophie dans toutes les couches de la société jusqu'à devenir, à partir des années vingt, un courant socio-culturel de grande envergure, imprégnant la vie quotidienne et politique. Il existe des associations de médecins spirites, de militaires spirites, de journalistes, de magistrats, de psychologues spirites. Tout cela est parfaitement admis, pour ne pas dire banal, et l'on court se faire dépecer – qui vous retire une tumeur de la rate, qui vous dégonfle les amygdales, qui encore vous repêche un testicule englouti dans le ventre – le plus simplement du monde comme on inscrit ses enfants dans une crèche, une maternelle, une école spirite ; comme on place sa grand-mère dans une maison de retraite spirite ; comme

---

[57] De son vrai nom Hippolyte Rivail (1804-1869), pédagogue français et fondateur de la doctrine spirite.

en envoie ses fous dans des asiles spirites où des transes de médiums accompagnent officiellement les traitements psychiatriques ; où les parlementaires votent même une « journée nationale du spiritisme » (18 avril) ; où toute la vie et la société brésiliennes, pénétrées par cette croyance dans l'au-delà et ses manifestations, s'épanouissent dans un mélange unique de foi chrétienne, d'animisme yoruba[58], de coutumes amérindiennes et d'égrégores sortis tout droit de l'occultisme européen. Colons portugais, esclaves africains, indigènes de la forêt et cosmopolitisme Belle Epoque ont créé ce Brésil foisonnant de mythologies et de folklores où l'ivresse magique a su fusionner avec les cadres plus austères de la technologie de pointe.

Zé Arigó mourut à cinquante ans d'un accident de voiture (qu'il avait prédit) et le Dr Fritz s'en alla squatter un autre corps disponible. La chaîne de l'espoir était amorcée, un *fritzthon* contre la montre se mettait en place, incarné par une file de chirurgiens contraints qui offraient au pays leur savoir-faire en « traitant » bénévolement des centaines de milliers de personnes. Les frères Wilde – Oscar (!) et Edivaldo – prirent la relève de Zé mais leur carrière fulgurante s'interrompit plus tôt que prévu par un même et fatal accident de la route. Le Dr Fritz ne perdit pas pour autant la boussole et jeta son dévolu sur un autre candidat malgré lui, Edson Cavalcante Queiroz (1950-1991), devenu vrai gynécologue grâce à de vraies études de médecine suivies sous l'injonction d'un esprit qui le destinait, on ne sait pourquoi, à ce métier si poétique. On raconte qu'en fac, après avoir disséqué le cadavre d'un Noir, ce dernier, furieux d'avoir servi de cobaye, laissa les fantômes de ses bras et ses mains sectionnés hanter les nuits de l'étudiant. On raconte aussi qu'il voyait des *caboclos*[59] partout, entités qu'il

---

[58] Les Yorubas sont un peuple des régions du Bénin, du Togo et du Nigéria. Par le déplacement de ces populations lors de la traite négrière, ces croyances et coutumes originelles se sont transformées en cultes syncrétiques au Brésil : candomblé, umbanda et santeria.

[59] Paysans métis du bassin amazonien issus de Blancs et d'Indiennes ; un *caboclo* est aussi, dans les cultes afro-amérindiens, l'esprit d'un vieux sage de la forêt.

confondait avec des vivants tant elles se révélaient tangibles au milieu des autres. En 1979, le Dr Fritz, continuant sur sa lancée, monopolisa son corps déjà bien investi et sonna les trompettes de sa renommée. On vit le nouveau docteur en action, opérant aussi vite que l'éclair, et en un tour de doigts vous extraire du bide des boulettes sauce kebab sans vous désobliger pour autant. Il refermait la plaie sans le moindre fil, la moindre agrafe, la moindre suture et mieux encore, sans même une cicatrice. Comble de la maestria, l'intervention se déroulait toujours avec le même soin - hygiène sommaire, mains nues et stérilisation inexistante des instruments chirurgicaux (limités à une aiguille) - routine qu'il qualifiait de parfaitement normale : la *fritzação* (« *fritzation* ») réglait le problème en neutralisant les microbes pathogènes et en accélérant les mécanismes de guérison. Il mourut cependant d'un coup de couteau planté par un fou qui passait par là sans que rien ni personne, pas même un spectre, ne put juguler l'hémorragie.

Rubens Farias Junior (1954-) prit le relais. Il est le dernier en date, du moins solennellement, à opérer au nom de l'inépuisable Dr Fritz qui semble avoir, c'est le moins qu'on puisse dire, un fichu besoin de reconnaissance. D'ailleurs, on ne sait pas vraiment pourquoi il persiste à pénétrer les gens alors qu'il pourrait profiter pleinement du paradis. Mais peut-être n'est-il pas au paradis, ce bon vieux Dr Fritz ? Peut-être est-il au purgatoire et peut-être même en enfer à chercher en vain parmi les flammes le chemin de sa délivrance ? Il paraît qu'il aurait laissé, de son vivant hypothétique, une fillette mourir sur le billard. Ce manquement l'aurait condamné à un zèle éternel. Alors, il y met de l'ardeur, le gaillard, et surtout de l'endurance. Rubens Jr en sait quelque chose, lui qui sévit à la chaîne dans la banlieue de Rio. Non seulement, il s'est mis à parler avec l'accent allemand mais il n'hésite pas à mettre la pression en poussant des *schnell !* à tout-va, comme si les vingt secondes d'un acte chirurgical psychique étaient encore trop longues. C'est qu'il faut du rendement dans la clinique de Junior :

sortir du matin au soir des chapelets de saucisses de l'abdomen des malades sans même leur offrir un Bretzel demande un certain sens du rythme et de la concentration. Mais soyons magnanime : il pallie cette défaillance par un cocktail maison composé d'alcool, d'iode et d'essence de térébenthine qu'il offre généreusement aux patients comme remède universel. La suite ne dit jamais comment se poursuit la digestion.

Cette histoire de Dr Fritz déboulant un beau jour de la quatrième dimension n'est pas isolée. S'il borne sa pratique aux frontières du Brésil, d'autres esprits interviennent aux Philippines, mère-patrie de la chirurgie psychique. Les guérisseurs philippins avaient déjà pignon sur rue, l'extension du domaine de la science ne pouvant manquer d'ouvrir leur champ de manœuvre à des pratiques plus abouties. Lorsqu'on les voit ferrailler dans les chairs, en prélever des choses gluantes et élastiques avec une pince à cornichon, devenir des sommités internationales (comme Tony Agpaoa ou Alex Orbito) et dispenser leurs prêches dans des écoles de formation publiques, on éprouve le besoin d'essayer de comprendre. Si la chose semble irrecevable selon nos critères rationnels, le procédé n'a rien d'abracadabrantesque dans une société où l'Union spirite chrétienne, vénérable institution culturelle dans l'archipel, draine une légion de révérends pères propulsés par l'esprit de saint Sébastien ou de saint Jean-Baptiste. Cette médiumnité pragmatique est fondée sur la communication entre les différents plans énergétiques, nourrie par la foi en Dieu et l'amour du prochain où la prière, l'humilité et la connaissance littérale de certains chapitres bibliques garantissent leur efficacité en toutes circonstances. Lorsqu'on voit arriver au bloc une blonde pimpante, seins nus et culotte échancrée, et trois quidams en blouse blanche s'approcher en tenaille, lorsqu'on note la présence d'un seau en plastique rose à côté de la table d'opération, lorsqu'on entend la petite musique d'ambiance qui accompagne le prodige, et surtout, lorsqu'on voit avancer sur le corps de la demoiselle de grosses mains portant Rolex et gourmette en or, une sorte d'apnée vous maintient en suspension. La machine se met en route : malaxage, *carpaccio* et *risotto*, bassine et clapotis, *crumble* de boudin noir et compote de coings, bruit de la poubelle à pédale, petite veilleuse dans la niche du mur, frictions rapides et coulures instantanées - hop ! hop ! - comme un maestro sur son clavier, l'homme pianote allègrement sa partition organique et en soulève, tel le saint Graal, un gésier géant gris anthracite identifié comme *la* tumeur. Et là, on dit non, on dit pouce. On dit qu'on se paye notre tête. Le sang qui lui dégouline des doigts est activé par une poire extérieure, le festival d'abats qui se déploie sous nos yeux a glissé de sa manche, d'un billot sous la table, d'une cagette de boucherie ou d'un tuyau de vidange ; le type est le Gérard Majax philippin - il y en a qui travaillent avec des lapins blancs et des hauts de forme, il y en a d'autres qui, visiblement, leur préfèrent la viande, la tripaille et les sécrétions corporelles.

Des équipes de médecins, d'illusionnistes et de journalistes ont filmé et surveillé depuis les années soixante-dix des centaines d'opérations à mains nues. S'ils ont pu en effet mettre au jour des supercheries et des truquages (organes d'origine animale, groupe sanguin différent, etc.), ils restent toutefois sans explication sur la majorité des faits. L'impossibilité physiologique de telles interventions ne suffit pas à convaincre les adeptes de la chirurgie psychique de son extravagance mais on assure que (presque) tous les sujets venus consulter ont senti une nette amélioration de leur état jusqu'à la guérison complète. De la crise de psoriasis au cancer de l'estomac, du furoncle à la péritonite aiguë en passant par la cataracte, l'herpès ou des nodules à la thyroïde, il est difficile de justifier un rétablissement soudain, ou même progressif, uniquement par l'effet placebo. D'un point de vue scientifique, il est tout aussi difficile d'en faire un système. S'il y a fraude, les types ont du talent. Si tout cela est réel, les chercheurs devraient sérieusement se mettre au boulot.

Il est acquis que la médecine n'est pas une science exacte. Et nous connaissons tous quelqu'un qui a souffert de complications post-opératoires ou développé une maladie nosocomiale. Le diplôme du vrai chirurgien ne lui garantit pas l'infaillibilité ni l'hôpital, la sécurité. Si l'étude, le savoir, l'expérience et un bon sens de la déduction l'aident souvent à tâtonner juste, il lui arrive aussi souvent d'être impuissant ou de ne plus rien comprendre. S'il en est ainsi, et malgré la caution de la Faculté des Sciences, je ne vois pas pourquoi sainte Radegonde, le Dr Fritz ou un quelconque ancêtre lémurien ne pourraient pas nous faire le grand jeu. A défaut de nous convaincre, ils auront au moins le mérite de nous fasciner.

Marie, pleine de grâces

La plasticienne Soasig Chamaillard s'est attiré les foudres des traditionalistes du bocage vendéen pour son travail « blasphématoire » sur des statuettes de la Vierge. Accusée de « saper les racines culturelles, religieuses et identitaires de notre pays », l'exposition « sacrilège »[60] où la représentation mariale est « moquée » et « insultée » s'est déroulée dans un climat pour le moins tendu.

Il s'en est fallu de peu pour que ces zélés délateurs n'engagent une procédure et n'aillent pleurnicher dans les jupes du saint Père. La mise à l'index pontificale de cette enfant espiègle aurait fait perdre au cœur palpitant de notre Église la promesse missionnaire d'une Mère de Dieu redevenue proche et familière. Et ç'aurait été fort dommage car nos ouailles déchristianisées auraient raté une occasion de revenir à la foi de leurs pères, ou du moins de s'en rapprocher dans un mouvement de tendresse bien innocent.

L'objet du délit est l'utilisation profane de statuettes mariales ; de ces statuettes en plâtre fabriquées à la chaîne à la fin du XIXème siècle, qui ont reçu nos litanies, nos chapelets et nos béances sèches ; qui ont meublé par milliers d'exemplaires nos églises, nos chapelles, nos petits autels domestiques ; qui ont veillé au chevet de Grand-Mère, pendu au rétroviseur du voisin portugais et qui trônent depuis toujours sur mon bureau, entre une pile de paperasses, un casque de chantier et un pot à crayons. D'une piètre

---

[60] Exposition *Soisig Chamaillard, Apparitions*, en 2011 à la galerie Albane de Nantes.

facture et d'un goût contestable, ces saintes Vierges industrielles sont le résultat des visions merveilleuses de la petite Bernadette de Lourdes. Ses descriptions de la « belle dame », authentifiées par l'Église, firent naître un totem normalisé de la Mère de Dieu en jeune fille ingénue qui se diffusa dans tous les foyers catholiques. Cette déferlante de jouvencelles kitsch illustrait à l'extrême, dans une variante pastel et sucrée, le dogme récent de l'Immaculée Conception (1854). L'apparition de Marie – un ajustement de la Vierge aux repères d'une jeune Bigourdane de quatorze ans – s'est standardisée ; Marie n'allait pas se montrer telle qu'elle était à l'époque du Christ - la peau basanée sous un voile intégral - car on eut tôt fait de sortir l'eau bénite pour délivrer la malheureuse d'un démon de la *casbah*. Dans son infinie sagesse, notre sainte Mère, connaissant les limites de la tolérance humaine, a jugé raisonnable d'apparaître dans une version plus diaphane pour ne pas perturber, à juste titre, les repères ethniques du périmètre cantonal. Nous héritâmes par conséquent d'une Reine du monde sous la forme d'un objet en plâtre, mi-meringue mi-guimauve, aux nœud-nœuds bleu layette.

Cette statuette s'est cristallisée dans nos esprits comme l'indéboulonnable représentation de l'Immaculée Conception, certifiée conforme par les plus hautes autorités et donnée comme réglementaire aux quatre points cardinaux. Même si notre sainte Marie personnelle ne ressemble en rien au fétiche imposé, même si pour la prier nous dûmes faire abstraction du modèle pour justement pouvoir la prier sans être absorbé par son côté *gnangnan*, même si ce matraquage formaliste est une balise bien commode pour éviter que les fidèles ne s'égarent dans une méditation plus cosmique, force est de constater qu'être partout présente avec cet air exagérément mièvre, son esthétique a opéré un lavage de cerveau à l'échelon mondial qui a rendu Marie aux antipodes de ce qu'elle est : une amulette anthropomorphe.

Heureusement, le Bon Dieu, qui a plus d'un tour dans son sac, a mis au monde une créature capable de rectifier le tir. Il a planté une petite graine d'humour dans l'âme de Soasig Chamaillard, petite graine qui a germé, poussé, créé une liaison entre son esprit et ses mains et branché un circuit en courant continu. Un angelot, probablement joufflu, lui a soufflé à l'oreille de récupérer ces vieilles statuettes, le plus souvent jetées aux ordures, et de leur donner, *alleluia !* une seconde chance. Évidemment, il ne s'agissait pas de nous resservir la même confiserie – une génération de plus engluée dans cette mélasse et nous déclarions forfait – mais de montrer Marie telle qu'elle a toujours été : une femme – et quelle femme ! - *la* femme, miroir de toutes les autres.

Soasig Chamaillard ne raille pas la sainte Vierge. Un simple regard suffit pour reconnaître intuitivement qu'aucun calcul blasphématoire n'est le moteur de son travail. Au contraire, elle assure que ces statuettes poursuivent « leur chemin mystique » et en effet, peu importent ses atours, ses falbalas et ses breloques, la sainte Vierge domine et demeure, assimilée dans un contexte contemporain où elle englobe tout ce qui est. Et dans le superflu, le transgressif, le débile ou le n'importe quoi, elle reste là, souveraine, dans une présence absolue que rien n'égratigne ou ne récuse. La Vierge au terme de sa grossesse lisant du Laurence Pernoud est non seulement drôle mais parfaitement *ad hoc* : élever Jésus, que je sache, n'a pas été d'un grand repos ; la Vierge en Superwoman n'a rien non plus d'intolérable car elle est, par définition, et pour nous-autres chrétiens, *la* super woman ; la Vierge en geisha ne devrait pas nous alarmer davantage car la fougue évangélisatrice n'est pas circonscrite aux couvents des Pays de la Loire ; quant à la Vierge vampire, avec ses yeux fluo et ses canines pointues, à part susciter un hoquet convulsif chez des personnes visiblement à cran, notre foi enracinée ne vacille pas une seconde devant cette illustration potache qui a le mérite de bousculer un peu les réflexes pavloviens de la bigoterie.

Soasig Chamaillard combine son fond culturel catholique, utilisé ici comme support, avec une recherche plastique qui puise dans les références du *vulgum pecus* – la société de consommation, l'image de la femme, la culture de masse, l'art naïf et populaire. Elle n'attente pas au sacré, elle le diffuse, le généralise, le met au centre de nos perceptions, rend la Vierge participante à notre vie, notre environnement, spectatrice de tous nos vices et nos vertus. L'artiste lui donne davantage d'humanité, de proximité - la sainte Vierge n'est pas le principe féminin et immatériel d'un dieu hébreu inconnaissable, encore moins une divinité païenne à qui l'on fait des offrandes pour s'attirer les bonnes grâces. Elle est beaucoup plus que cela. C'est une femme en chair et en os qui a mis au monde un concept vertigineux: Dieu incarné en homme, avec toutes les conséquences que cela entraîne, et non des moindres, en sachant pertinemment qu'elle allait se farcir des réalités plus consistantes que les vapeurs de dadames offusquées ou l'indignation des petits champions de la guerre sainte.

Ces statuettes revisitées provoquent le contraire de ce qu'on leur reproche : elles amadouent les brebis égarées qui trouvent dans cette bonne humeur une façon de vénérer autrement la sainte Vierge que dans le pathos déclamatoire qui les avait fait fuir. Elles ne ridiculisent pas sa dévotion mais taquinent la bondieuserie superstitieuse. Elles soutiennent une foi intégrée, implantée, qui ne craint pas la dérision. Elles prouvent nos attaches culturelles par un renvoi systématique à la figure mariale – attaches au demeurant fort solides - nos églises parisiennes sont remplies à ras bord, nos systèmes de valeurs et nos repères parfaitement ancrés dans la culture chrétienne et toujours nourris par elle, quoiqu'on nous laisse entendre. Enfin, l'argument suprême s'alimente du chantage à l'islam, abcès de fixation, dans une *reductio ad diabolum* navrante confondant le musulman et le terroriste, qui profiterait de notre désinvolture pour nous submerger et nous convertir par la lame du couteau.

Pourquoi chercher querelle là où il n'y a pas lieu d'en avoir ? Partir en croisade dans son propre pays pour quelques facéties ne choquant que des cagots et des obsédés de la géhenne, se croire toujours plus moral que les autres et se révulser pour des peccadilles, élever un mirador pour juger ce qui est conforme et ce qui ne l'est pas, jeter l'anathème du haut de ses certitudes dans une surenchère pinailleuse de qui sera le plus fervent et le plus légitime face au « péril » qui vient (traduisez les Arabes)… Qu'est-ce que c'est que cette cour de récré ? La crispation ne fera sûrement pas redécouvrir aux déserteurs une tradition spirituelle riche et profonde qui imprègne, n'en déplaise aux bilieux, tout ce qui nous entoure. Et les fondamentaux des Évangiles alors ? l'amour, le dialogue, le partage, l'échange et la fraternité sans conditions ? Deux mille ans plus tard, les mots d'ordre sont-ils définitivement caducs ? Même si ces valeurs paraissent délirantes et complètement dérisoires à certains énervés de la cause, elles n'en restent pas moins les piliers du message christique, que cela nous plaise ou non. Les « apparitions » réprouvées de Soasig Chamaillard, les menaces et autres coups de menton adressés à des artistes inoffensifs, tout ce tintouin n'est finalement que bravades ridicules qui donnent l'illusion d'agir lorsqu'on est désœuvré. Il serait vital de nous lâcher un peu les baskets avec les faux enjeux à régler d'urgence et les méga-terreurs d'invasion barbare ; vital de nous laisser respirer deux minutes côte à côte dans le même pays, chrétiens et musulmans français, croyants et pas experts en casuistique, et partager ce qui nous rassemble sans qu'on vienne, par principe et pour faire tourner l'usine à fantasmes, nous monter la tête les uns contre les autres. Et si, en ce début de Carême, on se détendait un tout petit peu ?

Le baron fou des steppes

J'ai rencontré pour la première fois Roman von Ungern-Sternberg en 1920, par l'intermédiaire de Corto Maltese. Il faisait froid, le vent mugissait sur les steppes de Transbaïkalie, et le baron conduisait une armée bigarrée de cosaques et de soldats mongols. La mission était aventureuse : rétablir l'ancien monde, celui d'avant la Révolution, celui-là même d'avant l'ère moderne où la noblesse et l'absence d'éléments pathogènes étaient encore l'honneur d'une civilisation. Bien qu'il apparaisse furtivement sur les planches d'Hugo Pratt entre deux trains blindés parcourant l'Asie centrale, Ungern, au-delà des nombreuses fictions relevant de son mythe, est un personnage de chair et d'os, un héros de l'Histoire. Macabre pour les uns, messianique pour les autres, il reste aujourd'hui méconnu de la sphère latine mais demeure très présent dans la mémoire collective, celle de l'Orient des grands froids, de Saint-Petersbourg à Vladivostock, en passant par Berlin, Oulan-Bator, le désert de Gobi et les glaces du Soleil Levant.

La période est trouble. En 1917, la révolution d'Octobre a bouleversé l'ordre établi et brouillé les valeurs, transformant une société très hiérarchisée en sauve-qui-peut général. La famille impériale est massacrée, les anciens maîtres ne sont plus que transfuges et fuyards tandis que les nouveaux puissants se hissent à des rangs inespérés. L'aristocrate est devenu vagabond, le fils du cordonnier, commissaire du peuple. Quelques indociles, scandalisés par cette inversion, se cabrent devant la nouvelle dictature du prolétariat. Trois ans plus tard, la guerre civile n'est toujours pas terminée, des poches contre-révolutionnaires résistent encore çà et là au raz de marée bolchévique. À l'est, les armées blanches, divisées, se délitent inéluctablement : l'amiral Koltchak, qualifié de « mauviette libérale » par un Ungern peu porté aux compromis, ne contient plus ses troupes, en débandade, tandis que le chef cosaque Semenov, se réfugie dans les chenilles des chars Japonais, maîtres du Nord-Est de la Chine depuis la chute de Puyi, son dernier empereur. Dans cette pagaille, le baron Ungern va tracer son chemin. Officier balte engagé dans l'armée blanche bientôt promise à une défaite totale, il décide de faire cavalier seul et de mettre en œuvre sa vision suprême : le panmongolisme et l'instauration d'un nouvel ordre « jaune », seul capable de renouveler l'Occident corrompu. Cette ambition passe par la reconquête de la Khalkha (l'ancienne Mongolie) prise par les républicains chinois. Ce vaste territoire servira d'assise à l'alliance de tous les peuples d'Asie – en particulier les Mongols, Tibétains, Tatars, Turkmènes, Bouriates, Kirghizes et autres Kalmouks, race noble et vaillante, non encore contaminée par la pourriture de l'Ouest, et à partir de laquelle le monde sera régénéré.

La suprématie d'une race sur l'autre est un vieux thème que toutes ces races ont d'ailleurs décliné à peu près à la même époque par l'intermédiaire de projets nationalistes. Certains ont triomphé et perduré (le sionisme en Palestine), d'autres ont fini par s'effondrer sur eux-mêmes (l'apartheid afrikaner, le nazisme ou le courant éthiopianiste). L'idéologie d'Ungern – un Blanc misant sur la supériorité des Jaunes – ne prétend pas à la création d'un État ou d'un Empire, mais à la reviviscence d'une société moralement amoindrie par les ravages du capitalisme bourgeois – et en particulier juif – et l'amollissement de la culture dont la dernière manifestation de grandeur remonte, selon le baron, au Moyen Âge. Son plan est d'éradiquer les restes de ce monde malade en y faisant défiler les hordes mongoles, comme à l'époque de Gengis Khan.

Faire table rase de cette charogne indigne de s'attarder sur la surface de la terre, la révolution bolchévique en constituant les ultimes lambeaux. Pourquoi tabler sur des nomades d'Asie centrale ? Parce qu'ils représentent, selon lui, la dernière force encore intacte de sang pur, mue par l'élan mystique et la bravoure des origines. Lumière venant de l'Orient, les cavaliers mongols anéantiront pour toujours les démons et les vices d'une civilisation perdue, l'Occident.

Une utopie à cheval et au tachour

Ungern met en selle une cavalerie, la Division asiatique, comptant une centaine d'hommes (certains avancent un millier) composée de soldats affranchis des troupes blanches et rouges, d'officiers russes séparatistes et d'aventuriers. Asiatiques et Européens en forment le contingent dans un assemblage de peuples unis par des motivations multiples : les uns souhaitent le rétablissement de la monarchie ou agissent par haine du communisme, les autres croient à la souveraineté mongole ou s'engagent par goût des équipées sauvages. Les troupes d'Ungern ont la réputation d'être extrêmement mobiles grâce à la complicité des nomades qui renouvellent volontiers leurs montures. Les troufions aiment leur chef qu'ils appellent « Grand-père » et respectent le seigneur blanc dont l'ascèse et l'extrême rigorisme en font un moine-soldat, dans la droite ligne de ses ancêtres Chevaliers teutoniques. Ces nomades des steppes reconnaissent en lui le courage et la détermination, avec ce quelque chose en plus qui brille dans le regard, une présence surnaturelle, reçue sans doute en partage par quelque divinité de la guerre. Son autorité est unanime et, malgré le *tachour*, ce long bambou à lanière de cuir servant à fouetter les chevaux (et les hommes), la déférence qu'il inspire n'est pas ternie par la sévérité des sanctions qu'il inflige à ceux qui regimbent ou dévient de son commandement. Et c'est là que la légende du personnage se déploie dans toute sa démesure, là, sur ce point précis, que le baron laissera dans l'Histoire une marque aussi fascinante que tragique.

Le mythe est tenace, les fantasmes persistants. Ungern, cet homme au visage émacié et aux grands yeux clairs, a rempli des cases de bandes dessinées, des pellicules de films, a traversé des romans et des pièces de théâtre sous les traits d'un héros diabolique dont le passe-temps favori est de chevaucher au clair de lune, sous les hurlements des loups, au milieu des crânes et des fémurs de ses victimes éparpillées dans le givre. La légende se base ici sur des faits partiellement authentiques, appuyant ainsi sa réputation de nazi avant l'heure – le baron était un aryen qui n'aimait pas les juifs, un va-t-en-guerre qui levait des armées sur le lieu-même de la mythique Thulé de Gobi – berceau de la race aryenne selon la doctrine pangermaniste – et sous une bannière à swastika pointant vers la gauche, symbole bouddhique de l'éternité, emblème fédérateur de ses troupes asiates. Que les adeptes d'Hitler aient récupéré ce signe trimillénaire en le pointant vers la droite pour en faire une croix gammée, n'est pas à porter sur l'ardoise, déjà bien lourde, de notre Ungern des steppes. En 1920, le baron ne personnifiait que lui-même, et c'était déjà assez.

Toutefois, la Division asiatique garde une réputation ambiguë. Les mémoires locales soutenues par quelques rapports détaillés font état d'une ambiance étrange où l'honneur se dispute au fanatisme, le courage à l'effroi, la hardiesse aux atrocités. Le régiment et sa suite sont organisés en une sorte de petit système féodal très despotique où tout écart de conduite est férocement sanctionné. Les raids guerriers et les incursions dans les bourgades de Transbaïkalie finissent en saccages, en meurtres, en viols et en brasiers. Que les moujiks soient des judas rouges, les habitants des juifs, des Sibériens, des Mandchous ou de pauvres hères indistincts ne changent rien à la violence du passage des hordes. Après la prise d'Ourga aux Chinois (future Oulan-Bator), l'atmosphère prend un tour encore plus funeste. Ungern, en campagne sur d'autres terrains de combat, délègue ses pouvoirs à quelques lieutenants plus dévoués les uns que les autres, dont le colonel Sipaïlo, surnommé « l'homme à la tête en forme de selle » à cause de son crâne aplati sur les lobes pariétaux. Le personnage, appelé aussi « l'étrangleur d'Ourga », condamné au peloton par le chef cosaque Semenov dont il a étranglé la nièce après l'avoir violée, a rejoint les troupes d'Ungern et compte parmi ses proches, consigné aux basses besognes – tortures, exécutions – que le baron décrète mais refuse d'accomplir lui-même. Sipaïlo, dont les dispositions en matière de sadisme ne sont plus à démontrer, fait preuve d'un zèle particulièrement enthousiaste lorsqu'il s'agit de punir, de supplicier ou de mettre à mort. Une vague de crimes perpétrés par le colonel et ses sbires s'abat alors sur la capitale à tel point qu'on frémit à des lieux à la ronde en évoquant le nom d'Ungern et de sa Division asiatique. Empoisonnements, victimes scalpées dont on enfonce dans les oreilles des baguettes de fusil chauffées à blanc, prisonniers brûlés vifs dans des meules de foin, fusillés laissés aux loups dans la forêt, monceaux de corps abandonnés dans la ville et dont les chiens errants assurent le nettoyage illustrent le système ungernien. Les Mongols ont fini par le baptiser « le mangeur d'hommes ». Les officiers réfractaires ou séditieux ne sont pas épargnés ; on les cantonne sur les toits ou les branches des arbres, on daigne leur servir une maigre pitance au bout d'une perche mais on les laisse mourir de froid, livrés à la neige et au vent, des semaines durant. Telle est l'utopie d'Ungern en action, la montée de son idéalisme providentiel : la terreur et la saignée accomplies par une clique bestiale sur des populations atterrées.

Une mission divine

On peut se demander comment les Mongols qui, à cette époque, sont des gens plutôt paisibles, ont accepté de courber l'échine sous les forfaits de ces bourreaux. C'est que la dimension religieuse et symbolique d'Ungern colle à une prophétie mongole, sortie de derrière les fagots par des lamas pragmatiques, révélant la venue d'un « bator (héros) blanc », restaurateur du khaganat. Le baron est toujours flanqué de moines bouddhistes d'obédience tibétaine, et fréquente les temples et les monastères, chapelet au poignet, amulettes et talismans épinglés sur la tunique. On le vénère comme la réincarnation de Beg-Tsé, le dieu de la guerre, celle du terrible Mahagala, féroce divinité buveuse de sang, représentée avec un collier de têtes coupées autour du cou et une couronne de boîtes crâniennes sur la tête. Mahagala, sous les traits d'Ungern, est contraint de combattre les ennemis de la foi bouddhiste, chose dont il s'acquitte indirectement en affirmant que cette religion est le seul espoir de relever l'ordre éternel. De souche luthérienne, il croit en Dieu et aux Évangiles mais désavoue le christianisme fourvoyé dans une impasse, fustige son incompétence, son incapacité à contrer la doctrine communiste, preuve manifeste de l'emprise de Satan. Les massacres, les pogroms, les meurtres sont alors la forme concrète et sanguinaire du culte tibétain de Dharmapala, ces déités cruelles remplissant les murs des temples de scènes ultra-violentes où corps démembrés, viscères et têtes décapitées justifient la lutte pour la propagation de la foi. La cosmogonie tibétaine, la geste historique des raids de Gengis Khan et le mythe de Shamballa stimulent les élans du baron et le confortent dans sa mission sacrée.

Il est à noter qu'aujourd'hui, la pureté sauvage et sans concession des cultes autochtones n'a plus grand-chose à voir avec sa forme expatriée : le bouddhisme tibétain à la californienne, folklore safran aseptisé de ses authentiques mais gênantes dévotions. Car Ungern est béni et adoubé par le dalaï-lama, le chef suprême et tout puissant d'un peuple soumis à lui, face contre terre. La légitimité du baron s'appuie sur la reconnaissance de ce théocrate révéré par les Mongols dont leur bouddhisme est issu. L'invasion chinoise avait interdit la prière monastique, et pire, tyrannisait les quelques Bouddhas vivants vénérés par les fidèles.

Le « bator blanc » se charge donc de réhabiliter le pouvoir légitime de l'empire des khans en plaçant sur le trône, après la prise d'Ourga, le chef spirituel du bouddhisme mongol, le Bogdo Gegen en personne, réincarnation d'un célèbre lama tibétain du XVIIème siècle ayant converti les peuples nomades de toute la région.

Un Bouddha alcoolique sur le trône

Ce n'est ni le charisme du *khoutouktou* (autre nom du Bogdo Gegen), huitième du nom, ni sa thaumaturgie, ni même son détachement bouddhique, encore moins sa moralité, qui le font régner en son palais d'hiver d'Ourga, la « Lhassa du Nord », sur des sujets en adoration devant lui. Car Bogdo Khan est le souverain – certes, contesté – de la Khalkha qu'Ungern a réhabilité en grandes pompes selon les coutumes ancestrales. Pour le remercier, Sa Sainteté décore les officiers du baron et élève ce dernier au rang de *tsin-van* (prince du premier degré) et de Grand Bator (commandant-héros national). Celui qui devient alors Ungern Kahn a dorénavant le droit à tous les honneurs, notamment celui d'apposer une plume de paon à son bonnet, de chausser des bottes jaunes, de porter un manteau de soie et de se déplacer en palanquin vert. Il mène encore ses troupes, part en campagne pour ouvrir la voie, croit toujours en sa mission et tient fermement les rênes de la Division asiatique.

Du côté officiel, Bogdo Gegen, le lama suprême, gouverne une population acquise à sa cause mais dont certains éléments troublent la sérénité du règne. Les princes gengisides (descendants de Gengis Khan) revendiquent le trône et le palais se transforme en nid de serpents où intrigues, jalousies et meurtres sont étouffés par les tentures de soie et les tapis épais. Les nombreux lamas impliqués, chacun défendant son champion, engagent des luttes sans merci où l'on n'hésite pas à corrompre les uns et les autres, recouvrir de poison les pages des livres saints et étrangler les rivaux dans leur sommeil. Ourga, la résidence du saint monarque, est une cité bénie qui garde en son sein de précieuses reliques et qui, malgré l'ostentation dorée et multicolore de son rang, n'en demeure pas moins une ville populeuse où les chiens se régalent des cadavres laissés aux carrefours. Les gens et les moines jugent cet ordre des choses parfaitement conformes aux idéaux bouddhiques qui considèrent qu'une âme se dégage plus facilement d'un corps détruit que d'un corps intact. Ainsi, le soulagement est immense pour les familles de voir leurs défunts mangés par les chiens et les loups plutôt que gisant, le corps intègre, au détour d'une ruelle. De même, le paradoxe local consiste, selon le principe du Bouddha, à ménager tout ce qui vit – même la vermine sur son propre corps, d'où la crasse proverbiale des moines – tout en éliminant sans scrupule son ennemi. L'exemple le plus spectaculaire est peut-être celui d'un des lamas du baron, passé du côté bolchévique, qui, au moment de la chute d'Ungern et sous l'emprise de l'exaltation, dévora le cœur encore palpitant d'un officier cosaque fraîchement tué. L'hymne à la vie, l'hymne à la mort, l'art de la manigance et le génie du bien-manger ; douces mœurs que voilà.

Le pompon, en dehors de ceux qui en exhibent sur leur bonnet (les boules de couleurs sont un attribut du rang auquel appartient celui qui les portent), revient sans conteste à Bogdo Khan lui-même, le saint souverain couronné de la Khalkha, surnommé par certains « la honte des dieux et des hommes ». Tibétain issu du peuple et choisi dès l'âge de trois ans par le dalaï-lama en personne, il est expédié enfant en Mongolie où on le prépare à remplir ses fonctions de dieu-homme vénéré par les foules. Adulte, Bogdo Gegen montre des dispositions pour la bouteille – ses caves sont remplies de champagne – dont l'excès le rend progressivement aveugle. Il a la réputation d'être rusé, prompt à manœuvrer habilement dans la jungle servile de ses flagorneurs, se pavane en automobile de luxe, collectionne les dessins érotiques et couche dans un gigantesque lit à baldaquin dont le ciel est recouvert de miroirs. A force de luttes dynastiques et de cabales meurtrières, les lamas de sa suite font ressurgir derrière d'autres fagots d'autres anciennes prophéties qui feront désormais de lui le huitième et ultime *khoutouktou* de la place. Cela lui permet d'épouser sans scandale, mais en grand tralala, sa maîtresse, dont il a déjà un fils, de la poser sur un trône à côté du sien et d'en faire solennellement la « lamasse » du lama, autorisée à bénir d'un doigt les fidèles qui se pressent à ses pieds. Ce singulier duo ceint Ourga d'une auréole étrange de sainteté tapageuse, restaurée par un redoutable baron balte dont on commence à remettre en question les pouvoirs et les agissements.

Le retour prophétique du Bator blanc

On ne sait avec précision comment est rattrapé Ungern. On sait toutefois que le peuple des steppes le vénère encore comme la réincarnation d'un dieu malgré la terreur ambiante et ses conséquences tragiques sur la vie locale. Le baron est finalement capturé par les rouges. Certains disent qu'il aurait été bâillonné et ficelé, puis livré aux bolchéviques par des Mongols fatigués de son régime criminel. D'autres avancent l'hypothèse d'une chevauchée solitaire ayant mal tourné. Quoiqu'il en soit, le baron se retrouve aux mains de ses ennemis, abandonné par sa garde, ses adeptes et ses lamas. Interrogé par des juges qui lui montrent certains égards – le baron est déjà une légende – il répond posément à ses accusateurs. Il sait qu'il est perdu et cela lui permet peut-être d'afficher une certaine sérénité pendant son interrogatoire, assis, les jambes croisées dans un fauteuil moelleux, une cigarette à la main, une tasse de thé dans l'autre. On s'étonne qu'un homme de sa trempe se soit laissé capturer vivant. Il réplique qu'il a bien essayé de se suicider mais qu'on lui a volé sa capsule de poison et qu'en dernier recours il a tenté de s'étrangler avec les rênes de son cheval. Il reconnaît deux des trois chefs d'inculpation : sa lutte armée contre les soviétiques et pour la restauration des Romanov, et les atrocités commises sous ses ordres. Il nie avoir été soutenu par les Japonais dans le but de créer un État centrasiatique. Condamné à mort, il est fusillé le 15 septembre 1921 à 17h15.

Des années plus tard, alors que la dictature communiste bat son plein dans les affres que l'on sait, Ungern Kahn ressurgit lui aussi de derrière les fagots. Le mythe a pris corps sous la yourte aux veillées des nomades, où le baron blanc, libérateur des Mongols et défenseur de la foi, est promis à revenir parmi eux pour rétablir l'empire de Gengis Khan. On dit qu'il n'est pas mort, qu'il se cache et qu'il réapparaîtra le moment venu. Le « Bator blanc » est appelé à se manifester d'une façon ou d'une autre car telle est la Loi.

À la fois meneur d'hommes, mystique, intrépide guerrier, aristocrate racé, idéaliste, stratège, exalté naïf, dirigeant barbare, sage affranchi, prophète du nazisme, personnage de propagande communiste, pauvre type ou homme d'envergure, Roman von Ungern-Sternberg, qu'on le vénère ou qu'on l'exècre, restera dans les annales de l'Histoire un héros des épopées lointaines, mais surtout un grand malade mental.

Morts pour la France?

À l'heure où j'écris, soit en juin 2011, cinquante-neuf soldats français sont morts en Afghanistan.

Régulièrement, une dépêche AFP tombe, discrète, entre deux missives *people*. Parfois, une annonce à l'arrache s'échappe mi-figue mi-raisin de la bouche d'un présentateur de JT sans plus susciter de commentaires. Dans le meilleur des cas, un article bref paraît dans un fond de colonne. Rien de bien folichon sur le plan médiatique pour un pays en guerre, rien de bien concerné dans le communiqué ni d'instructif dans le semblant d'explication.

Bien sûr, il y aura toujours un jeune ou un vieil anar en chambre pour ricaner, l'écume aux lèvres, que c'est bien fait, que la soldatesque a fait son temps, que les types ont signé pour se faire pulvériser au front et que c'est leur boulot. Z'avaient qu'à pas y aller. En général, le mioche à pustules fume des roulées en nous expliquant la vie et le barbon nous enfume d'une expérience vécue uniquement dans ses rêves. Sauf que le cercueil qui descend de l'avion au petit matin sur un tarmac de Roissy est bougrement concret. Le type à l'intérieur, s'il a certes signé pour défendre son drapeau, ou pour trouver la sécurité d'un travail en ces temps de crise économique, ou pour voir du pays, a normalement donné un sens à son engagement. Que celui-ci soit contestable, naïf, décalé, obsolète ou noble et héroïque n'est pas le propos - chacun voit midi à sa porte - mais il est allé courageusement au feu et y a perdu la vie.

La France est en guerre depuis dix ans en Asie centrale et c'est à peine si l'on est au courant. Le silence radio, télé, papier est à la mesure de l'intérêt porté à la question. Faute de relais efficaces, de concret immédiat (les combats n'ont pas lieu sous nos fenêtres) et de rentabilité générée par l'excitation voyeuse, cette guerre - dont on ne sait plus ni pour qui ni pour quoi elle continue d'être menée – ne soulève, curieusement, aucune problématique pressante au sein de la population. Les médias dominants, qui devraient avoir vocation à informer, et dans le meilleur des cas à éclaircir, restent vagues et laconiques sur le sujet. Les rédactions rechignent à y envoyer leurs reporters se faire kidnapper et zigouiller, sauf à être *embedded* (embarqués dans les convois militaires) pour en rapporter du présentable, du ficelé-maison astiqué aux entournures, photogénique et gratifiant. Notre participation militaire sur ce terrain n'allume aucun débat : la bonne vieille droite à papa affiche une bouche en cul-de-poule devant l'interventionnisme présidentiel, par trop altruiste et moralisateur, sentant son ambition personnelle élevée au rang historique ; la gauche, bordéliquement vide, réagit dans le sens du vent comme à son habitude et la majeure partie des Français, face au manque d'investigation sérieuse, croit à une opération de maintien de la paix et de promotion des droits de l'homme - tartufferie bien enrobée de discours lénifiants pour faire passer la pilule.

L'engagement français en Afghanistan a été vendu au départ comme une expédition visant à stabiliser un pays dit ami, un mouvement de solidarité à un peuple opprimé par un ramassis de brutes sanguinaires, une mission de sauvetage de petites filles et d'accompagnement de rustres villageois par un Occident éclairé et généreux, dans la voie de la modernité, du droit et du salut. Mais très vite - comme toujours lorsqu'on se frotte au réel - la carte postale a perdu de son pittoresque, les choses n'ont pas été si simples, elles ont entraîné des opérations de guerre que personne ou presque n'a commentées ni tenté de mettre au clair. Et cela dure, dans un quasi-motus consensuel, depuis dix ans.

L'*OPEX* *Afghanistan* (opérations extérieures des troupes françaises) compte quatre mille militaires essentiellement issus des compagnies de combat de l'armée de terre et de détachements des divers corps, auxquels il faut ajouter un dispositif de 250 gendarmes. Les effectifs français sont partagés en deux opérations distinctes : la *Force internationale d'assistance et de sécurité* sous commandement de l'OTAN (résolution 1386 du Conseil de Sécurité de l'ONU) chargée officiellement d'aider le gouvernement Karzaï à contenir, sécuriser et reconstruire le pays, et l'*Operation Enduring Freedom* (Opération Liberté immuable) sous commandement américain, destinée à lutter contre le terrorisme. Le coût français de cette intervention s'élève en 2010 à 470 millions d'euros (soit plus de la moitié des coûts consacrés aux OPEX) et de 59 soldats tués à ce jour, sans compter le nombre de blessés – estropiés, mutilés, traumatisés - que la communication des Armées met prudemment sous le boisseau.

Pour ceux qui auraient loupé un wagon, rappelons que tout a commencé en 1996 lorsque les talibans[61] prirent le pouvoir à Kaboul et permirent l'installation de camps d'entraînement d'Al-Qaïda, nébuleuse djihadiste transnationale, dans les montagnes près de la frontière pakistanaise. Les terribles attentats du 11 septembre 2001 amenèrent le gouvernement américain de l'époque à délimiter un « axe du Mal » avec Ben Laden aux commandes, ce dernier définissant à son tour George W. Bush et son pays comme le « Grand Satan » à éliminer. Seuls les exorcistes et démonologues rompus aux rhétoriques infernales pourront trancher le débat car *stricto sensu* l'observateur moyen aura tendance à s'y perdre. Toutefois, le premier mouvement, après cette agression sur son sol et le traumatisme conséutif, fut d'agir en représailles et de vouloir tout défoncer à coups de *rangers* dans la minute. Le

---

[61] Fondamentalistes sunnites constitués de plusieurs mouvances issues principalement des peuples pachtounes d'Afghanistan et du Pakistan et professant le retour d'un islam « pur » et restrictif. Leur chef était le mollah Omar (l'homme qui s'est échappé en mobylette), proclamé « Commandeur des croyants ».

gouvernement américain somma donc les talibans de lui livrer sur un plateau Oussama Ben Laden, le *moujahid* milliardaire ; génuflexion qu'ils refusèrent. Qu'à cela ne tienne, un mois plus tard, l'Empire du Bien – qu'on ne nargue pas impunément - envahissait l'Afghanistan sans autres formes de protocole.

Débusquer l'ennemi public n°1 dans des taupinières escarpées à l'autre bout du monde n'est pas une promenade de santé. Les occupants s'appuyèrent sur des moujahidines un peu différents, autres fondamentalistes mais de l'Alliance du Nord[62] cette fois, rivaux tadjiks, ouzbeks et hazaras aussi féroces et liberticides que les talibans pachtounes, mais ayant le bon goût de s'associer aux Américains pour mieux se débarrasser de leurs adversaires, hôtes d'une clique étrangère obsédée par la guerre sainte n'ayant, à leurs yeux, rien à fricoter dans leur pays. Fortes de ce rapprochement, quelques semaines suffirent à déloger les talibans de Kaboul ; l'administration Bush installa alors provisoirement son champion au pouvoir, Hamid Karzaï, rare et sympathique Pachtoune au service du Bien, qui fut confirmé par la suite Président de la République lors des premières élections de 2004.

La contribution aux forces américaines s'enrichit parallèlement d'un certain nombre de nations comme la France pour se coaliser en une *Force internationale d'assistance militaire* (ISAF) constituée de plus de 100 000 personnes provenant de 47 pays différents et opérant sous commandement atlantique. La raison officielle de ce déploiement de troupes était de soutenir la nouvelle gouvernance afghane et de lui permettre d'organiser dans ses frontières un contrôle plus rigoureux des belligérants en présence, de former un système militaire et policier autonome et de se doter, entre autres, d'infrastructures routières, hospitalières et éducatives capables d'initier une prise d'indépendance nationale et de développer socialement le pays. Tout cela, bien entendu, dans un

---

[62] Dirigé par le commandant Massoud jusqu'à sa mort en 2001.

climat humanitaire, providentiel et protecteur, dans le pur respect des coutumes locales et des spécificités tribales et historiques.

Mais c'était compter sans l'ennemi. Toutes ces jolies visions d'un monde paisible, prospère et démocratique (dont les pays occidentaux peuvent se targuer) allaient se déliter comme du carton-pâte sous l'effet, encore une fois, des conditions ambiantes. La stratégie contre-insurrectionnelle développée par la coalition avait pour but d'affaiblir les talibans et leurs copains terroristes planqués chez l'habitant, tout en respectant les traditions du cru afin de légitimer, par un tour de passe-passe particulièrement ambitieux, l'intervention occidentale. Tactique convaincante dans les briefings et sur les cartes d'état-major mais plus confuse sur le terrain. Les résultats escomptés furent décevants, ce qui poussa la Maison Blanche à revenir aux méthodes éprouvées : capturer et tuer ceux d'en face, comme au bon vieux temps, sans s'embarrasser d'inutiles coquetteries.

Les talibans ont repris du poil de la bête, renforcés par de farouches chefs de tribus et des seigneurs de guerre locaux excédés par l'occupation militaire. L'intensité des combats ne se dément pas au regard du nombre croissant de victimes de tous bords. Beaucoup d'insurgés rallient la guérilla pour bénéficier d'avantages, sortant ainsi leur famille d'une misère endémique. Des kamikazes, toxicomanes ou malades condamnés, vendent leur vie au profit d'un bonus opportun pour leurs proches. Les soldats de la coalition, eux, tombent souvent à la suite d'accrochages ou d'engins explosifs improvisés, leur rappelant que chacun a ses façons de faire, pas forcément compatibles avec ce qu'on apprend dans les casernes de l'Hexagone.

Hamid Karzaï peine à se faire entendre, est la cible récurrente de tirs d'obus, traîne derrière lui une insistante odeur de trafic d'opiacées entretenant les membres de sa famille et de son gouvernement, mais aussi les rebelles, les paysans, les hommes d'affaires, les commerçants, pratiquement tout le monde, dans un système de corruption à l'air libre jouissant d'une formidable impunité. Des tensions et des heurts altèrent la coopération entre les deux armées -l'occidentale et l'afghane - où les désertions dans cette dernière, faute de soldes et de conditions de vie décentes, en affaiblissent l'unité et les performances.

Les civils ne sont pas épargnés, des milliers de victimes « collatérales » grossissent le classement, les droits fondamentaux si chers à l'occupant tardent à se mettre en place et les mauvais traitements, la terreur, la torture se généralisent dans les deux camps. La défiance de la population afghane tend à s'accroître contre la présence de la coalition, de plus en plus regardée comme une invasion étrangère - jets de pierres au passage des convois, hostilité manifeste des civils à l'égard des soldats, lassitude des habitants devant une situation bloquée. Et que dire de l'image que cette guerre véhicule dans le monde musulman ? Critiquée, blâmée, elle fournit des arguments légitimes aux activistes les plus extrêmes.

Le gouvernement français refuse le débat sur notre présence en Afghanistan : « *Nous resterons là-bas autant qu'il le faudra* » martèle-t-il sans argumenter. Les déclarations du Premier ministre (F. Fillon) et des ministres successifs de la Défense (H. Morin et G. Longuet) insistent sur notre « mission de paix », notre « lutte contre la tyrannie », la menace contre notre sécurité intérieure si nous nous retirons, notre vocation à porter les valeurs de la liberté et de la démocratie à des peuples qui n'ont pas eu la chance d'avoir reçu assez tôt les lumières étincelantes de notre meilleur des mondes.

En prendre acte mais encore ? L'élan primordial, solennellement proclamé à la planète entière, était animé par l'intention d'éradiquer le terrorisme, d'aller chercher l'infâme barbu à turban par la peau des fesses, de le remettre à l'Oncle Sam - ou d'en faire des confettis, c'est selon – bref, de casser à bon droit de l'Arabe indocile. La figure tutélaire d'Oussama Ben Laden, narguant le monde civilisé d'une caverne obscure de Tora Bora, s'est secrètement diluée en mer d'Oman, à l'heure où les combattants d'Al-Qaïda se réduisent comme peau de chagrin sur le sol afghan. Devons-nous pour autant continuer à traquer des terroristes là où ils ne sont plus ? Nous mêler à une guerre civile (largement attisée par notre folie des grandeurs) qui ne concerne plus qu'un peuple entre lui et lui-même et dont une grande partie nous réclame expressément de dégager sous peine de faire durer l'enfer « jusqu'au départ du dernier soldat étranger » (communiqué des Talibans du 30 avril 2011) ?

La fièvre monomaniaque des attentats, l'épidémie de terreur irrationnelle et de paranoïa diffusée dans les pays occidentaux ont fait naître une campagne démesurée contre les libertés individuelles : fichages d'identité à outrance, dépistages obligatoires de tout et de n'importe quoi, surveillance morbide du quidam *lambda* poussée aux détecteurs de métaux dès qu'il entre quelque part et aux recherches d'explosifs jusqu'au fond de son slip. Le progrès de l'humanité doit-il en passer par cette humiliante régression ?

Ces dix années de guerre n'ont conduit qu'à l'enlisement quand toutes celles menées depuis trois décennies dans la région, sous l'orchestration des blocs soviétique et américain, ont échoué face à des Afghans déterminés, bien résolus à échapper à tout impérialisme étranger. Sommes-nous à ce point hallucinés et sûrs de nous pour prétendre faire fi des leçons du passé et s'entêter dans une situation chaotique ? L'objectif militaire est loin d'être atteint, les talibans sont toujours aussi actifs, la pseudo-greffe démocratique n'a pas pris, la région n'est pas stabilisée et les pertes humaines devraient nous faire rougir de honte. Le coût de l'intervention, dans une France minée par la précarité et le chômage, frôle l'obscénité et l'Alliance du Bien commence à battre de l'aile face au réveil des populations, à l'Est comme à l'Ouest, décidées à donner de la voix.

On va-t-en-guerre avec des trémolos dans le discours, la bouche fleurie de bons sentiments scandés depuis les lambris du Pouvoir, les éditoriaux d'observateurs qui copinent, d'experts qui mangent à tous les rateliers en fonction des places à prendre et de fumistes patentés qui s'auto-proclament *intellectuels*. Les Droits de l'Homme sont tellement servis à toutes les sauces qu'on en a perdu la valeur réelle, comme par exemple le droit fondamental de pouvoir déambuler à poil dans la rue sans se faire lapider. On s'emmêle les crayons à trop vouloir bomber le torse. Pourquoi le Bien n'interviendrait-il pas aussi en Arabie Saoudite ? Les femmes y sont-elles mieux traitées qu'en Afghanistan ? La sélection du pays à bombarder dépend de principes moins nobles et d'intérêts plus cyniques soigneusement dissimulés sous un argumentaire vendeur.

Et si nous commencions à en avoir notre dose de cette attitude d'aligné, de contremaître de champs de coton, de coolies intermédiaires ? Il n'y a pas de guerre morale, propre, chirurgicale qui ne ciblerait que des noyaux stratégiques. Ou alors, peut-être, à la rigueur, dans les jeux vidéo. Le front et l'arrière ne sont plus balisés comme ils l'étaient jadis, il n'est plus possible de trier celui qui combat de celui qui ne combat pas ; y aller à la louche garantit encore, malgré les récents développements technologiques, un bien meilleur rendement en termes de victimes. Et tout cela dans une plaidoirie à vous tirer les larmes des yeux en faveur de la justice et de la paix. Des tartines et des tartines d'émotion pour justifier nos réflexes de Rambo. Le droit d'ingérence est la bonne excuse pour s'imposer davantage ; notre culture dominatrice est ainsi légitimée, légalisée par des valeurs que nous prétendons universelles. Accepterions-nous ce même droit d'ingérence entre nous, entre États libéraux, ou pire, de la part de pays que nous considérons comme de la merde ? Non.

Évidemment, les intrigues géopolitiques, énergétiques, économiques dépassent de loin en profit potentiel la réflexion philosophique sur le droit des peuples à disposer d'eux-mêmes. L'accommodement entre les différentes ethnies d'Afghanistan n'est possible que par la négociation sous l'égide du « pouvoir » en place avec le concours des États de la région. La participation de l'OTAN à ses possibles pourparlers n'est pas fondée ni requise, si ce n'est, certainement, au nom d'ouvertures commerciales, d'un partage de butin à préserver des griffes chinoises, motivant notre empressement à nous ranger sous le *Stars and Stripes*. En être, même dans le rôle du laquais, pour reconstruire un pays ravagé, pour exploiter tranquillement ses richesses (ressources en gaz naturel et en pétrole, nombreux gisements de métaux rares, charbon, pierres précieuses, etc.) - ou plutôt les miettes des richesses que les monstres anglais et américain daigneraient nous laisser. *Realpolitik*, dites-vous ?

Les autorités françaises nous désinforment sur la question afghane. La poursuite des combats contribuera à s'enferrer davantage dans une situation bloquée. Imposer une démocratie incertaine à coups de canons Caesar est une approche peu crédible d'émancipation des peuples ; un enfant de quatre ans le comprendrait d'instinct. Avec de la bonne volonté et une politique extérieure digne, équilibrée et courageuse, d'autres méthodes plus matures (diplomatiques, financières, aide au développement, etc.) peuvent porter leurs fruits. Il en va de la crédibilité des pays occidentaux. Mais il semble que notre gouvernement ne table pas sur les mêmes ressorts et se pique de la mauvaise manie de s'affubler à tort et à travers d'une cape de Zorro international pour des raisons de politique intérieure, de visées électoralistes et de mégalomanie.

59 soldats français sont morts en Afghanistan. Qu'ils reposent à présent en paix. Ceux qui en reviennent ne sont pas reconnus. Le

désintérêt de leurs compatriotes en dit long sur l'ignorance et l'omerta qui pèsent chez nous lorsqu'il s'agit des orientations essentielles de notre pays. Est-ce trop fatigant d'y réfléchir ? Trop compliqué d'en débattre ? Trop imprudent de les évoquer ? C'est visiblement trop quelque chose ou pas assez, mais le flou artistique qui entoure la question et l'apathie citoyenne qui en fait l'écho ne plaident pas en faveur d'un retrait des troupes qui, suprême horreur ! nous grillerait définitivement de l'OTAN. La France n'a pas choisi le camp de la France et c'est bien regrettable. Nos jeunes soldats, quant à eux, ont malheureusement du souci à se faire. À défaut de mourir pour leur pays, ils mourront pour les beaux yeux de Nicolas Sarkozy.

Sauver le monde par la tendresse

L'apocalypse serait donc prévue cette année.

Cette fois, ce n'est pas Paco Rabanne qui l'affirme mais une bande de joyeux drilles qui n'a pas trouvé mieux que de nous sortir un comput mexicain de derrière les fagots. Cette calculette exotique nous donnerait avec précision la date butoir du grand basculement (soit le 21 décembre 2012) à partir duquel typhons, raz-de-marée, éruptions volcaniques, retournement des axes polaires, continents engloutis et autres réjouissances auraient lieu avant l'anéantissement total de l'humanité. Le programme est en vente libre sur tous les bons sites ésotériques du Web et l'on y trouve un luxe de détails qu'il serait prudent, si vous êtes un adulte responsable, de prendre en considération.

Au prochain solstice d'hiver, *the place to be* est résolument au pic de Bugarach. Aux dernières nouvelles, le point culminant du massif des Corbières abriterait une base extraterrestre susceptible de vous retrancher, vous et votre famille, des cataclysmes qui s'abattront sur notre planète[63]. Hébergés par des survivants de l'Atlantide dans une soucoupe volante (voire, selon certaines sources, par des Mayas galactiques[64]), vous aurez le loisir de méditer sur l'idée fixe de David Vincent ou sur les thèses des frères Bogdanov. Si vous étiez, enfant, amateur de bastons cosmiques aux rayons laser, 2012 devrait vous ravir ; par

---

[63] ARGOUN, J. d', *Révélation sur le Mont Bugarach*, Chante Merle, 2006.

[64] ARGÜELLES, J., *The Mayan Factor : Path beyond Technology*, Inner Traditions Bear & Company, 1987.

comparaison, Dark Vador s'appellera Cul-cul-la-praline. Les *aliens* avaient autrefois le bon goût de nous épargner, la fin du monde n'appartenait qu'aux *comics*, à la littérature et aux superproductions en technicolor. Mais cette année, on innove. Inutile de se pelotonner sous les draps pour se soustraire aux attaques de monstres nocturnes, inutile de mettre en *rewind* la scène du film où tout explose, là, une seule et unique prise, 100% interactive, sera offerte sans lunettes spéciales. Nostradamus le garantit. Et même l'horoscope babylonien. C'est dire si l'on ne rigole plus. Entre l'astre Nibiru, avatar du dieu Marduk, qui devrait défoncer la planète Terre dans le courant de cette année et le pétulant François Hollande, élu président de la République par l'énergie du désespoir, il va falloir parer au plus atroce. Et ne comptez pas sur un éventuel lot de consolation.

« *Les Français sont les champions du pessimisme* » : les instituts de sondage colportent cette idée, répétée à l'encan sans la moindre preuve scientifique, des nano-enquêtes sur des micro-panels servant à valider cet étrange théorème. En décembre prochain, après l'apocalypse, un miraculé d'Ipsos ou de la Sofres, toujours possédé par le démon du marketing, surgira probablement des ruines de sa boutique et décrètera, dans une irrépressible pulsion, que les Français sont ramollis du genou ou chatouilleux des pieds. Un nouvel axiome se mettra alors en place et, homologué par l'air ambiant, deviendra une vérité incontestable. Le pessimisme des Français rejoindra dans l'inconscient la force des Turcs ou la connerie des balais et traversera de nouvelles générations.   Il n'empêche que la fin du monde n'a pas été promulguée par des Français et que, selon des gens bien informés, l'OVNI de la rédemption se trouverait en France, quelque part dans le Midi. Alors, pouët-pouët camembert : si l'on est pessimiste, on a aussi de l'espoir.

Une question, cependant, me taraude : le monde étant ce qu'il est, mérite-t-il d'être sauvé ? Si ma nationalité m'oblige à répondre

« non », ma conscience universelle m'incite à opiner du chef. Parce que dans la vie, il n'y a pas que des choses moches. Doug, par exemple, un corniaud abandonné dont l'absurde laideur a fait le tour du monde, est une boule d'amour de chien qui fait la joie de sa nouvelle famille. Le sémillant *budwig*[65] qui, une fois préparé, ressemble à un paquet de vomi, est une mixture dont les bienfaits vous ressusciteraient un mort. Et que dire de la tête de veau gribiche, du boudin créole ou du bon Vieux Boulogne[66] - triomphe de la puanteur - qui réjouissent les papilles les plus exigeantes ? Et les prodiges de la nature ? Cette petite larve poilue, par exemple, qui rampe sur une branche de fenouil en y laissant une traînée glaireuse ne cache-t-elle pas, en fin de compte, un majestueux papillon ?

Justement, les papillons. Dans les années cinquante vivait à Paris un homme singulier qui naviguait sans complexes dans les profondeurs sidérales du cosmos, proposant à ses pareils d'en goûter les promesses s'ils se ralliaient à sa confrérie. Robert Stern – qui se faisait appeler l'Ange Cyclamen – se flattait d'avoir été choisi par le Seigneur pour sauver le monde par la tendresse. L'objectif de sa mission était d'encourager les hommes à trouver l'âme-sœur afin que, raccordés par un même élan amoureux, ils puissent se transformer en papillons et s'envoler au firmament. Une armada d'anges (14 000 en tout) devaient les accueillir pour des noces éternelles dans leur nouvelle demeure - un astre invisible baptisé Cyclamen, ellipse aux sept soleils de la couleur du spectre flottant au large de Vénus, couvert de plantes mauves de 200 mètres de hauteur et situé à quelques 110 999 889 kilomètres de la Terre. Si aucune recherche astronomique n'est venue corroborer l'existence de cette planète du bonheur, le sage affirmait néanmoins pouvoir l'atteindre en 5 minutes et 23

---

[65] Le *budwig* ou « crème de cent ans », inventé en Suisse par le Dr Budwig et diffusé par le Dr Kousmine, est une bouillie bio constituée de céréales, de fruits, de yaourt, de graines moulues et d'huile de lin.
[66] Élu « France's smelliest cheese » en 2004 par l'université de Cranfield, Bedfordshire.

secondes[67], agissant ainsi comme navette messagère entre l'homme et sa métamorphose, entre la Terre, usine à fabriquer de futurs anges et Cyclamen, repos céleste de la transformation achevée. Cette mue devait permettre à l'humanité de survivre à la fin du monde et de lui donner enfin un sens, tout d'amour et de concorde, vers une société mature – et éthérique - libérée de la méchanceté. La tendresse – ou quelque chose de similaire – serait le bouclier contre la déchéance et l'irréversible dégringolade humaines à condition : primo, d'avoir la main légère sur le sel (catalyseur de hargne et de malveillance) ; secundo, de traquer sans relâche son ou sa dulcinée ; tertio, de sensibiliser les autorités compétentes à l'immense bénéfice que pourrait susciter l'apaisement du monde, ou mieux, sa béatitude complète.

L'Ange Cyclamen et son escouade joignaient l'acte à la parole en battant le pavé parisien, distribuant aux passants tracts et précieux conseils : « Filez le coton ! Mes enfants, filez le coton ! », et encourageaient l'ONU à une prise de conscience sur l'urgente nécessité à passer de l'état de chenille à celui de papillon. Une leçon inaugurale de leur « École de Tendresse » précisait les modalités du processus par le biais de conférences de presse, porte-à-porte, rassemblements dans la rue, diffusion de grigris à l'effigie de la doctrine France Absolutiste (ou « vérité suprême de l'amour »), pour hâter la fusion des corps, des esprits et des sentiments. Survie, sauvetage, délivrance et exode vers la planète heureuse formaient les maîtres-mots de leurs harangues où l'amour, au centre de tout mouvement ascendant, représentait le seul moyen de parvenir à quelque chose de vivable. Rien de bien nouveau sous le soleil, me direz-vous, la secte de l'Ange Cyclamen étant juste une variante ufologique du salut chrétien. Alors, à ce stade, le bon sens nous titille sur la question qui tue : qui, de Robert Stern ou de Jésus de Nazareth, est plus branquignol que l'autre ?

---

[67] BRETON, G., *Les nuits secrètes de Paris*, Crémille, 1970.

Ne me faites pas dire ce que je n'ai pas dit. Si l'un est un doux dingue sans conséquence, ayant peut-être vécu une NDE[68], l'autre est un va-t-en-guerre lucide qui, depuis deux mille ans, s'est laissé tondre la laine sur le dos. La machinerie a mouliné l'un des plus grands rebelles de tous les temps pour en faire un sirop, soit trop sucré soit trop collant. Et si Jésus, mon idole, était du genre déraisonnable, il est à parier que l'ange Bébert ne faisait frémir que les bigotes de son quartier. Mais leur message participe du même élan : monter d'un cran au-dessus du gorille, prendre sur soi, partager la soupe et être sympa (grosso modo et avec mille guillemets) en sachant qu'on y perdra toujours des plumes. N'oublions pas aussi que la dimension mystique de leur démarche respective possède infiniment plus de profondeur, de sublime et d'héroïsme qu'une quelconque servilité religieuse, acquise et confortable. La Grâce appelle les âmes libres et ardentes ; on n'y vient pas chercher son ticket numéroté, comme à la préfecture.

Le conjungo ultime de Cyclamen Stern serait plutôt un fabliau de pouponnière à côté des super biscottos évangéliques, mais il a le mérite de vouloir sauver le monde et d'y mettre de la bonne volonté. Je ne vois d'ailleurs pas ce que je pourrais reprocher à un type dont l'unique ambition est de trouver l'amour de sa vie et d'inciter les autres à en faire autant. Je le trouve même courageux, le gourou, d'insister sur la tendresse, l'affection, la chasteté et le bonheur, à l'heure où cinquante ans plus tard, j'apprends, effarée, que dans une station de ski de ma connaissance, une boîte échangiste élégamment nommée « La Trace Blanche » va bientôt ouvrir ses portes aux vacanciers d'hiver. Cette nouvelle me pousse à espérer le décollage d'autres rêveurs comme lui, qui parlent d'amour, de papillons et de planètes multicolores à la veillée des chaumières au lieu de nous bourrer le mou d'accessoires porno vendus en réunion Tupperware par des mères de famille

---

[68] *Near Death Experience* : expérience aux frontières de la mort.

affranchies (de quoi, au juste ?). « Parce que y'a pas d'mal à s'faire plaisir ! » nous envoie Jessica, un bambin sur les genoux, en examinant une culotte vibrante à 80 euros. Monter d'un cran...

Moi, j'ai envie que le monde soit sauvé. D'abord parce que j'ai des projets pour le reste de ma vie et que ça me chiffonnerait d'y mettre un mouchoir dessus, ensuite parce qu'il y a beaucoup de travail à abattre avant d'atteindre une véritable stature humaine. Et ne serait-il pas irresponsable de laisser ce chantier en plan ? Alors, voyons large : dépasser le stade de la culotte vibrante ne devrait pas poser de problème. Certes, je suis optimiste – cela fait juste 2 500 000 ans qu'elle nous rend complètement fous (comme le sparadrap sur le doigt du capitaine Haddock) mais tout de même, on peut encore tabler sur l'espérance et sur l'envie d'espérer. Sur la foi et la charité aussi. Et sur Robert Stern qui a dû rejoindre, d'un coup d'ailes scintillantes, les Chérubins et les Trônes au plus haut des cieux.

Et si on mangeait de la terre?

Parce qu'on s'est goinfré d'art culinaire jusqu'à l'indigestion et qu'on a décliné le genre en long, en large et en travers. Parce qu'on sature des blogs, des encyclopédies, des émissions où la boustifaille s'accumule comme s'il n'y avait rien d'autre à faire que s'empiffrer. Parce qu'on n'accepte plus de prélever son ordinaire dans un camp de concentration – de l'élevage en batterie à l'hécatombe industrielle, avec ou sans égorgement, tourné ou non vers La Mecque. Parce qu'on a trop longtemps considéré les laitues, les courgettes et même les brocolis comme de vulgaires légumes alors que ces êtres sensibles endurent en silence les pires indélicatesses et qu'il est grand temps de leur rendre justice. Parce que notre environnement est contaminé dans ses moindres recoins et que nos anticorps s'épuisent face aux traitements chimiques bombardés dans nos assiettes. Et parce que l'énergie fournie à consommer ces matières – façon bâfreur ou gastronome – surpasse nos besoins et qu'en dépit des petits plats dans les grands, des fioritures et des tralalas, de l'éducation, de la culture et du progrès, tout finit inexorablement en défécation.

Alors ne reste plus qu'elle, la substance primordiale dans laquelle lever sa ration quotidienne, non par elle mais en elle: la terre, commencement et fin de toute chose. La terre comme matrice et comme tombe, la terre comme aliment.

Las! sous nos latitudes, elle est aussi empoisonnée que le reste. Cette pollution atteint des profondeurs et exigerait des années de récurage intensif avant d'espérer enfanter quelque chose de sain. Il est toujours à craindre aussi qu'un nouvel inspiré surgisse, un compteur vissé dans la tête, pour l'exploiter à nouveau, autrement, mais toujours à l'excès. Admettons. Admettons que la terre ne soit pas souillée des ordures du consommateur vorace, admettons qu'elle se présente à nous comme au troisième jour, celui que Dieu fit dans son infinie miséricorde, après l'eau et la lumière. Une bonne et belle terre gorgée à souhait de tous ses nutriments, une bonne et belle terre qui ferait envie, qui donnerait de l'appétit.

« Absurde ! » affirme-t-on à la Faculté qui n'a pas pour mission de perdre son temps en palabres : manger de la terre est une conduite pathologique. À moins d'avoir grandi chez les singes ou les lombrics. Un être civilisé n'ingère pas de la terre mais des denrées comestibles comme des hamburgers, des rillettes en tube ou des cubitainers de rouge. La géophagie est donc une pratique anormale et inadaptée qui ne concerne que les tribus primitives ou les handicapés mentaux. C'est écrit noir sur blanc dans le manuel de psychiatrie officielle[69], au chapitre des troubles du comportement alimentaire. La maladie de Pica, qui se régale de mégots, d'écailles de peinture ou de crottes de nez, intègre aussi dans ses symptômes l'ingestion d'argile et autres minéraux qui n'ont rien à faire dans un régime omnivore, aussi opportuniste soit-il. La maladie de Pica est une maladie mentale, reconnue comme telle par tous les gens sérieux, et la terre fait partie des matières dégoutantes qu'elle inscrit dans son tableau horrifique.

Pourtant, manger de la terre est une habitude qui existe depuis la nuit des temps et pas forcément parce qu'on est pauvre, débile ou sauvage. Archaïque, certes, mais présente aujourd'hui sur tous les continents. Des sites préhistoriques à l'Antiquité romaine, des pratiques subsahariennes aux disettes d'Europe centrale, la géophagie, instinctive, thérapeutique ou rituelle, apparaît comme

---

[69] Manuel diagnostique et statistique des troubles mentaux (DSM-V : *Diagnostic and Statistical Manuel of Mental Disorders* créé par l'Association américaine de psychiatrie), référence mondiale pour la classification psychiatrique. Le DSM considère la géophagie (« eating dirt ») comme l'un des troubles alimentaires les plus graves qu'il associe à l'agressivité et à l'autisme.

un moyen de subsistance ou comme une coutume, jamais comme un syndrome ou une morbidité. Le regard sur elle s'est modifié jusqu'à l'hostilité en s'alignant sur la doxa du jour pour finalement la mettre à l'index telle une dangereuse aberration.

En Amérique du Sud, sur les bords de l'Orénoque, les indiens Ottomac étaient des mangeurs de terre et s'en portaient très bien. On les disait plus forts et plus vigoureux que la moyenne (une moyenne qui tend à se niveler, dans nos sociétés avancées, sur le geek rondouillard et livide). Ils chassaient, cueillaient, pêchaient et lorsqu'au plus haut des crues le poisson se faisait rare, ils piochaient dans leur garde-manger des boulettes de *poya*, argile fine prélevée sur les berges du fleuve et mélangée à de la farine de manioc ou de l'huile de tortue. C'était si bon qu'ils en consommaient aussi, telle une gourmandise, tout au long de l'année, en prenant soin de ne pas diminuer les stocks en cas d'urgence. Le Capitaine Mayne-Reid[70], pasteur irlandais converti en aventurier-trappeur, les décrivait au XIXème siècle comme une peuplade singulière, étonnamment robuste. Le ton fleuri de l'auteur laisse penser qu'ils étaient de curieux phénomènes, naïfs comme des enfants mais sacrément débrouillards. Ont-ils finalement survécu ? Survécu à l'homme avide ? Il ne reste plus beaucoup de temps à leurs cousins de la forêt, les Ye'kuanas, Waraos et autres Mapoyo, formant à peine quelques centaines d'individus, pour témoigner des vertus de leurs usages alimentaires.

Le long du Mississipi, là où les descendants d'esclaves noirs ont pris racine, certaines grand-mères gardent la nostalgie de leurs jeunes années lorsqu'on leur préparait encore des cookies à la terre. Assaisonnés de vinaigre et de sel, leur petit goût aigre faisait le bonheur de toute la famille. Telle la madeleine de Proust, il rappelait le Grand Sud aux cousins émigrés vers les villes industrielles. Les parents restés au pays leur en envoyaient des

---

[70] MAYNE-REID, Th., *Les peuples étranges*, Paris, 1862.

boîtes entières par la poste en souvenir de leur terre natale. La géophagie locale n'a pourtant pas complètement disparu malgré sa diabolisation et il semble qu'elle regagne du terrain aujourd'hui, notamment en Alabama où certains bas-côtés des routes sont tellement creusés qu'ils en deviennent dangereux pour la circulation. Les services du réseau routier ont d'ailleurs installé le long de certaines d'entre elles des panneaux explicites interdisant aux riverains de sonder davantage.

Depuis le séisme de 2010 en Haïti, les « bonbons de terre » séchés au soleil sont redevenus une marchandise. Faits d'argile, d'eau, de sel et parfois d'épluchures de légumes, ils sont consommés quotidiennement dans les bidonvilles. En Asie, dans certaines régions reculées de l'Inde, il est encore d'usage d'en faire des galettes et de réjouir petits et grands. Il existe aussi au Vietnam, dans quelques villages de la province de Vinh Phuc, une poignée de vieillards qui festoie – quand leurs dents le leur permettent encore – de petits biscuits d'argile préalablement fumés à la feuille de myrte. En Chine, la terre fine du Yunnan constituait encore, dans les années cinquante, une alternative appréciée en cas de pénurie. On dit aussi qu'en Allemagne, dans certaines zones rurales, les paysans avaient pour habitude de tartiner leur tranche de pain d'une mince couche de terre des champs. Partout et de tout temps, cette pratique a surgi ou perduré, dans toutes les classes sociales et à tous les âges de la vie, de toutes les manières et pour tous les goûts, parce que la terre – alpha et omega de l'homme vivant et de l'homme mort – constitue le seul et dernier refuge, la réserve ultime et primordiale, l'alliée la plus fidèle de l'humanité.

L'Afrique de l'Ouest demeure cependant l'endroit le plus emblématique en matière de géophagie. D'abord parce que la terre est une matrice qui joue un rôle religieux essentiel et influence fortement les structures familiales, ensuite parce que la traite négrière a essaimé leurs us et traditions par-delà l'océan. Les migrations ultérieures ont favorisé l'exportation de certaines coutumes, maintenues dans les nouveaux pays d'accueil, parfois amplifiées par l'exil et le mal du pays. L'ingestion de kaolin (argile blanche dont on fait les céramiques) est une pratique courante chez les femmes enceintes originaires de ces contrées. Une croyance établit qu'en mastiquer rendra le bébé plus fort et l'aidera à grandir tout en évitant aux futures mères le geste inélégant de cracher, le kaolin retenant leur salive. On trouve à Paris, dans certaines épiceries du quartier africain de Château-Rouge[71], de petits sachets d'argile à consommer. Là, le plaisir en constitue le premier attrait. Certaines parlent du kaolin comme d'un « amuse-gueule », d'une petite douceur que l'on s'offre à l'abri des regards masculins, très opposés à cette pratique quand elle n'est pas justifiée par la grossesse. Les hommes y voient de l'indécence quand leurs femmes, leurs filles ou leurs sœurs déclarent en avoir psychologiquement besoin, certaines pouvant en avaler jusqu'à trois cent grammes par jour. Les anthropologues donnent une double explication à cette manie : la nostalgie du pays natal et le désir d'émancipation. Si la première réponse est liée à une forme de vague à l'âme – et peut-être de dépression – dû à l'éloignement des repères d'origine, la seconde perturbe les rapports entre les sexes. La manducation du kaolin finit en liquide blanc dans la bouche des femmes, celui-ci jugé obscène par les hommes qui le comparent aux fluides et sécrétions en tous genres, symboles de fertilité, de fécondation et de pouvoir féminin. Le plaisir procuré par son absorption est perçu comme une tentative de contrôle des femmes de leur propre corps, se dégageant ainsi de l'emprise directe ou détournée de leurs maris, de leurs pères, de leurs frères et de toute la société traditionnelle. Manger de la terre est donc ici une activité hautement subversive.

---

[71] Voir PESSOA, G., « Le goût de l'argile » - article en ligne.

Subversive, la géophagie l'est surtout dans la condamnation de la communauté médicale qui, malgré les études contradictoires et les conclusions divergentes, appuie son anathème sur des arguments litigieux. Faute de données concrètes confirmées par des protocoles solides, répétables et reproductibles (l'honnêteté scientifique faisant foi), cette pratique entraîne en milieu stérile un vague sentiment d'aversion et de dégoût – essentiellement pour des raisons culturelles – très éloigné de la rigueur, de l'objectivité et de la probité attendues par la science. Si les mangeurs de terre sont apparus depuis que l'homme est homme, l'étiologie sur la question en est à ses balbutiements et ses effets mal connus. Dans l'état actuel de nos connaissances, les verdicts définitifs soutenus par des expériences tâtonnantes relèvent de la partialité ou de l'enfumage.

Il est vrai que cette pratique touche en majorité des populations pauvres soumises aux disettes et aux privations. Il est vrai que lorsqu'il n'y a plus rien à manger, l'ingestion de terre procure une satiété provisoirement réconfortante. La géophagie est souvent associée à l'anémie ferriprive, trouble chronique dont on ne sait toujours pas si elle pré- ou procède de l'absorption de terre. Deux théories s'opposent, chacune avançant sa liste de preuves formelles dont on ne peut tirer aucune ligne constante ou décisive. La première considère que l'ingestion d'argile en est responsable, sa teneur en silicates d'alumine entraînant des processus physico-chimiques défavorables à l'assimilation du fer. La seconde inverse le mécanisme en estimant qu'une carence préalable pousse instinctivement les sujets vers ces mêmes silicates d'alumines, riches de ce métal. Chacun tranche de son côté laissant tout le monde perplexe sur la question : manger de la terre est-il bon ou mauvais pour la santé ?

Les détracteurs apportent une réponse catégorique. Cette habitude est extrêmement nocive car elle provoque, outre une dangereuse anémie, des intoxications aux pesticides, au plomb, à l'arsenic et au mercure contenus dans les sols, des infections bactériennes et virales, des maladies parasitaires[72], des occlusions intestinales graves et des risques hépatiques élevés. De plus, les argiles consommées feraient barrage à l'absorption des nutriments et des vitamines contenus dans l'alimentation ordinaire, fragilisant ainsi les défenses naturelles de l'organisme. Le kaolin causerait des fausses-couches et des anomalies sur les fœtus viables, parfois des retards de croissance associés à des troubles oculaires et intestinaux.

Les partisans soulignent l'aspect pharmacophage de cette pratique et insistent sur son apport indispensable d'oligo-éléments et de sels minéraux – de fer, d'iode, de zinc, de calcium, de magnésium, de manganèse et de potassium – que les carencés cherchent spontanément dans la terre. Celle-ci stimulerait en outre l'immunité des consommateurs, l'argile étant composée de nombreux antigènes prévenant les allergies et contribuant à la maturation du système immunitaire chez l'enfant. Elle permettrait également de neutraliser certains agents toxiques et parasites intestinaux, d'apaiser par emplâtre les brûlures d'estomac et de traiter efficacement les gastro-entérites et les nausées de la grossesse.

Les informations sont donc discordantes même s'il est fort possible qu'elles soient complémentaires, intriquées et découlant les unes des autres. Si l'on admet qu'il y a autant de qualités de terre que de moyens de la consommer – les préparations, parfois sophistiquées, équilibrent sagement les disparités nutritionnelles des mets – il semble un peu prématuré d'en faire des injonctions sans appel. L'analyse approfondie et exhaustive des argiles existantes pourrait en définir les propriétés thérapeutiques, avec ou sans présence d'éléments exogènes. La recherche a donc devant elle mille parcelles à ratisser qui pourraient fournir à l'homme vorace mille raisons d'en abuser. Ainsi va le monde, qui revient sur lui-même en se mordant la queue.

---

[72] Encyclopaedia Universalis, rubrique « maladies parasitaires ».

Apparaîtront alors, probablement, un savoir-manger de la terre que l'on déclinera en long, en large et en travers, des encyclopédies, des émissions, des blogs consacrés à l'art d'accommoder le limon ou la glaise jusqu'à l'indigestion, des défenseurs de monticules et des exploiteurs de boue.

La terre, commencement et fin de toute chose. La terre comme aliment, la terre comme matrice et comme tombe.

J'irai au paradis

Les grandes vacances ont ceci d'irritant qu'elles ont lieu pour tout le monde pareil : entre le 1er juillet et le 31 août. Elles ont également le regrettable penchant de drainer des milliers d'individus en paquets, hordes hurlantes et débraillées, propulsées par jets séquentiels sur des axes conçus à cet effet - autoroutes, réseaux ferrés, voies aériennes - qui débouchent souvent sur des lieux identiques : la plage.

Moi, ça ne me dérange pas, j'aime beaucoup la plage. Mais je la préfère désencombrée, sur le rivage d'une crique déserte qui sentirait le maquis. Et surtout, une plage qui serait dispensée d'êtres humains dans un rayon d'au moins cinq kilomètres.

Pour régler la question, je pars donc en montagne. On y trouve aussi des gens mais moins entassés qu'à la plage. Quoique. Chamonix et Megève au mois d'août sont un défilé de touristes venus du monde entier (Anglais, Américains, Japonais, Émirati, Brésiliens... - les Russes jet-setteurs se réservant Courchevel). En été, quand la sportive Chamonix pitonne et parapente, Megève la cossue randonne et pilote au-dessus des cimes. Leur style diverge – chevelus aux Grandes Jorasses, fils à papa au Mont d'Arbois - mais l'imminente proximité du Toit de l'Europe rassemble dans un même élan d'amour, d'enthousiasme et parfois de snobisme, tous les contemplatifs à temps partiel. Glaciers ou pâturages, le choix est vaste et les sentiers secrets – qui fleurent bon la bouse et le reblochon – nombreux.

En été, les couleurs y sont exagérément saturées. L'herbe est grasse, gorgée de chlorophylle, presque juteuse. Cette herbe-là, fraîche et drue, qu'on prendrait pour du gazon boosté aux stéroïdes, est tout ce qu'il y a de plus authentique. Après trois heures de déclivité caillouteuse dans l'obscurité des sapins, la lumière jaillit dans une débauche de verts où viennent s'ébattre, dans un halo *seventies*, de robustes et fringantes licornes accompagnées de leurs frêles et timides *licorneaux*. Pour tempérer l'ivresse de l'altitude, il n'y a plus qu'une chose à faire avant de s'allonger, béat, dans cette herbe enchanteresse : décapsuler une bouteille de cacolac[73].

Dans l'absolu, mon paradis serait celui-là. Sans les godasses, la laine polaire et les verres indice 4. Avec une vision panoramique à 180° sans même remuer sa boussole, des lacs qui scintillent dans la vallée, des campanules, de la gentiane, du trèfle et des colchiques. Avec des gens qui ne seraient pas des envahisseurs, des beuglards ou des porcs, mais de vraies gens, transfigurés, tous extrêmement sympathiques, sur la même fréquence que la mienne, ou à peu près. Et puis surtout, un truc indéfinissable flotterait dans l'air, un truc un peu irisé fixant l'ambiance, donnant le ton, un genre de saint Esprit transfusant tout le monde. Je pourrais distinguer, derrière une crête enneigée, la présence d'un œil omniscient.

Si j'interroge un panel d'Occidentaux bon teint sur ce que serait leur paradis, les réponses sont invariablement les mêmes : un atoll lointain avec cocotiers et lagon turquoise ou une nuée cotonneuse dans l'exosphère, éternellement inondée de lumière. Seul mon beau-frère envisage un assortiment de jeunes vierges se bousculant au portillon des arrivées...

L'image du paradis excite donc une imagination déjà balisée au départ, issue des profondeurs de l'humanité, que l'on rencontre un peu partout et qui relève des mêmes idéaux et des mêmes modèles, comme s'il existait une mémoire commune à toutes les sociétés. Dante et ses neuf sphères concentriques[74] le démontre à merveille en les situant dans un espace supraterrestre, sorte de géographie de

---

[73] ... qu'on aura pris soin de garder au frais dans un sac glacière.

[74] DANTE, *La Divine Comédie*, édition bilingue, Flammarion, 2006.

l'au-delà, où l'on perçoit, sous l'enveloppe chrétienne, une ossature beaucoup plus ancienne venue des épopées antiques, elles-mêmes dérivées des mythologies funéraires dont l'origine se perd dans les transports chamaniques de nos lointains ancêtres.

Étymologiquement - de l'avestique au persan, puis du persan au grec et du grec au latin - le paradis est un jardin clos. Le concept a voyagé d'Asie en Europe par le biais de cultures diverses, hébraïques, phéniciennes, helléniques qui ont intégré à leur système de valeurs des archétypes étrangers qui, de générations en générations, ont bâti, les uns des philosophies, les autres des monothéismes, faisant du jardin primitif, « lieu de verdure et de repos », la destination finale pour les meilleurs d'entre eux. Sous les climats chauds et secs, la réalité d'une oasis (où l'on vient se désaltérer au milieu d'un désert) était projetée dans l'incertitude de la mort (retour éventuel dans ce désert hostile) pour y trouver enfin, suprême récompense après une vie difficile, la délivrance de toutes les servitudes (faim, soif, souffrance, labeur et décrépitude). Le programme était alléchant et valait qu'on s'y attache.

Le désir d'île « paradisiaque », d'île « vierge », récurrent sous nos latitudes, suit le même processus, mais à l'envers. Une météo morne et propice à la déprime, la tête dans le guidon ou collée à l'écran, une urbanisation croissante, une fortune aléatoire ou une quête existentielle capitulée, orientent les congés annuels vers les antipodes, les tropiques, le farniente et l'abondante satisfaction de ses besoins élémentaires : bouffer, baiser et ne plus en fiche une rame. Partir au loin pour « faire la fête », expression bizarre signifiant se soûler jusqu'au coma, bâfrer comme un pourceau et consommer de la chair fraîche juste en claquant des doigts et en allongeant quelques billets, permet probablement de purger, une fois par an, une nature congestionnée d'ennui et de frustration. La grande vidange a lieu, en règle générale et pour des raisons de commodité, dans les pays en développement qui ne rechignent pas à gonfler leur PIB par un tourisme de masse (options *sea, sex and sun*) satisfaisant les deux parties. L'assouvissement du corps demeure une constante dans tous les rêves de paradis, qu'il soit dans la détente solitaire au bord d'une eau limpide ou la jouissance immédiate de tout ce qui ressemble à un bipède. Il renvoie également aux mythes de la faute et de la chute, ce par quoi le pire de l'Homme aurait abouti, selon la Genèse.

Le Jardin des Délices de Jérôme Bosch[75], œuvre aussi magistrale qu'hermétique, illustre ce pays de cocagnes que nous avons tous ancré dans l'imaginaire. Le paradis terrestre, représenté ici sous la forme d'un camp de naturistes, rassemble ce que la Création compte d'êtres vivants et de possibilités - disons envisageables, perfectibles, évolutives - pullulant inexorablement de vices. Un paradis d'avant la chute qui contiendrait en germe une saloperie. Des hordes de blondinets – et quelques touches de noirs pour insister sur l'infection - chevauchent à cru des animaux hybrides, un type farfouille dans une moule géante, des femmes hirsutes se glissent dans des tubes et des globes translucides, partout des possédés de gymnastique, de galipettes et de sauts périlleux qui s'en donnent à cœur joie. Et que je te baisote, que je te tripote, que je t'empiffre d'arbouses sans la moindre gêne. Une ribambelle d'explications plus ou moins vaseuses a vu le jour au sujet de cette surprenante bacchanale, mais l'œuvre de Bosch demeure une énigme. Certains soupçonnent son adhésion à une secte hérétique[76] qui niait l'existence de l'enfer, contestait les sacrements et la hiérarchie de l'Église et clamait la jouissance exclusive de l'Esprit saint, ce qui permettait à ses membres de vivre dans le monde sans être souillés par le péché. On dit encore que ses adeptes suivaient des rituels paillards – danses, festins et partouzes appelés « état du paradis » - qui expliqueraient l'ambiance particulièrement débridée de ses peintures. On dit

---

[75] Vers 1500, huile sur bois, 220 x 195 cm, musée du Prado, Madrid.

[76] Les Frères et Sœurs du Libre-Esprit (canal historique).

beaucoup de choses mais on en sait finalement peu. Son jardin, en tout cas, reste toujours aussi délicieux à regarder.

En Islam, le paradis est une notion tout aussi concrète. Mon beau-frère me rappelait, à juste titre, l'existence des fameuses houris promises aux bienheureux. Ces houris sont de très jeunes et splendides vierges, avec des yeux extraordinairement beaux, consignées sous des guitounes en attente du prochain peloton, accoudées nonchalamment sur « des coussins verts et de beaux tapis » (Coran, 55 : 70-77). C'est toujours mieux qu'un tabouret de bar en peau de zèbre, me direz-vous. Le repos du guerrier passe ici par des choses très palpables et pleines de sens. Les gars y vont carrément, sans complexes. Comme l'écrit avec une touchante délicatesse Roland Dumas dans ses mémoires[77], un homme devrait avoir en permanence trois femmes à sa disposition : une pour l'intelligence, une pour les enfants, une pour l'amour. Ici, il y en a juste soixante-douze pour la dernière activité. Enfin, je suppose. A moins que ce ne soit pour lui retirer ses bottes ou lui préparer ses repas. Mais Dieu merci, le viril défunt n'est pas tenu avec ces demoiselles : si celles-ci n'allument pas son ardeur, il restera toujours à portée de main deux ou trois « éphèbes» circulant entre les poufs et les tentures avec « des cratères, des aiguières et des coupes remplis d'un breuvage limpide » (Coran, 56, 17-24). On a le sens de l'hospitalité ou on ne l'a pas.

Évidemment, comme tous les textes sacrés, divers degrés de lecture sont possibles dont un, portant davantage sur la mystique que sur la gaudriole. Et rappelons que la mystique, qu'elle soit musulmane ou non, est souvent d'une exquise subtilité. Il en va aussi des paysages. Si les fleuves sont, chez Allah, de miel et de vin « qui n'enivre pas », les arbres ont des milliers de branches produisant des milliards de fruits chez le Dieu des apocryphes chrétiens. Les maisons sont aériennes et serties de pierres

---

[77] *Coups et blessures : 50 ans de secrets partagés avec François Mitterrand*, Le Cherche Midi, 2011.

précieuses dans le bouddhisme *mahayana*. Dans ce dernier paradis asiate, pourtant « tout à l'ouest du monde », l'éther, en plus de vibrer sous le tintement des cloches, est constellé de danseuses légères et de bouddhas miniatures se déplaçant sur des nuées. Ces mondes fantastiques et chatoyants, situés dans une dimension parallèle, ont tous des airs de famille. Ne toucherait-on pas encore les origines extatiques communes de la mémoire des hommes, de celles explorées par des mages en transe rapportant au commun leurs pérégrinations psychiques ? L'idée est très plaisante, au sens propre comme au figuré. *L'Arbre du paradis*[78] de Séraphine Louis, chargé de fleurs inconnues et de plumes multicolores, éclate sur la toile comme l'aveu d'un commerce avec l'Autre monde. Elle allait chercher son inspiration par les canaux de sa foi exaltée, et puisait ses matériaux dans le secret des rivières et des plantes. Nul ne sait vraiment ce qu'elle mêlait à ses vernis et à son Ripolin - du nectar ou de la sève, du jus de pétales, de la poudre de pistils, peut-être même de la bave de crapaud - mais notre Picarde n'avait pas besoin de folklore exotique pour nourrir son âme. Elle puisait ses illuminations au plus profond de sa culture, dans son propre terroir, et sa dévotion aux anges, chère au catholicisme, était son plus sûr véhicule.

Pour les rêveurs, il reste encore le ciel, indéboulonnable. Il *est* la transcendance, l'harmonie totale, et fait l'unanimité. Son lyrisme amadoue même les plus récalcitrants. La face mystique du paradis, située par définition en altitude, nécessite de s'élever pour l'atteindre. On n'y trouve pas n'importe qui, du moins selon certains trombinoscopes. Cette ascension élitiste pourrait, pragmatiquement parlant et selon l'expertise de l'anthropologie religieuse, être reliée à l'hominisation, ce long processus qui a su transformer un simple singe en Pythagore ou en Lao-Tseu. Plus l'homme s'est redressé physiquement au cours de son évolution,

---

[78] Vers 1929, technique mixte, 195 x 130 cm, musée d'art et d'archéologie de Senlis.

plus celui-ci a projeté encore plus haut sa place dans le temps et dans l'espace, champ transcendantal compris. D'où la passion du cumulus bien rondouillard, bien confortable, sur lequel la fine fleur de l'humanité viendrait couler des jours heureux. Les multiples paradis du Tintoret figurent dans la même veine. Embringués dans une dynamique ascensionnelle en forme de spirale très rigoureusement construite, une société de *happy few* vautrée dans la ouate vise au sommet l'accomplissement de sa raison d'être. Des ermites notoires sont allègrement mélangés au gratin vénitien en un long cortège anachronique. Cap vers le Doge des doges, les honneurs, la récompense suprême. Le Tintoret, outre sa témérité plastique et son exceptionnel talent, est un peintre de cour, très sollicité, très officiel, très établi, que les commandes d'État canalisent étroitement dans les limites du tolérable ; la Sérénissime, oligarchique et sourcilleuse, ne laissant rien passer. Un entre soi enflé de préséances, une sorte de Grand Conseil transposé au ciel définissent alors ce paradis maniériste que seule une lumière théâtrale et surnaturelle permet encore de distinguer.

A l'opposé de ce cérémonial, dans l'atmosphère pittoresque des communautés juives d'Europe de l'Est, apparaît un poète dont le seul élément tangible semble se réduire à l'air. Marc Chagall ne peut être approché qu'en vol, sans gradation ni gravitation. Les nuages ne sont pas perceptibles parce qu'ils constituent précisément la matière avec laquelle l'artiste raconte ses échappées. L'œil devient nuage et le nuage, conscience ultime. Ses personnages humbles et un peu dingues qui se détachent, qui vagabondent, qui s'attendrissent ou qui s'inquiètent, se placent toujours à bonne distance de la terre ferme (parce qu'on n'est jamais trop prudent, par expérience) et anticipent un monde meilleur, une terre promise, une Jérusalem céleste glanés dans le fonds hassidique du *shtetl*. Chanter, danser, être heureux - voire facétieux - est le meilleur moyen de communier à Adonaï. Son *Paradis*[79] à lui, dans un style pompeusement appelé « chromatisme onirique », intègre à la réalité terrestre une réalité analogue, en apesanteur, où tout est rassemblé : la Tradition et ses métamorphoses, le durable et l'éphémère, le textuel et l'allégorique. Une espèce d'Homme complet, de l'*Aleph* au *Tav*, qu'un yiddish farceur aurait un peu chahuté. Sans oublier que cet Homme-là, tiraillé entre l'être et le néant, n'est jamais immortel.

Alors le Shéol, les rives du Styx, le feu éternel ? Les examiner sur des œuvres, il y a matière, et croustillante. Omniprésent ici-bas, comment l'enfer pourrait-il être pire en-dessous ? La douleur, la prostration, les gémissements, le feu, le brouillard et l'obscurité étant déjà fournis sur terre, valent-ils encore d'être ruminés plus avant et plus loin ? J'en doute. Se maintenir dans un cadre moral (au minimum), composer avec les aléas de la vie et assumer ses responsabilités, cela suffit déjà à nous cerner les yeux. Faut-il encore se sentir à jamais coupable du péché originel, cette boulette commise il y a des milliers d'années dans les profondeurs de Sumer ? Joker ! Je sors mon libre-arbitre. Et s'il se révèle inopérant, il me restera toujours un *confiteor* en réserve.

Car c'est décidé, j'irai au paradis.

---

[79] 1961, huile sur toile, 198 x 288 cm, musée national Marc Chagall, Nice.

L'œil au bois dormant

Imaginez un écran d'aiguilleur du ciel rempli de *bip-bip* clignotants et de lignes entrelacées : nos convergences, nos croisées, nos progressions inéluctables d'un point A vers un point B, comme s'il y avait un tableau de bord pour orchestrer tout cela, une sorte d'enchaînement logique, de déterminisme mathématique provoquant les ratages, les éloignements et les collisions, tout ce tissage de chemins et de bifurcations pour finalement trouver ou manquer ce qui nous était réservé ou pas, la providence, les rencontres, la vie. Mon rendez-vous avec les dessins d'Anna Nilsdotter[80] au café de l'Institut suédois était peut-être prévu, ou pas du tout, mais ils étaient là et moi aussi, et c'est tant mieux.

Anna Nilsdotter est illustratrice et ne fait pas semblant. Elle manipule le crayon avec vitalité, envahit la feuille dans tous ses recoins. Généreuse, elle empoigne le papier dans un corps-à-corps loyal, offre un monde de poésie froide et bouillonnante dans une atmosphère étrange. Cette connivence des contraires agit sur les yeux et l'esprit comme une brise printanière chargée d'effluves hormonaux. L'ambiance est subtile, laisse du champ au regardeur, des perspectives modulables en fonction du tempérament. Cette mine graphite, presqu'arme blanche, fourragée dans la pulpe du papier, ajoute du fantastique à l'éclat bleuâtre, une morbidité enfantine à l'innocence viciée, un truc diffus qui donne un frisson glaçant à la huitième dorsale mais que l'on juge tout compte fait absolument délicieux. L'artiste est loin d'être lisse, elle provoque

---

[80] Exposition *Anna Nilsdotter Karlson, Sleeping Eyes*, du 10 février au 24 avril 2011, Paris.

quelque chose de trouble, de complexe à définir, qui mélange à la fois la pureté et la souillure, la candeur, la lucidité, le malaise qui chatouillent le corps et la conscience. Son dessin de fifille qui a vu le loup nous emmène dans un songe un peu interlope : une femme en slip, socquettes et talons qui cajolent un lévrier ; le même lévrier allongé avec une tête spectrale de blonde lascive (ou somnolente), enlacé par une autre femme tête-bêche qui lui baisote l'arrière-train ; des amoureuses, des garces, des dépressives, des folles. Et c'est beau, fichtrement évocatoire, enfantin et redoutable, cristallin, délicat, d'une coquetterie vénéneuse, une espèce de danse des sept voiles polaire jouant d'une sensualité à tiroirs.

Les dessins d'Anna Nilsdotter sont directement inspirés d'un roman de Djuna Barnes[81] - et je le dis d'un air entendu comme si c'était une évidence alors que non. Je ne connaissais pas Djuna Barnes avant Anna Nilsdotter, je n'avais même jamais entendu parler d'elle et j'ai dû fouiner dans la Mémoire du Monde pour en savoir davantage. J'ai découvert un auteur inclassable glissant dans le courant moderniste des années vingt, une espèce de bobo new-yorkaise installée à Paris, proche de Beckett et de Joyce. J'ai surtout dégoté un roman singulier, logorrhéique, sorte de monologue exubérant et disloqué dont le thème est la morbidité amoureuse d'une jeune femme au gré de ses rencontres. L'œuvre est déconcertante, pleine de broderies biscornues et de parenthèses infinies, symboliste et dada, fantasque, carambolée, où les complications affectives et charnelles s'achèvent sous la faible lueur des réverbères, sans commentaires, froidement, funèbrement. Roman toujours situé dans la pénombre, la surtension, dans le regard abyssal de la pathologie mentale travestie en poésie, de l'extrême émotivité féminine dans ce qu'elle a de plus horripilant. C'est beau tout en étant pénible, pénétrant tout en étant abscons, interminable, alambiqué, douloureux et pathétique.

---

[81] BARNES, D., *Le Bois de la nuit*, Seuil, 1979.

C'est que Djuna Barnes a été amoureuse, passionnément amoureuse. Et d'une femme qui plus est. Elles ont fini par rompre car tout a toujours une fin et cette rupture lui a brisé le cœur. J'ai vu les photos de Barnes à la fin, épaisse, compacte, la figure enflée par l'alcool ; j'ai lu son *Bois de la nuit* écrit dans un jus d'entrailles, où l'on sent sa propre histoire transparaître, son déchirement exsuder. Je l'ai reconnue en Nora, et son amante en la nocive Robine. J'ai admis l'amour possible de la femme pour la femme, moi qui suis un peu rétive sur ces questions de tribadisme. Le chagrin amoureux, profond, dévastateur, qui peut faire perdre la raison, ravager un être, le tuer, ce chagrin d'amour que nous avons à peu près tous connu dans des intensités variables, exactement aussi pressant qu'était son allégresse aux jours fastes, ce chagrin est universel et perceptible par tous, hommes, femmes, en tous lieux et en tous temps.

Il existe une carte du tendre comme il existe une carte du rateau ou de la grosse claque. La passion amoureuse mène à d'étonnantes extrémités dont nous-mêmes, protagonistes, sommes les premiers ébahis. Après les roulades dans le foin, l'*eros* a la possibilité de virer au pire. Les rires de gorge restent en travers, les regards se font moins suaves, les étreintes s'ankylosent. Les roucoulades dégénèrent en cris, les romances en cauchemars, en scènes hallucinées où l'on tient le rôle-titre. On ne comprend plus bien l'itinéraire, pourtant fléché, ni comment on a pu se retrouver en morceaux au fond d'une ravine.

Puis une fois passée l'épreuve du feu, on cherche à remonter le talus par une thérapie alternative : l'école du cirque, des sessions intensives de trampolino ou des cours de *Country Dance Cow-boy*, le tour du monde en poussette canne, l'intégrale de Krishnamurti en braille, n'importe quoi pourvu qu'on se polarise sur l'antithèse de notre obsession. Nous ne sommes après tout que des primates avec un très gros cortex, et ce très gros cortex permet de se prendre plus sûrement la tête entre les mains, de passer maître dans l'art de perdre le Nord, de visualiser le sujet passionnément chéri occupé ailleurs (en général dans des postures sexuelles insupportables), d'avoir envie de se vautrer dans la pochardise, par défi, comme Djuna Barnes mais en cent fois pire, ou de se laisser crever pour se venger du traître infâme. On envisage tous les scénarios possibles et l'on veut s'y tenir. Même une fois sur ses jambes, même en faisant diversion par une activité débile mais absorbante, le germe s'enkyste quelque part dans l'esprit et laisse toujours sentir son grain quand on y passe le doigt.

Il faut dire la vérité : l'état amoureux paroxystique, c'est comme la drogue, ça rend stupide. Ce n'est ni plus ni moins que l'addiction à un stupéfiant. Il serait d'utilité publique de démystifier cet enthousiasme excessif que tant de poètes ont chanté à une époque où l'amour était encore une énigme. Ils pouvaient se le permettre, ces naïfs, l'amour était une parcelle vierge - bien qu'intensivement cultivée par des générations entières de jeunes pigeons. Aujourd'hui, grâce à Dieu, il est possible de changer de registre, l'état amoureux n'étant plus ce mystère sacré propriété de l'Éternel, mais une conséquence physiologique arpentée au millimètre, observable au microscope, et qui ne se meut plus par quelque transe de boutonneux englué dans une marmelade de perceptions fantaisistes mais par des odeurs sécrétées par un dispositif peu glamour. Ça vous remet les idées en place.

L'amour passionnel est un désordre interne, une maladie. C'est le besoin de compenser un manque, de combler une carence. On tombe amoureux de quelqu'un parce qu'on anticipe ce qu'il est à même de nous offrir et tant qu'il répond à cette attente, le sentiment amoureux se maintient. Le jour où il n'est plus assouvi, le sentiment se désagrège et disparaît. D'où les tourments de celui ou celle qui n'est plus capable de répondre aux espérances de l'autre. Amour toujours, je t'en ficherai. Il y a transmutation en amitié dans le meilleur des cas, en habitude dans le pire. Normal, nous ne sommes pas constitués pour soumettre trop longtemps notre humble carcasse à ce frénétique système d'alimentation. La surchauffe nous ferait imploser. L'attachement amoureux sollicite les mêmes aires cérébrales que les mécanismes impliqués dans les récompenses. Voyez le topo, le coup de la carotte, le chienchien et son os. L'idéal amoureux est une substitution d'un défaut de satiété sexuelle. L'anthropologie le démontre : les groupes où la copulation est franche et journalière, les soupirs passionnels sont plus neutres, moins caractérisés. Où il y a censure et inhibition, il y a fantasmes romantiques et dérapages sentimentaux, voire pire. C'est la science qui l'affirme. Il y a aussi l'histoire dégrisante des phéromones, ces substances chimiques que l'on promène sur soi et qui sont involontairement captées par les autres. Elles donnent des indices génétiques personnels directement transférés vers l'hypothalamus des renifleurs qui, à leur tour, classent l'information pour évaluer la concordance et l'équilibre organique de l'éventuel partenaire. Tout cela, bêtement, en vue de perpétuer la chaîne humaine. Bravo ! ça vous coupe une envolée. L'évolution a fait que ces phéromones ont été plus ou moins supplantées par des tactiques de gratifications et l'attitude reproductrice instinctive par une conduite érotique.

Bon, bien sûr, ce sentiment a porté quelques fruits somme toute non négligeables, dans la littérature et les arts par exemple, mais la beauté et le talent ne doivent pas nous empêcher d'être lucide. Djuna Barnes a *surnaturalisé* son chagrin d'amour pour en faire un roman qui met hors d'haleine, Anna Nilsdotter Karlson a transposé ce roman en superbes dessins aux traits vifs et troublants. Je ricoche à mon tour sur son crayon et ce qu'il transporte de résonances en moi pour décrire, très médiocrement et à mon échelle, les passions humaines qui nous possèdent. Il faut les vivre au moins une fois pour pouvoir les juger. Concernant la passion amoureuse, ma sentence est donc irrévocable.

Tintin et les puissances occultes

À une époque où, en France, la repentance compulsive et ses effets secondaires (lois mémorielles, chasse aux sorcières et peur d'articuler une pensée personnelle) quadrillent sans complexe la liberté d'expression, raser les murs reste encore le seul moyen d'éviter le tribunal. Tintin n'y déroge pas – depuis des lustres, tout et son contraire lui a été reproché : racisme, antisémitisme, monarchisme, colonialisme, fascisme, anticommunisme, homosexualité, misogynie, goût pour la torgnole, leçons de morale, héroïsme, générosité, empathie, sens de la justice, humour, etc. - sans que l'on n'ait pu déterminer clairement quel label apposer. La censure a caviardé ce qui n'était plus présentable au fil de l'évolution des mœurs et des modes (Hergé s'y est souvent plié de bonne grâce), les communautaristes ont mis à l'index les outrages perpétrés contre leurs boutiques respectives, les pisse-vinaigre ont fustigé les vétilles, les haineux craché sur l'œuvre et les adorateurs l'ont perchée plus haut que tout. Il ne manque plus, après les CRAN et autres CRIF[82], que des conseils « représentatifs » de savants sourds, de chanteuses lyriques, de familles Dupondt ou de capitaines de marine marchande pour se sentir discriminés, « atteints dans leur dignité » et exiger réparation. Tintin a donc encaissé - et dignement - ce qu'un héros universellement célèbre s'expose à subir sous le jugement rétrospectif des hommes. Rien de mal à cela ; être une vedette provoque aussi des embarras.

---

[82] CRAN (Conseil représentatif des associations noires) et CRIF (Conseil représentatif des institutions juives de France).

Mon premier album, *Objectif Lune*, me fut offert par ma grand-mère à l'âge de sept ans, en revenant de chez l'ophtalmologiste. Un fond d'œil m'avait rendu la vue provisoirement hors-service et je dus attendre quelques heures avant de découvrir ce qui devint un sujet d'émerveillement tout au long de mon enfance et, une fois adulte, le plus puissant des antidépresseurs. Celui qui rencontre Tintin tôt dans la vie l'aime pour toujours, en dépit des nombreux détracteurs qu'il croise sur son chemin (en général, des semi-lecteurs tardifs) et de son propre discernement quand la raison critique, au lycée, s'emballe au même rythme que les hormones. Pourtant, une affection sincère et viscérale l'unit à jamais à ce personnage qu'il défendra toujours bec et ongle, par loyauté. On ne peut tourner le dos à celui qui a transporté d'enthousiasme ses années les plus tendres.

Dans l'ambiance complotiste flottant aujourd'hui comme un fumet d'arrière-cour, les sociétés secrètes et les puissances occultes qui jalonnent l'univers de Tintin ont quelque chose de familier et de grisant. Une clique de bandits ou de profiteurs, des illuminés, parfois de vraies forces mystérieuses, s'imposent au fil des histoires et ajoutent de l'aventure à l'aventure, du surnaturel au suspense, du pittoresque à l'exotique. Je ne me risquerai pas à subir les foudres du lobby occultiste – il est évident que Raël et Moon sont une menace terrible pour l'humanité... – et moins encore à être consolée par des traqueurs de sectes professionnels qui, d'un bourrage de crâne à l'autre, auront tôt fait de m'achever complètement. Avec Tintin, je suis libre de croire ou non que les Bilderberg, Grand Orient et autres loges extravagantes sont des cartels diaboliques qui entortillent les nations.

Au Congo belge par exemple, en pleine brousse, Tintin doit en découdre avec l'un d'entre eux. C'est dire si ces gens-là noyautent même les endroits impossibles. Le groupe en question, dont l'un des membres est sur le point d'assassiner notre héros, n'appartient pas au cercle ventru et feutré de la maçonnerie (sait-on jamais…) mais à celui, plus agreste, des Aniotas. Alors qu'à la nuit tombante, notre jeune reporter coiffé d'un casque colonial s'en va chasser le léopard, il manque se faire attaquer par une ombre monstrueuse planquée derrière un buisson. N'écoutant que ses réflexes, il bondit et découvre que celle-ci, ayant ravalé sa superbe, est en train de se faire étouffer par une sorte de python enrouleur. Qu'à cela ne tienne, Tintin abat alors la bête d'un coup de fusil et s'aperçoit que la proie du serpent est un malheureux Noir déguisé en fauve qui, une fois ôté le sac grotesque lui servant de cagoule, se révèle être Muganga, le sorcier de la tribu des Babaoro'm. Ce ne sont pas les « *Missié Blanc, moi être ton esclave* » et autres suppliques un peu faciles qui rendront le méchant féticheur sympathique mais Tintin, qui n'est pas du genre à se faire posséder, comprend aisément qu'une organisation de malfaiteurs se cache derrière le costume de carnaval. Il est regrettable de constater que les zèbres et les gnous ne sont même pas à l'abri des tractations obscures menées en haut lieu, dans les cénacles cossus de Goma ou de Kinshasa.

Car les Aniotas ne sont pas n'importe qui. Tintin n'affronte pas des tocards de troisième zone mais de redoutables criminels aux bras longs. En l'occurrence, celui des Aniotas est plutôt griffu. Appelés aussi « hommes-léopards », cette confrérie sévit au Congo belge entre le XVIIIème siècle et 1960, date de l'indépendance du pays. Mus par des histoires de rivalités et de vengeance entre ethnies, ils étaient enrôlés parmi les sorciers de villages pour assassiner les sceptiques aux traditions locales trop aplatis, à leur goût, sous la trique léopoldine. Leurs méthodes consistaient à simuler une attaque de léopard, sautant sur leurs proies, toutes griffes d'acier dehors, et les mutiler avec rage du cou à la poitrine. Parfois, des corps démembrés ou sans tête traînaient au milieu des broussailles. Des chefs de tribus, des leaders nationaux, de simples villageois ou des citadins outrés par leurs rituels sauvages en firent violemment les frais. Même Tarzan, entre deux lianes, dut se les coltiner[83]. Cette secte terrifiante, dont le meurtre ciblé constituait l'ambition ultime, était agencée sur un socle animiste, de rite mambela[84], dont l'initiation comprenait l'assassinat d'un proche - homme, femme, vieillard ou enfant - censé prouver la volonté et l'aptitude du postulant à aller jusqu'au bout. L'apprentissage de la gestuelle et des rugissements félins complétait d'autres cérémonials, tout aussi récréatifs, comme celui d'ingurgiter des macérations de plantes euphoriques mêlées à de la chair humaine. Et comme si la psychose n'avait pas de fin, il semblerait qu'une survivance de ces pratiques s'exprime encore au fin fond du Cameroun et du Nigeria.

Mais il n'y a pas que les Africains qui sont étranges. Tenez, les Hindous par exemple. Enfin ! Les Hindous... ce qu'on appelle les fakirs qui, dans la Tradition soufie - c'est-à-dire musulmane – sont des sortes de derviches à moitié nus aux coutumes singulières. J'en veux pour preuve le petit nerveux à turban (*Tintin et les cigares du Pharaon*) qui décoche des fléchettes de radjaïdjah, le poison qui rend fou, à tous les porteurs d'informations précieuses. Drôle d'individu que ce zigomar qui fait se dresser les cordes pour s'introduire chez les gens et revendique de façon insistante sa qualité de fakir diplômé - des fois qu'un margoulin lui fasse de l'ombre et ne détourne à son compte ses meilleurs mauvais coups. L'hypnose est également une technique très appréciable lorsqu'il s'agit de mener son monde par le bout du nez et d'obtenir des renseignements secrets. Le mage de music-hall en frac et lunettes noires (*Les 7 boules de cristal*) manipule en deux tours de main une madame Yamilah docile, au summum de sa clairvoyance, qui met en émoi la salle entière en dévoilant des détails personnels sur certains spectateurs. Un autre phénomène, Cipaçalouvishni, aussi maigre que les clous sur lesquels il tournoie, subjugue le

---

[83] BURROUGHS, E. R., *Tarzan et les hommes-léopards*, 1935, trad. P. Argelliès et M. Vannereux, Mangani, 2003.

[84] Dans laquelle les animaux-totem ont une place très importante, l'homme se plaçant sous leur protection. Gazelle, singe, léopard, etc., pouvaient aussi bien posséder l'adepte qu'être le réceptacle de la conscience du sorcier qui, projetée dans l'animal, était capable de le télécommander et lui faire exécuter toutes ses volontés.

Maharadjah et son hôte (*Le Lotus bleu*) en trottinant joyeusement sur des tessons de verre ou en se plantant, l'air de s'ennuyer à mourir, une dizaine de couteaux au travers du corps. La scène du coussin moelleux, torture effroyable qu'il s'inflige par mégarde, démontre une fois de plus que le métier de fakir présente des mystères qu'on ne saurait pénétrer.

Charmer les serpents, grand classique de cette discipline, est en Inde l'apanage des Saperas, sous-caste de fort mauvaise réputation dont on apprécie toutefois, hypocrites que nous sommes, l'art d'éloigner le reptile des maisons et de neutraliser le venin des morsures. Branche du fakirisme, le charme des najas est une activité de plein air ne servant à rien d'autre qu'à divertir les passants. Le psylle souffle alors dans son *pungi*, petite clarinette à bourdon, une espèce de lento magnétique qui a le don de faire sortir progressivement la bête de son panier. Dompter un animal si dangereux et le laisser onduler comme une danseuse du ventre est-il une activité responsable ? Sa maîtrise nécessite-t-elle un pouvoir surnaturel, un commerce avec le monde de la nuit, les esprits chtoniens, les forces lucifériennes ? Taratata, cela nécessite un peu de sens pratique, voilà tout. Une fois la glande fatale crevée et les crochets à la poubelle, le fakir pourrait même se le passer à travers les oreilles s'il le voulait, comme un foulard d'illusionniste. Amputé de ses attributs, le cobra tueur est aussi agressif qu'un vieux spaghetti au fond d'une casserole. Devenu l'esclave d'un turlupin, il n'a plus d'autre choix que d'exécuter ce que la nature lui commande, soit une réponse musculaire involontaire aux stimuli provoqués par la mise en scène. Et oui ! Le serpent n'a pas de génie chorégraphique particulier. Sourd, il n'est pas non plus mélomane. Mais le stress le met en posture de défense contre ce qu'il sent être des vibrations hostiles : le charmeur tapant le rythme du pied, le va-et-vient du *pungi* et autres agacements de son maître. Sa fin est aussi tristement minable que la litière puante dans laquelle il est confiné : le fier naja meurt très vite, quelques mois après l'extraction de ses bijoux de famille.

Il n'y a pas que les autochtones des Tropiques pour témoigner d'une propension aux excentricités. Les visionnaires millénaristes, tout en agissant de la sorte, ajoute à leur frénésie une autre propension : celle de battre la breloque. J'en prends pour témoin le sermonneur Philippus sonnant le tocsin d'Armageddon quand une chaleur anormale s'abat sur la ville et que des milliers de rats remontent des égouts (*L'étoile mystérieuse*). Une météorite fonce sur la Terre, ceci expliquant les anomalies ambiantes. Philippus, recouvert d'une toge de prophète biblique sur un complet-veston noir de prédicateur adventiste, fait un raffut de tous les diables pour se faire entendre et écume les rues d'un pas précipité, rabâchant les mêmes obsessions – se repentir, faire pénitence et autres gaillardises, ce qui ne manque pas d'exaspérer les Bruxellois qui eux, en dépit du ramdam, ne sont pas encore sourds. Le combat final entre le Bien et le Mal tel qu'il est mentionné dans l'Apocalypse (XVI, 16) - et que rappelle notre prêcheur en pleine effervescence - détruira « Babylone la Grande », bouillon de culture parasite, tumeur purulente de péchés et de vices. On se prendrait presque à croire, en observant les fanatiques tressaillir de contentement, que la fin du monde serait une bonne occasion de se débarrasser de ces casse-pieds.

Loin, très loin, à quelques milliers de mètres au-dessus du niveau de la mer, les visions s'éclaircissent. On y anticipe l'arrivée de Cœur Pur et de Tonnerre Grondant, précédés par une Neige du Matin à poils durs, errant dans les montagnes à la recherche de leur ami Tchang dont l'avion s'est abîmé dans l'Himalaya (*Tintin au Tibet*). Recueillis par une communauté de moines à bonnets jaunes, nos héros découvrent le folklore du bouddhisme tibétain, tout de monstres bleus et de trompes en cuivre, de vieux lamas qui lévitent et de yéti qui rôde. Un éclat de couleurs chaudes dans la blancheur immaculée suggère qu'il y palpite une foi vivante peuplée de croyances et de mythes ancestraux dont le bruissement des robes rouges et des moulins à prière garantit le dépaysement. Un Dalaï-lama - pas encore exilé - leur accorde une audience et leur conseille d'abandonner le projet de trouver un rescapé de la catastrophe, ce qu'Haddock lui concède sans trop de résistance, estimant qu'un « Grand Bazar » de cette catégorie, assis sur un trône surplombant le reste du monde, en connaît un rayon en matière de sommets. Sauf qu'une « espèce d'ascenseur » parlant - un moine en suspension au-dessus du sol - leur révèle la survie de leur ami disparu. Foudre Bénie, malgré les apparences, ne parle pas en l'air. Dans son corps d'ascète et sa conscience éveillée, il incarne à lui seul les vieilles coutumes locales dont la télépathie, les projections célestes et la divination illustrent leur versant le plus insolite.

À ce propos, il existe bel et bien un moine bouddhiste, quelque part entre les hauteurs de Dharamsala et les congrès californiens, entre les limbes théogoniques et les conférences de presse, qui vit à la frontière du royaume invisible, officiellement habilité à en rapporter les augures. Il s'agit du Vénérable Thubten Ngodup, l'Oracle d'État du Tibet. Un Tibet en proie aux embêtements chinois mais un Tibet quand même, dans sa version éternelle et glamour, téléporté des replis montagneux aux *people* de Santa Barbara. Pour faire court, l'Oracle, comme son nom l'indique, est une réponse à une question de premier ordre posée par des humains (en occurrence des lamas de haut rang), à une déité tibétaine[85] qui, pour y répondre, s'empare du corps et de l'âme d'un dignitaire (l'abbé de Nechung, le nec plus ultra des abbés dans le nec plus ultra des monastères) et lui délivre des messages nébuleux, lesquels sont ensuite interprétés par les mêmes lamas qui ont posé la question. Thubten Ngodup est donc le « support physique » de l'esprit tutélaire, le médium solennel de Sa Sainteté par qui les prophéties sont proclamées. C'est à ce titre d'ailleurs qu'il propose plusieurs fois par an, guidés par les soubresauts de la

---

[85] Dorje Drakden, protecteur en chef du monastère de Nechung et des Guélougpa (l'école des Bonnets jaunes).

transe, un numéro exceptionnel de danse du sabre dans une panoplie des plus chargées : quatorze kilos de fanfreluches sur la tête, trente kilos de bric-à-brac sanglé autour du corps et le voilà qui vire au violet, frémissant de chaud et d'extase, et défiguré par d'affreuses grimaces[86]. Sa bouche stridule des sonorités inconnues, ses mouvements sont ceux d'un forcené et sa puissance musculaire est tellement décuplée qu'elle pourrait refouler d'une pichenette un troupeau de yacks déboulant dans le sanctuaire. L'Oracle de Nechung, 14ème du nom, maillon d'une tradition qui remonte au XVIème siècle, est dans la vie un quinquagénaire au sourire juvénile et aux yeux guillerets qui, dans la même veine que Foudre Bénie, allie sans conflit intérieur et dans un style pittoresque, une observance des plus archaïques (obscurantistes, diront certains) à une compréhension savante, quasi-scientifique, de la nature humaine.

Les puissances occultes accompagnent donc Tintin dans la plupart de ses péripéties. Organisations criminelles, fraternités trois-points, confréries bizarres et phénomènes paranormaux donnent du piquant au prétendu glabre de notre jeune reporter qui n'en finit pas de se dépatouiller d'intrigues difficiles et de situations troubles. *L'Alph-art*[87], inachevé, continuait sur le même registre en mettant en scène un certain Endaddine Akass, gourou interlope (et rastapopoulesque trafiquant d'oeuvres d'art) d'une secte intello-bobo typiquement occidentale. La chose se serait fatalement gâtée: il était question de liquider Tintin en le moulant dans une compression de César qui aurait définitivement baissé le rideau de ses aventures. Mais son auteur a baissé le sien avant d'en avoir livré la dernière mouture, ce qui laisse tous ses fans sur les dents, moi la première. Hergé revendiquait son ancrage au réel et la nécessité absolue de faire évoluer ses héros dans des contextes contemporains et cohérents mais il ne méprisait pas les arrière-

---

[86] NGODUP, T., avec BOTTEREAU-GARDEY, F. et DESHAYES, L., *Nechung, l'Oracle du Dalaï-lama*, Presses de la Renaissance, 2009.
[87] 1983 – Casterman, 2004.

plans voilés, parfois fantastiques, prompts à nourrir nos fantasmes de pré-adolescents avides de sensations fortes - ou du moins, d'une perspective de sensations fortes. Comment ne pas en éprouver de la reconnaissance ? Rien de dépeigné, certes, Tintin ne roule pas pour le *slasher movie* ou le manga ésotérique, mais l'émoi du truc inexplicable qui poursuit, en filigrane ou non, les courses de bandits à travers le monde, possède son petit chouïa d'adrénaline pour nous maintenir éveillé jusqu'au bout de l'album. Si un parfum exotique s'en dégage, c'est super mieux, la magie couleur locale est toujours plus divertissante de l'autre côté du monde. Quoique. Il y manquerait presque, pour boucler la boucle, un peu de nos marabouts à nous : les « bons » pères et autres prélats bedonnants. En goguette ou flanqués de nonnes un peu rigolotes (histoire de nous changer des pensionnats), ils auraient gagné en popularité ce qu'ils avaient déjà perdu en crédit. Un seul prêtre en tout et pour tout, missionnaire d'Afrique - et rapidement expédié - affleure du répertoire[88]. Hergé, en catholique bon teint et malgré son virage de cuti religieux à la fin de sa vie (vers le Tao), ne pouvait ni ne souhaitait compromettre ce qu'il devait au Petit Vingtième (d'ascendance maurrassienne). L'humour et la gentillesse, comme partout chez ses personnages, ne suffisaient pas à lui garantir les coudées franches pour pousser jusqu'à l'autodérision confessionnelle. Celle-ci, même la plus anodine, étouffait encore sous l'autocensure. Et c'est bien dommage parce qu'à Moulinsart, les apparitions mariales, les stigmatisées et autres prodiges indigènes auraient été la cerise sur le gâteau. Mais ne rêvons plus, c'est une question de culture : occulter l'occulte fait partie d'un folklore bien de chez nous.

---

[88] *Tintin au Congo.*

Guo Fengyi peignait « pour savoir »

Pas encore de formol ni de dame-patronnesse dans la Collection de l'Art Brut[89], antre fabuleux où palpite le cœur d'une création à l'état sauvage. Une première rétrospective de l'œuvre de Guo Fengyi y est consacrée durant quelques mois, transplantée d'une province chinoise à un canton suisse, histoire de tâter un peu de mystique asiatique entre le Flon et le Riolet.

Peut-être faudrait-il mettre autour de ses trésors, par prévention, une batterie de mitraillettes pour chasser d'une rafale bien sentie l'espèce pullulante des enquiquineurs. Je parle de ceux qui veulent la domestiquer et la coller au programme de l'École du Louvre, ou du Smithsonian, ou de quelque autre conservatoire officiel, et la certifier conforme pour servir de pâture à de dangereux prédateurs. Nooon! supplie-t-on, pas déjà, c'est trop tôt. À l'abri des nuisibles, des pillards et des phraseurs, laissons cette exposition s'ébrouer encore un peu dans la rosée du printemps avant qu'elle ne se fossilise pour toujours dans un funérarium institutionnel[90].

Guo Fengyi (1942-2010) est un peintre qui procède à l'envers. Elle « fait », l'impudente, avant de « savoir faire ». Processus saugrenu pour un esprit formaté comme le nôtre qui appréhende la peinture comme la bicyclette, par étapes. De l'apprentissage à la

---

[89] Exposition *Guo Fengyi*, du 18 novembre 2011 au 29 avril 2012, Collection de l'Art Brut, Lausanne.

[90] « L'art ne vient pas coucher dans les lits qu'on a faits pour lui, il se sauve aussitôt qu'on prononce son nom : ce qu'il aime, c'est l'incognito. Ses meilleurs moments sont quand il oublie comment il s'appelle. » Citation de Jean Dubuffet à l'entrée du musée.

maîtrise, en passant quelquefois par des expérimentations qui bravent les conditionnements. Le temps d'une bouffée délirante, prendre des chemins de traverse pour mieux retrouver la grand'route - une toquade, fantaisie d'artiste, que l'on pardonne d'autant plus facilement que les choses reviennent se placer d'elles-mêmes dans l'axe, sans trop dérégler la machine. Mais que l'artiste se perde, ou pire, se retrouve, dans un univers parfaitement désarticulé, incompréhensible à ce qui doit être, à la normalité, au sens commun, et la voilà qui ferait presque injure à l'humanité entière qui elle, sait de quoi elle parle. Il y a des façons de faire qui ne se font pas.

Guo Fengyi peignait « pour savoir » et dans cette inversion, cette atteinte à l'ordre des choses, elle a probablement su l'essentiel. C'est peut-être pour cela, d'ailleurs, qu'elle fut refoulée d'un séminaire sur la peinture chinoise dans son pays natal, considérée non comme artiste mais comme « magicienne », c'est-à-dire comme crapule exaltée, rémanence d'une révolution culturelle qui n'en finit pas. Parce qu'il faut savoir peindre avant de peindre, c'est la loi. Aurait-on idée de faire le Kremlin-Pékin à vélo sans savoir pédaler ? Guo Fengyi, oui, qui peint en roue libre et traverse tous les mondes.

Avant de partir pour le grand voyage, elle a laissé derrière elle un millier de dessins dont la teneur, entre tradition chinoise et médiumnité, se situe loin de toute virtuosité graphique, au-delà du talent et de l'acquis, dans un espace saturé de flux vibratoires. Émettre un jugement sur la forme serait se fourrer le doigt dans l'œil, et profond: on ne raisonne pas avec elle, on n'en a ni le temps ni les moyens, la sensation vous empoigne dès le premier regard. L'onde bourdonne subtilement dans les yeux pour s'enfoncer plus profond dans les canaux, les tubes, les tuyaux de votre anatomie et en imprégner la substance. Et l'on vrombit, *stricto sensu*, touché au cœur de la cellule. Les capteurs s'allument tout seuls pour établir la connexion, s'abandonner aux frémissements énergétiques et laisser respirer la chose en soi.

L'émanation d'un ailleurs ici présent tressaille entre sang et peau, conscience et chimère, à mi-chemin entre la transe et l'étonnement. Un peu comme un retour de chez l'ostéopathe où, à cheval entre deux états, le temps de réajuster son assiette, on se sent marcher à côté de soi-même.

On ne sait pas si c'est beau, si c'est laid, si c'est bien ou mal dessiné, et quand bien même on le saurait, on s'en ficherait comme de colin-tampon. Le mouvement graphique est instinctif, déployé en un dédale de petits traits superposés, souples, gracieux comme des algues ondoyant dans un fluide, drus et lisses comme des cheveux de jais. La ligne se répand, automatique, jusqu'à former des créatures singulières. La palette des encres claque sur des fonds blancs ou s'estompe dans le décor : feuilles à peindre bidouillées par assemblage, puis rouleaux plus cossus, en papier de riz sur soie brochée. D'un trait noir et dense à l'épurement diaphane jaillissent des êtres venus d'ailleurs qui s'étirent toujours plus longs, dans une verticalité luxuriante qui provoque le tournis. Des œuvres allant parfois jusqu'à près de dix mètres de hauteur, exécutées d'une traite, sans étude ni esquisse, partant du centre vers les extrémités. « Le message vient du Ciel […] cela s'accomplit » commente l'intéressée, sorcière bannie des symposiums mais mystique toujours présente au cœur de l'instant. Le trait de Guo Fengyi circule avec rapidité et précision, sans rebrousser chemin ni anticiper, et transcrit, impulsif, généreux, des visions qu'elle rapporte du royaume des nuées.

Allons bon ! nous récrions-nous, une névropathie de plus qu'aucune médecine n'a réussi à juguler. Une folle lâchée dans la nature qui s'exprime en gribouillant ? Rien de nouveau sous le soleil. Mais la démence hallucinatoire n'intervient pas dans le propos de cette femme. C'est autre chose. Une acuité si subtile qu'elle échappe aux filets grossiers emprisonnant notre intelligence. Les sources de l'inspiration, ses mécanismes, sa dynamique et ses métamorphoses sont, par définition, rétives à la capture et à l'embrigadement. L'inspiration est un état de vigilance total, involontaire, intuitif et fulgurant que l'on ne peut calibrer au compteur Geiger ou à l'oscilloscope – la seule mesure est celle du témoignage, oral, écrit, mimé ou dessiné. « *In spiritum* » traduirait l'idée d'avoir Dieu en soi et « une idée est un météore » nous rappelle Victor Hugo[91] qui, en matière d'inspiration, n'était pas en reste (en matière de médiumnité non plus).

Guo Fengyi, arrivée sur le tard au maniement du pinceau, a suivi une trajectoire qui n'a rien de loufoque. Employée d'une entreprise de caoutchouc et de solvants, percluse d'arthrite à la quarantaine au point de ne plus pouvoir travailler, elle s'orienta vers un remède traditionnel, le *qi-gong* (« tchi-koung »), gymnastique respiratoire qui régule, via les méridiens, l'écoulement de l'énergie vitale dans le corps. Cette méthode ancestrale, dense et complexe, dont la maîtrise du souffle constitue la base du processus curatif, a non seulement soulagé son calvaire articulaire mais induit des états de conscience modifiés qui firent que rien ne fut plus comme avant. Guo Fengyi est entrée dans la Voie, celle qui dissout les pesanteurs, éclate les nœuds et conduit à la vérité primordiale. Celle qui se cherche et se trouve à force d'application, de besogne sur soi et d'exercices redoutables dont les apnées prolongées et les sorties parapsychiques en déterminent l'abyssale et cosmique profondeur. La Voie du Tao, unique et authentique, et peut-être, dans le cas de Guo Fengyi, la Voie d'un Tao pittoresque, communicable, syncrétique, peuplé des figures millénaires du panthéon chinois qu'elle offre, à sa façon, au regard confus des ignorants.

Au fil de la méditation, un monde invisible se révèle, comme si la vacance mentale produite par la discipline du souffle et le recueillement avaient aimanté l'au-delà dans son esprit. La nature n'aimant pas le vide, tout ce qui est caché s'annonce et se répand par son entremise. Le dessin surgit comme s'il se déversait, impérieux, forcé par une trop grande pression. A moins que son

---

[91] *Les travailleurs de la mer*, Poche, 2002.

corps ne soit un filtre, une conduite, un corridor où transitent des entités occultes, trop heureuses d'essayer la lumière du réel et de saluer les vivants. Guo Fengyi amorce alors le mouvement du pinceau et découvre l'univers mystérieux qui l'étreint ou la talonne, se met à peindre « pour savoir » - savoir qui la visite, qui la manœuvre, à quoi ressemble la jonction du ciel et de la terre, la source germinale, l'endroit sacré d'où partent les grands influx.

Des visions fusent, des gongs retentissent, des couleurs explosent, une foule d'individus se présente et se bouscule au portillon. Tout cela est tranquillement canalisé par l'artiste, rompue à l'extrême discipline de la respiration, qui n'en recopie que les plus insistants, ou les plus singuliers, ou les plus mémorables. Une vie grouillante se fait connaître et exulte, régénérée par le *qi*, l'air qui circule et renouvelle le corps. Puis le souffle enfermé communique la programmation interne. Ce corps et sa physiologie s'ordonnancent précisément comme une structure d'État, un gouvernement impérial avec ses services, son administration, ses affaires ; ce corps physique réparti en trois « champs de Cinabre » : le palais de Niou-Houan pour la région du cerveau, le palais d'Écarlate pour celle du cœur et celui du nombril jouxtant la Mer du Souffle ; ces champs eux-mêmes sont divisés en sous-provinces, palais, pavillons dirigés par une multitude de dieux (trente-six mille) qui se partagent le commandement des os, du foie, de la rate, de chaque organe, chaque viscère, chaque sécrétion, des ligaments à la plus infime veinule, dans une parfaite hiérarchie protégeant ses royaumes contre les esprits mauvais et les souffles fétides[92]. Le Yin et le Yang à l'ouvrage, énergies livrant bataille sur les points d'acupuncture, déterminées à en découdre, à conquérir des territoires et défendre des positions. L'équilibrage du clair et de l'obscur, du bon et du mauvais, de la santé et de la maladie. Le dieu des articulations de Guo Fengyi a courageusement combattu

---

[92] *Tao-Kiao* dans MASPERO, H., *Le taoïsme et les religions chinoises*, Gallimard, 1971.

les vapeurs infernales de l'usine à solvants, lui décryptant par la même occasion les rouages de sa propre nature, les ripostes de son corps-empire aux citadelles assiégées, ses sensations et ses sentiments, fruits d'une activité interne indépendante mais prête à collaborer avec son propriétaire. Des larves poilues, des êtres hybrides, des impératrices historiques et autres demoiselles légendaires personnifient l'état-major de son propre organisme et les intrus qui l'envahissent. Elles se manifestent au fil des bobines de papier comme les séquences d'un film dont on aurait figé les portraits les plus éloquents. Guo Fengyi peignait « pour savoir » et relayait la connaissance, par bribes, par instantanés.

Le bourdonnement qui vous investit dès la première approche s'atténue avec l'éloignement. Un champ magnétique, hypnogène, exclusif, opère dans un réseau parallèle comme une mise au diapason de toutes les ondes en présence. *Vos oreilles chantent*, et voilà vos sentinelles prévenues : il y a du monde dans le secteur et des transmissions en cours. Sous la lourde poutraison d'un fabuleux petit musée suisse, le pouls du poignet s'accorde aux pulsations cosmiques. Et Guo Fengyi, la Chinoise, sert d'intermédiaire.

Délit de camionnette

Quand on aura fait « disparaître » la prostitution, l'humanité se portera nettement mieux. C'est du moins ce qu'affirme en substance Madame Vallaud-Belkacem[93], ministre déléguée aux Droits des femmes, la cuisse triomphante sous une mini-robe noire et le verbe inspiré de jeune socialiste fraîchement promue aux affaires de l'État. Cette déclaration, qui poursuit en droite ligne les intentions du Gouvernement précédent, souligne la volonté de « protéger les prostituées » tout en les éradiquant. Prouesse qu'il nous tarde de découvrir tant son mystère méthodologique reste à nos yeux impénétrable.

Il y a quelques semaines, des prostituées organisées en collectif ont manifesté à Paris contre de nouvelles mesures restrictives conjointement prises par le préfet sortant (de droite) et le maire de la capitale (socialiste). Dorénavant, les camionnettes utilisées par ces dernières (appelées BMC – bordels mobiles de campagne) seront interdites de stationnement dans le bois de Boulogne, théâtre emblématique du tapin parisien. Ce nouvel arrêté préfectoral renforce la loi de 2003 pour la sécurité intérieure, dite « loi Sarkozy », interdisant le racolage passif et persécutant les trimardeuses par des brimades judiciaires à répétition. Harcelées par les autorités au bois de Vincennes, elles se sont rabattues au bois de Boulogne et nul ne sait dans quelle jungle elles iront atterrir si la traque continue. La bonne conscience féministe parle

---

[93] Elle est aussi porte-parole du Gouvernement Ayrault.

de pénaliser les clients ; la réalité pénalisera surtout ces femmes qui n'auront plus d'autre choix – lorsqu'elles en ont encore un, celui d'être indépendantes – que de se jeter dans les réseaux les plus opaques qui non seulement ne les protégeront pas mais feront encore moins progresser l'humanité. La prostitution est un sujet éminemment complexe et multiforme qui, au-delà des considérations morales émises par le Gouvernement, touche les instincts les plus primitifs de la nature humaine. Les « filles » ne sont pas une catégorie distincte, monolithique, répondant aux mêmes impératifs ou dispositions intimes, elles ne sont pas une couche sociale homogène, une anomalie anthropologique, un groupe systématiquement victime de l'exploitation masculine et crapuleuse. Elles sont, depuis la nuit des temps et dans toutes les sociétés, une réponse à des besoins non canalisés, un exutoire aux frustrations, un contrepoids efficace à certaines pulsions plus violentes qui arrangent souvent tout le monde, y compris les femmes. Son éradication est une lubie d'une naïveté confondante, un projet à la fois chimérique et irresponsable.

Il ne s'agit pas de porter un jugement moral sur cette activité – bien qu'il soit, dissimulé sous un fatras idéologique, le moteur principal des décisions du Gouvernement. La Droite l'assumait du bout des lèvres, la Gauche s'en défend par des argumentaires fallacieux. Le but reste le même : supprimer ces choses que l'on ne saurait voir, que l'on ne saurait comprendre et assumer, parce qu'elles sont sales, dégoutantes, indignes et qu'en ces temps de pudibonderie galopante (les ravages de l'américanisation), force est de rentrer dans le rang. Les aspects sociaux et humanitaires sont mis en exergue bien que pensés avec beaucoup d'hypocrisie et traités avec désinvolture. Le flambeau des Droits de l'Homme, brandi comme une carte de Police, ne justifie qu'une facette de la prostitution mais en condamne une autre, celui du droit à disposer de son propre corps. La simplification dont elle fait l'objet, le tout ramassé en activité répugnante et contrainte, ne pourra aboutir qu'à une prohibition plus impitoyable encore et donc, en marge, à un redoublement du trafic d'êtres humains dans des conditions de plus en plus sordides. Sans compter l'état d'une certaine frange consommatrice qui, pourchassée, punie, castrée, présentera sa facture de testostérone à la collectivité. Cette conception équivaut à vouloir châtier le sexe qui, comme la plante étouffée par le goudron, finit toujours par faire éclater la gangue dans laquelle on la contraint. C'est un fait d'ordre organique, physiologique, terrestre : la nature a horreur du vide et a toujours le dernier mot.

Je ne dis pas que la prostitution est normale en soi, qu'elle est un métier comme un autre. Non. Je me positionne, à titre personnel, sur un plan à la fois éthique, spirituel et hygiénique. C'est un jugement moral, certes, mais c'est surtout un jugement personnel. La tâche du Gouvernement est quant à elle publique, sa mission collective ; elle consiste à veiller au bien de tous et, selon les principes républicains, à garantir à tous une égalité en droits, en mettant de côté la vertu supposée des gens. Qu'on les accepte ou non, il faut être fair-play : les prostituées ne devraient pas être traitées comme des parias au motif qu'elles vendent leur corps. Pour la simple raison aussi que nombre d'entre elles cotisent à l'URSSAF[94], paient leurs impôts et jugulent indirectement ce que le politique sera toujours incapable de juguler. La prostitution est légale mais ses modalités d'exercice, sa publicité et ses réseaux ne le sont pas. Une contradiction qui, en dépit des propositions de lois déphasées de part et d'autre, entretient de dangereux malentendus.

Les prostituées ne forment donc pas un bloc homogène. La grande majorité d'entre elles sont des femmes bien qu'il existe aussi des hommes sur le trottoir, des trav, des trans, des entre-deux, des on ne sait pas trop. Il y a celles qui ont choisi d'exercer ce métier et celles qui y ont été forcées, celles qui le pratiquent à

---

[94] Unions de Recouvrement des cotisations de Sécurité sociale et d'Allocations familiales, délégataires d'un service public, chargées de collecter les « cotisations salariales et patronales destinées à financer le régime général de la Sécurité sociale » en France.

temps plein et celles qui sont occasionnelles. Il y a les miséreuses et les cossues, les Nationales et les Sans-papiers, les Blanches, les Noires et les Jaunes, les disciplinées et les paumées. Il y a les filles de rue, pauvres, laides et souffreteuses, accostant n'importe quel bougre pour une poignée de cerises et il y a les cocottes, opulentes et superbes, dont les rendez-vous triés sur le volet sont tarifés en conséquence. Il y a aussi les salariées, qui turbinent dans les bordels[95] pour le compte d'un tenancier, d'une tenancière, d'une entreprise, d'un ramassis de malfrats analphabètes ou d'une organisation internationale. Il y a un peu de tout dans cette profession, nébuleuse hétéroclite, réservoir grouillant et bigarré où l'on peut trouver à peu près tout ce qu'on y cherche, des mineures aux grand-mères, du sordide au pimpant, à condition d'être un peu circonspect si l'on veut se garder d'une chaude-pisse, d'un coup de poing ou de l'opprobre générale.

Dans l'Antiquité, la Mésopotamie – ou ce qu'on appelle aujourd'hui l'Irak, berceau de la civilisation – connaissait déjà la retape. Certains historiens parlent de prostitution sacrée, de ces femmes stériles impropres à marier que l'on casait dans les temples pour qu'elles deviennent l'épouse de tous, au service des déesses de la fertilité. L'union des hommes, et même du souverain, avec ces femmes consacrées permettait en même temps d'assurer l'abondance des récoltes et la fécondité des troupeaux. La prostitution essaima du sanctuaire aux tavernes voisines, puis aux rues, faisant jouir ainsi la population des bienfaits d'une bénédiction divine. L'Étrurie – ou la Toscane actuelle – voyait les choses autrement. Les jeunes femmes libres ne rechignaient pas à vendre leurs corps pour se constituer une dot, gage d'un bon mariage, à la stupéfaction des Grecs qui, d'abord horrifiés par ces usages, se lancèrent par la suite dans le maquereautage d'État sous le règne de Solon, fondateur de la démocratie (VIème siècle av. J.-

---

[95] Les maisons closes sont interdites en France depuis la loi Marthe Richard de 1946.

C.). Des établissements municipaux puis particuliers fleurirent dans la cité, ces derniers, nombreux, soumis à des licences grassement monnayables et à une fiscalité du même genre.

Dans un registre plus distingué, les hétaïres, prostituées instruites et proches du pouvoir, pouvaient comme Phryné ou Aspasie, influer sur la politique athénienne et servir de muses aux plus grands artistes. Les moyens dont elles disposaient grâce à leurs charmes leur permettaient des caprices et des chantages au plus haut niveau de l'État. Rome n'était pas en reste et malgré l'infamie flottant sur leur tête, les filles de joie, esclaves pour la plupart issues des butins de guerre, alimentaient les revenus de l'Empire par des taxes et des impôts particulièrement conséquents.

Il n'y a guère que les Hébreux pour renâcler, pour interdire haut et fort la prostitution de leurs femmes. Bas et discrètement, il y eut bien sûr quelques entailles dans le contrat. Toutefois, la prostitution était parfaitement licite chez les autres, les étrangères, les non élues, qui pouvaient s'y adonner sans limites du moment que la souillure épargnait la matrice de leur peuple. Jésus, le rebelle, bouscula les mentalités en respectant ces femmes qu'il traitait avec douceur et commisération ; si elles étaient coupables d'un grave péché, elles pouvaient toujours faire pénitence et trouver leur salut par la foi. Tout outrage ou abjection étaient rachetés par l'espérance et les actes, le Christ laissant toujours une porte ouverte aux êtres de bonne volonté, au-delà de leur nature et de leur race. La fameuse Marie-Madeleine que la Tradition considère comme le prototype de la putain repentie – la « pécheresse » au sens plein du terme – devint l'une de ses plus fidèles disciples et eut l'insigne honneur d'être le premier témoin de sa résurrection. Une autre chrétienne, sainte Marie l'Égyptienne qui, avant de devenir ermite dans le désert et d'être vénérée par des générations de moines et de pontifes, mena une vie de débauche dans les bastringues les plus crasseux d'Alexandrie. Se prostituer était une sérieuse faute morale mais celle-ci n'était jamais indélébile.

Le Moyen-Âge condamnait moralement la catin tout en en disposant à son aise, de manière lucrative et ce, afin de préserver l'ordre public. Certains monastères étaient pourvus de bordels (moyen médiéval de prévenir l'homosexualité) dont on tirait de coquets dividendes ; les femmes pouvaient ensuite faire d'un lieu double emploi puisque la case départ et la case arrivée se confondaient, pour l'exercice de leur turpitude et pour leur repentance. La plupart d'entre elles étaient faméliques : servantes engrossées, épouses rejetées, veuves sans ressources, gamines pauvres violées en tournante par des bandes qui traînaient de quartier en quartier. Les villes et les seigneurs prirent des dispositions de « santé publique » par la création d'établissements spécialisés... et rentables. Saint Thomas d'Aquin affirmait que la prostitution était un moindre mal dans la mesure où celle-ci épargnait les honnêtes femmes des violences de certains obsédés.

À la Renaissance, une prostitution de bon ton eut son heure de prestige sous les traits de courtisanes en vue, intellectuelles réputées et inspiratrices de poètes et de peintres – Vannoza Cattanei, tôlière bien née d'un réseau d'auberges devenue maîtresse du pape pendant quinze ans tout en enchaînant quelques mariages en parallèle ; Tullia d'Aragon qui sut se placer parmi les bourses les plus fournies de Rome et de Venise, ou encore Veronica Franco, gracieuse Vénitienne aux relations utiles, qui emplit sa cassette des largesses de ses prétendants, du bourgeois anonymes au roi de France. Dieu merci, ces dames purent racheter leur inconduite par les bonnes œuvres et le couvent.

Les siècles suivants resserrèrent les vis. La conjoncture économique de plus en plus difficile jeta des milliers de pauvresses dans les rues, sans ressources sinon celles de se résigner à tourner en ribaudes. Sous Louis XIV, on les envoyait au mouroir de la Salpêtrière, les femmes du peuple ne pouvant espérer s'affranchir de leur nature, par définition bestiale, tandis que les demoiselles de meilleure condition tâtaient encore du cloître pour se mieux contrir.

L'Angleterre déportait ses coureuses aux Antilles parce qu'on ne pouvait pas encore les mettre sur orbite. Partout, clercs et magistrats pointaient l'ignominie de ces créatures, la bienséance exigeant de chaque femme de ne pas déroger à sa fonction nourricière. Plus tard, Ninon de Lenclos eut beau être femme de lettres et d'esprit, elle ne s'attacha pas moins aux meilleurs payeurs, qu'ils fussent princes ou chanoines, et empila une jolie fortune qu'elle usa par la suite pour aider des « humanistes » en retour. Les Lumières ont aussi leur part de crapulerie et de franches ténèbres que l'on garde encore jalousement dans l'ombre. Au cours du XVIIIème siècle, le libertinage s'accrut comme une gloire à la Cour, chez de nombreux aristocrates dont les seuls faits d'armes consistaient à forniquer au tout venant, poussant parfois la dépravation au-delà du soutenable – art de vivre porté si ostensiblement que de la pute, de la putride ou de la marquise, on ne pouvait trancher. Avec la montée de la bourgeoisie rougeaude et ventrue, le XIXème siècle, qui souhaitait une façade bien propre, enferma les prostituées dans des maisons de rendez-vous, histoire de déniaiser en cachette ses rejetons et de couvrir ses relâchements. Le stupre ambulant étant inadmissible pour les gens convenables, on le confinait pour mieux s'y défouler. Obscènes, vomies par une société maniaque des apparences, les filles de joie ravirent pourtant les artistes qui les délivrèrent de leurs clôtures pour les exhiber sur des toiles, les couler dans le bronze ou les exalter dans des poèmes et des romans. Aujourd'hui, l'idéalisation compulsive de la maison close avec son cheptel de vénus aussi ravissantes qu'adorables occulte les aspects beaucoup moins jolis que les filles de l'époque devaient endurer. Il arrivait que des cocottes plus chanceuses se transforment en vedettes – telle Valtesse de La Bigne, demi-mondaine qui passa du trottoir au théâtre, et du théâtre à l'écriture tout en accumulant une clientèle titrée et prodigue. Mais la réglementation était stricte, en proportion du milieu d'où sortaient ces donzelles et de l'opulence des amateurs.

L'époque contemporaine a vu éclater les revendications individualistes et libertaires où la prostituée s'est mise à assumer fièrement son statut, battant le pavé pour sa reconnaissance et le droit d'user de son corps comme elle l'entendait. D'un côté, les soutifs aux ordures, de l'autre, la guêpière en sautoir. Des babas à cuissardes en vinyle aux ménesses échevelées et poilues, le féminisme militant fusionnait malgré lui avec la sujétion sexuelle et productive. L'épisode Madame Claude, dans un registre opposé, flattait le bon goût élitiste, excédé par la figure brouillonne et hystérique de la putain incontrôlable. Cette mère maquerelle des plus chics, élevée chez les Visitandines, commença sa carrière en vendant des bibles. Elle s'acoquina par la suite à un truand qui l'initia au commerce de gros et pourvut de son gynécée – environ cinq cents jeunes femmes de type mannequin – chefs d'État et hommes d'affaires, non sans avoir au préalable façonné ces odalisques aux goûts de ces consommateurs exigeants : chirurgie esthétique, robes de couturiers, bijoux de la place Vendôme et maîtrise de l'étiquette. On se bousculait pour faire partie de son cheptel qui ouvrait, via l'horizontalité, d'honorables et juteuses perspectives. Se prostituer… passons… mais pas avec n'importe qui et pas n'importe comment. Toujours, ce goût de la façade, du placement, du vernis respectable pour cacher la misère, le déséquilibre et l'avidité. Autant de bonnes manières qui masquent le verdâtre et comblent le vide. « Rendre le vice joli » se flattait Madame Claude. Elle prélevait 25% des passes, lui garantissant ainsi un joli pactole en bout de course et une solide renommée dans les cercles les plus prestigieux.

Plus spontanée et avec un sens de la droiture non exempt d'une certaine noblesse, Grisélidis Réal, icône genevoise de la prostitution assumée, marqua les années 70 en menant une « révolution » pour normaliser son statut et celui de ses pairs. Ayant délibérément choisi d'en faire son métier en complément d'une activité de peintre (diplômée des Arts décoratifs de Zürich) et d'écrivain (huit livres publiés), elle insistait sur le rôle social de la prostitution et son effet régulateur de la détresse humaine. Les vicissitudes de son existence (trente ans de racolage, prison, quatre enfants, onze avortements) lui apprirent justement à ne plus faire de manières ni à se cacher sous des oripeaux. Elle refusait de se laisser infantiliser, taxer de victime ou d'irresponsable par les paternalismes de tout bord ; pas plus victime ou irresponsable, concédons-le, qu'une épouse entretenue par son mari ou qu'une marie-couche-toi-là devenue femme libérée par émancipation sexuelle. Le combat de Grisélidis Réal avait le mérite de tendre vers l'honnêteté et de ne s'encombrer ni d'enjolivures ni de jérémiades. Elle s'impliquait concrètement pour faire bouger les lignes, celles de l'indépendance[96].

Dans une version légale, astiquée et petite-bourgeoise, Madame Lisa, mariée, mère de famille et patronne du *Venusia*, « salon érotique » (boxon-spa) au cœur de Genève, est une femme comblée. Ici, on ne s'embarrasse pas de considérations morales et existentielles. Les affaires tournent, les enfants vont à l'école, le mari est fier de la réussite de sa femme et tout est bien dans le meilleur des mondes. La publicité placardée dans la ville a montré que le bordel avait des ambitions et qu'un peu d'humour, un brin vulgaire, boosterait le tiroir-caisse. Une image de pipe en bois (dès 160 CHF) avait été interdite d'affichage: elle impliquait indirectement la promotion du tabac. Qu'à cela ne tienne, vite remplacée par une moule au même prix, l'affiche fit parler d'elle et toucha son public. Au *Venusia*, le pôle marketing est en béton armé, le service juridique très efficace. À quand Madame Lisa intronisée au Rotary ? Petit bémol toutefois qui chiffonne les affaires de la bordelière : ses ex-compatriotes, prostituées frontalières, inondent le marché suisse à cause du durcissement de

---

[96] Association Aspasie à Genève.

la réglementation française, ravie de se dépouiller sans effort de la vermine qu'elle souhaite éradiquer. La concurrence joue sur un tableau moins maîtrisable – celui du tapin sauvage – et exaspère cette chef d'entreprise qui n'hésite pas à clamer son bon droit haut et fort.

En France, comme tout est toujours plus compliqué qu'ailleurs, le débat national sur la prostitution (quasi-inexistant) se partage entre deux points de vue : l'abolir ou la réglementer. *Réglementer* signifie ici réouvrir les maisons closes et salarier leurs « hôtesses ». Le statut de « travailleuse indépendante » semble exclu, au grand dam des intéressées qui, soit dit en passant, n'ont jamais voix au chapitre. Alternative visiblement immorale pour les pouvoirs publics, scandaleuse pour les défenseurs de la prohibition et des droits de la femme. Sans oublier qu'elle est surtout ruineuse pour le commerce parallèle. Une pute indépendante et affranchie, c'est insupportable. Il semble qu'autorités, féministes et marlous se rejoignent sur la question. On préfère encore mettre la poussière sous le tapis ou s'en débarrasser discrètement dans des réseaux hors-frontières. Mieux encore, pourquoi ne pas les rééduquer, version Lumières et Droits de l'Homme, pour en faire des citoyennes obligées et orientées dans le sens de la marche ? Fantasme, utopie et déni de la réalité.

En attendant, les autonomes – celles qui se déclarent comme « masseuses » ou n'importe quoi d'autre pour pouvoir exercer sans souteneur - se font rafler, verbaliser leur camionnette, confisquer leurs papiers et leurs préservatifs, garder à vue de façon abusive, agresser par à peu près tout le monde, violer, stigmatiser, interdire de déposer plainte, de prendre un avocat et bien d'autres tracasseries soulevant peu d'intérêt parmi les chantres de la liberté.

On refile, en se bouchant le nez et en fermant les yeux, la patate chaude aux filières de l'Est, d'Afrique ou d'Asie, qui administrent tout cela d'une main experte, érigeant le proxénétisme au rang de valeur industrielle et commerciale, un des rares secteurs de l'économie qui ne connaisse pas la crise. À Paris, le trafic déverse son lot de Roumaines, de Chinoises et de Sub-Sahariennes entre le bois de Boulogne, Belleville, Barbès et les boulevards extérieurs, leur laissant le choix entre troncs d'arbres, fourrés, cage d'escalier et local à poubelles. Pour les mieux lotis, chambres crasseuses et studios surpeuplés leur sont loués le temps de la galipette. Des mamas nigérianes aux rustauds des Carpathes, en passant par Dodo la Saumure et le banditisme à col blanc, les spécialistes de l'exploitation sexuelle engrangent leurs bénéfices. Les démanteleurs, dont les coudées franches et les moyens sont quelque peu entravés par des intérêts supérieurs, disloquent une quarantaine de réseaux par an, réseaux qui se réorganisent en sourdine au bout de quelques mois via des filières transversales.

En matière de lutte contre le trafic, la volonté politique est toujours aussi tiède et l'on se demande, au bout du compte, à qui profite le crime et dans quelle mesure ce trafic n'arrangerait pas les milieux officiels. Avant d'attaquer les filles et les clients lambda, ne faudrait-il pas faire le tri dans ses propres rangs où la moralité, en matière de civisme et d'exemple, est des plus élastiques ? Les victimes de ce trafic, souvent droguées, battues et tenues à la gorge, ne sont plus que bétail à rendement. La traite des êtres humains engraisse une économie parallèle, très rémunératrice, dont quelques édiles, policiers et commis de l'État tirent discrètement profit au passage. La filière des ripoux, qui est tout sauf un mythe, reste encore d'avenir.

La prostitution de luxe, malgré son poudrier or mat et sa blondeur de chez Alexandre, draine le même genre de fumet sous une giclée de parfum. La *call-girl* (ou l'*escort-girl*) est jolie, bien roulée, polyglotte et instruite – un zeste d'urbanité pour les dîners d'affaires. Elle n'en demeure pas moins une « poule », une « pouf », une « peau » racolant via l'écran d'ordinateur ou le téléphone portable. Elle appartient à un(e) proxénète ou exerce en libéral sous une activité d'emprunt, est issue des classes moyennes, en fait réellement son métier ou le pratique occasionnellement pour arrondir ses fins de mois.

Tout le monde a entendu parler de ces étudiantes qui se prostituent pour mettre fin à leur précarité, phénomène récent ici, quoique marginal, malgré le battage médiatique. Moins fatigant et plus rentable que trimer le soir au Mac Do, vendre le dimanche des poireaux au marché ou livrer des pizzas trente heures par semaine, le tapin permet d'acheter des livres, de mettre de l'argent de côté et de vivre confortablement tout en consacrant du temps à ses études. Selon les témoignages, certaines trouvent que c'est « sympa » et qu'après tout « un corps n'est qu'un corps », qu'il est toujours moins difficile d'en faire commerce que de s'épuiser pour des cacahuètes. Une passe nécessitera moins de temps et de dépense physique, et surtout, restera financièrement beaucoup plus attrayante. Le porno à la chaîne, la banalisation des déviances et des pratiques extrêmes, le « tout se vaut » étayent ce genre de raisonnement et de conduite, débarrassés des scrupules de base. Sauf qu'un beau matin, la jeune fille se réveillera avec la gueule de bois. Ce fric rapide qui semblait si simple à gagner deviendra un poids, un boulet, une prison. Elle se rendra compte, les yeux enfin grand ouverts, qu'elle est devenue une pute, une vraie. Elle se demandera alors si une licence de droit vaut vraiment la peine que l'on y perde le sentiment de sa dignité.

La question est là, d'ailleurs, de savoir ce qui pousse ces femmes à vendre leur corps. Le manque de moyens, bien sûr, mais pas seulement. Toutes les personnes socialement défavorisées ne se prostituent pas alors pourquoi certaines s'y résignent et d'autres non ? L'équation pauvreté-prostitution n'est pas d'une logique imparable. Même si une grande partie de ces femmes viennent de milieux très modestes, y sont contraintes ou maintenues de force par des filières, un conjoint ou un parent, l'autre partie s'y adonne en l'assumant plus ou moins – et plutôt moins que plus – par facilité, valeurs confuses, faiblesse psychologique ou franche prédilection. Cette dernière étant avérée et pas si rare, n'en déplaisent à l'angélisme ambiant et à ceux qui renvoient tout à la misère. Il existe partout, dans tous les milieux sociaux, des repères vacillants et fragiles, des valeurs inexistantes, des lacunes de transmission ou d'éducation qui font que l'échelle de la dignité humaine se conjuguera sur un autre mode. Chez les uns, la sexualité sera sanctuarisée, chez les autres elle sera utilisée comme un moyen d'appartenance, une manière de s'affirmer, de s'identifier, d'arriver ou de se construire une personnalité. L'estime de soi, la confiance et l'effort de discipline que l'on est capable de mettre en œuvre, à un moment ou à un autre de sa vie, feront que l'on capitulera ou non. Cela bouscule les grands principes humanistes, philanthropiques et blablateux, mais c'est comme ça. Dans la vraie vie, il y a la théorie et il y a la réalité.

Qu'on les juge ou non, qu'elles nous gênent ou pas, elles sont et resteront comme une institution. À la fois fascinante et repoussante, la figure de la prostituée balance entre image d'Épinal, caricature colorée de la putain au grand cœur, et arcanes ignobles d'une humanité réduite à un consommable. Les mamans et leurs poussettes qui slaloment sur les trottoirs entre les préservatifs usagés, la faune interlope attirée par les relents en tous genres, la circulation de la came et de la dope, les règlements de compte entre petites frappes, l'étalage dégoulinant de chair, de latex, de plastoc, les réseaux sordides, les visages bouffis, les regards glauques. Le sida. La belle société que voilà et qui nous torture les méninges.

Les abolitionnistes ne transigent pas : non, la prostitution n'est pas une fatalité, c'est un état inacceptable contre lequel il faut lutter. L'objectif est de refréner son développement jusqu'à complète disparition. Il s'agit d'une entreprise qui devrait être menée de façon conjointe et à l'échelle planétaire.

Il va falloir être efficace pour aligner tout le monde sur les mêmes exigences. L'ONU n'a-t-elle pas reconnu la prostitution comme une « forme persistante d'esclavage » ? Qu'en vertu du « respect des Droits de l'Homme », celle-ci devrait être supprimée ? Les Nations-Unies ont tranché cela en 1983 : il s'agit d'une « atteinte aux droits de la liberté et à l'intégrité physique et morale ». Considération bien péremptoire et surtout arbitraire parce que justement, certaines prostituées clament le contraire : elles le sont par décision personnelle et cela ne perturbe en rien leur intégrité, quelle qu'elle soit. Elles demandent à exercer ce métier librement sans qu'un organisme flou et lointain ne vienne décider à leur place ce qui est bon ou mauvais pour elles. C'est curieux comme on ne les écoute jamais. Cette assertion d' « atteinte aux droits de la liberté » est une formule administrative, rituelle, à la limite de la propagande, qui leur confisque précisément tout droit à la liberté. Le corps n'est pas commercialisable, un point c'est tout. Et si certaines femmes considèrent qu'elles peuvent vendre leur corps parce que leur corps est, selon elles, incorruptibles et bien non, elles se trompent. Et pour qu'elles retrouvent le chemin de la vérité, pour que leur nature de femme soit enfin replacée dans l'ordre juste, la normalité juste, il faut les éduquer ou les rééduquer, elles et leur entourage, elles et leurs descendants. C'est aussi simple que cela. Comment ?

1) En apprenant aux enfants à respecter les autres. (On s'y emploie déjà depuis longtemps mais il semblerait que chaque enfant ait une trajectoire qui n'est pas aussi rectiligne que prévue.)

2) En apprenant aux enfants à respecter l'égalité des sexes. (Oui, mais le féminin et le masculin sont deux choses différentes et inégales par définition mais complémentaires, la théorie du *gender* n'étant qu'un nouvel endoctrinement. À moins que la biologie ne soit reconnue comme discipline machiste et fascisante.)

3) En contraignant les médias à traiter la prostitution sans verser dans le voyeurisme et la grosse blague. (En effet mais *quid* de la liberté d'expression, sans parler de l'audimat et des impératifs commerciaux ?)

4) En exigeant que tous les peuples de la terre se développent et collaborent entre eux. (Je rêve aussi, comme le gentil John Lennon, de cette grande ronde où tout le monde se donnerait la main mais la technique de la ronde impeccable à quatorze milliards de mains n'a pas encore été inventée.)

Des « il faut qu'on », des « on devrait » sont jetés pêle-mêle dans la marmite des solutions mais toute cette humanité ne facilite guère les choses, *a fortiori* quand celle-ci présente des intérêts divergents. Le problème avec l'humanité, c'est l'humanité elle-même. À moins de la mettre au pas, ce qui ferait place nette, mais il est entendu aussi que les systèmes trop cadrés enfantent des sociétés encore plus monstrueuses.

Il y a quelque chose de tellement illusoire dans cette projection, de tellement utopique. Et de redoutable aussi, par le totalitarisme qu'elle sous-tend. Pourtant, le Gouvernement français y croit ou fait semblant d'y croire. Et la question revient, inexorable : comment faire ? Et la réponse jaillit, évidente: comme les Suédois, en pénalisant d'abord les clients. Cette manie de toujours citer en exemple les pays scandinaves comme si là-bas, tout sentait la rose. Allez donc faire un tour derrière la façade. Les trafiquants ont contourné le problème et les affaires marchent toujours aussi bien. Quant aux prostituées, elles dégringolent dans un état de plus en précaire.

La prostitution est un fait, une réalité dont on ne pourra jamais se débarrasser tant que l'homme sera homme, la femme, femme et la nature humaine, humaine. C'est triste et déplorable mais c'est ainsi. Toutes les parlotes et les idéologies du monde n'y changeront rien. On ne raye pas d'un trait de plume une activité aussi intrinsèquement liée à la complexion humaine. Soutenir, aider, prévenir, accompagner restent les seuls moyens réalistes pour défendre les droits des prostituées et leur santé. C'est ce que la société peut encore faire de mieux, à condition de les regarder comme des êtres vivants et non comme du rebut.

Ces femmes ont toujours le visage abîmé. Pauvre, riche, jolie ou laide, indépendante ou soumise, elles dégagent une sensation de brisé quelque part, une dislocation intérieure que toute tentative de recollage rend encore plus perceptible. Comme si le corps, l'esprit et l'âme n'arrivaient pas à se rejoindre et à s'aligner dans l'axe. Pour compliquer le tout, on les tourmente, on les tarabuste, on leur crache dessus. A-t-on vraiment conscience qu'elles peuvent être précieuses ?

Les grandes gesticulations sur leur disparition ne sont que mépris à leur égard et méandres technocratiques. Elles n'aboutiront à rien d'autre qu'à un énorme système autoritaire et hypocrite qui n'arrangera rien. Certaines associations luttent contre cette frénésie prohibitionniste et réclament expressément les mêmes droits que tous les autres travailleurs, l'indépendance d'exercer ce métier ouvertement, légalement, en profession libérale, avec sécurité sociale et droit à la retraite. Elles vont même jusqu'à défendre le proxénétisme déclaré au nom de la liberté d'entreprendre, la liberté d'y souscrire, et la liberté d'être maître de son corps et de son destin. Faut-il les bâillonner pour qu'elles se taisent ? Faut-il leur dénier cette revendication légitime ?

À moins qu'il soit préférable pour l'humanité que l'amour et le sexe se déclinent sur un mode plus technologique. Pour cela, il faudra attendre une quarantaine d'années pour que l'androïde sexuel soit disponible sur le marché. Là, plus de femme en chair et en os avec de vraies odeurs, une vraie chaleur et une vraie voix mais un robot à tête d'Australienne, d'Indonésienne ou de Bantoue, qui fera sa besogne sagement et proprement, sans risquer d'infecter ou de culpabiliser la clientèle. Il paraît qu'avec ce genre de palliatif high-tech, le trafic diminuera et la violence disparaîtra. Mais n''a-t-on pas envisagé que la vraie femme, dont on achetait autrefois les charmes, se transformera alors en denrée rare, infiniment désirable et donc éperdument recherchée ? N'a-t-on pas envisagé que ce désir-là pourrait devenir une boîte de pandore et faire perdurer le trafic des plus faibles, voire l'amplifier dans des conditions toujours plus abominables? Mais enfin, qu'avons-nous dans la tête ? Du plastique froid et un logiciel rayé ?

Et si après n'était pas pire qu'avant ?

La querelle des Classiques et des Modernes, menée au XVIIème siècle à l'Académie française par deux clans rivaux[97], opposait les défenseurs d'une imitation respectueuse des Anciens aux partisans d'une création plus novatrice. Si la divergence ne souffrait pas de compromis, elle ouvrait un débat sur les qualités respectives de telle ou telle façon de faire - toujours meilleure que celle de l'autre - censées déboucher *in fine* sur des arts accomplis, représentatifs du « génie français » et assumant sans complexe son rôle grave et providentiel de fleuron de l'esprit sur les terres civilisées. Dans cette lutte implacable, les deux camps trouvaient néanmoins un unique point d'accord en la personne du roi, dont le clinquant n'en tolérait que mieux une ignoble servilité, parfaitement assumée par les compétiteurs. Les hostilités reprenaient de plus belle quand l'astre emperruqué passait son chemin, laissant ses courtisans cupides retourner à leurs manigances.

Outre le contexte psychologique (qui a peu évolué depuis Louis XIV), l'antagonisme entre le neuf et le vieux suscite toujours des controverses. Même si l'on doit, de nos jours, moduler nos positions en puisant de part et d'autre les éléments capables de soutenir un jugement cohérent, le clivage demeure entre les adeptes du passé et les adeptes de l'avenir, entre la tentation rassurante du suivisme et celle, plus aventureuse, de l'originalité.

---

[97] Celui du conservateur Boileau avec, entre autres, Racine, La Fontaine et Fénelon, face à celui du progressiste Perrault avec Fontenelle, Bayle et Scudéry. Soit *Longin* contre le *Chat botté*.

Plus jeune, je m'étais dit que le jour où ma vision du monde se conclurait par un « c'était mieux avant », j'aurais définitivement basculé dans l'orbite des vieux schnoques. Ce qui ne manqua pas d'arriver en feuilletant récemment un manuel de philo, d'une pauvreté alarmante en comparaison du pavé de ma lointaine Terminale A. Je me surpris à persifler les taux record de réussite au bac, probablement dus aux pratiques véreuses d'un corps enseignant faiblard qui incarnait, pour le pire, la médiocrité des écoles et des universités françaises. Je constatai, accablée, une situation nationale accablante : des professeurs nuls formaient des élèves nuls dans des établissements nuls. La nullité devenait la norme de mon pays et j'en jetai la faute aux nouvelles générations, forcément plus nivelées par le bas que la mienne, qui avaient cru bon de céder au moindre effort quand leurs aînés avaient déjà stérilisé le terrain. Nous avions atterri, par facilité et par flemme, dans une sorte de toundra culturelle qui nous promettait, dans les prochaines décades, un hiver sibérien de la francophonie. C'est ainsi que je me vis, à quarante-deux ans, parfaitement établie sur orbite.

Je ne sais si ce sentiment relève d'une perception plus aiguë des limites de l'existence ou d'un ralentissement général des facultés d'adaptation mais la certitude que le « bon temps » n'appartient qu'au passé a vite fait de tronquer les perspectives. Pour adoucir ma cruelle désillusion et l'infamie de me retrouver du côté des clampins, je me rappelai l'amusement ressenti, étudiante, aux propos d'un vieux bouc sur la tragique évolution de la peinture à l'huile. Ce bretonnant obsessionnel, professeur aux Beaux-Arts de Rennes et chantre d'une culture celtique purifiée de toute trace étrangère[98], jugeait la peinture actuelle arrivée à son crépuscule, conséquence d'un long déclin de la grande tradition des écoles du Nord. Les Italiens - qui sentaient leur bougnoule - avaient peu à

---

[98] LANGLAIS, X. de, *La technique de la peinture à l'huile*, Flammarion, 1959. Bien qu'il n'ait pas été notre professeur direct à Paris, Langlais, même controversé, restait incontournable à l'époque et son ouvrage, une bible pour les étudiants.

peu infecté la pureté flamande en opacifiant la pâte pour parvenir en fin de chaîne au dernier représentant du métier encore à peu près acceptable : le Titien (+ 1576). Après lui, la décadence entamait son lent travail de sape à coups de toiles trop flexibles, d'essences trop volatiles, d'enduits trop gras et d'abus d'huile, le tout couronné d'une maladresse de barbouilleurs. La Révolution, en fermant les académies, avait accéléré l'agonie et interrompu la transmission, ôtant aux élèves la possibilité de travailler selon les règles de l'art. La suite avait donné une génération de « bitumeurs »[99], prompts à dégainer leur goudron aussi vite que leur ombre et à bousiller ainsi leurs œuvres. Suivait encore, selon l'expertise de notre éminent barbon, une clique de pauvres types tout à fait incapables - les impressionnistes - qui, à force de courir après le fantasme de la matité à tout prix, avaient offert au monde son lot de croûtes exagérément ternes dont la matière, pétrie avec des couleurs tout droit sorties du tube, était aussi friable qu'un vieux sablé rassis. La peinture contemporaine illustrait pour finir les gogues de l'arrière-cour vers lequel l'illustre pédagogue ne jetait qu'un regard de dédain, estimant que l'esthétique et l'idéologie n'étaient que fariboles devant la vérité des savoir-faire d'antan.

Le ton du maître nous faisait rigoler, mais ses remarques, pour excessives qu'elles fussent, avaient une réalité indéniable que nous touchions tous les jours du doigt. L'ancienne manière paraissait toujours plus solide et aboutie, plus pérenne aussi, que les dernières lubies du dernier « plasticien » à la mode dont les œuvres, à l'exécution hâtive, étaient appelées à s'encroûter dans de trop brefs délais. L'art (noble, par définition) opposé à l'artisanat (considéré comme populaire) justifiait toutes les foutaises. On vit défiler, incrédules, des œuvres aussi mal fichues que dénuées d'intérêt. Pendant qu'un vestige d'ouvriers à gros doigts trimait

---

[99] Peintres du XIXème siècle qui utilisaient le bitume de Judée pour donner à leurs ombres une chaude nuance brun-roux. On disait que cet hydrocarbure d'altération du pétrole (appelé aussi *asphalte d'Arabie, gomme des funérailles, succin de Sodome*, etc.) ne séchait pas et faisait « larmoyer » (gercer) les couches supérieures de peinture. Au cours des ans, ces dernières viraient au noir fumeux et en « peau de crocodile ».

sur la ferraille d'un établi pour fignoler des trésors de délicatesse, les Ârtistes, fringués comme des *traders* et totalement hermétiques à la belle ouvrage, conceptualisaient une imagerie précaire inaccessible au commun. Être abscons témoignait par principe d'un véritable talent même si celui-ci, hautement relatif, s'approchait davantage de la fraude que du prodige. N'a-t-on vu parader ces nouveaux génies, aussi fugaces qu'insupportables, motivant leurs gribouillis d'un interminable baratin dont personne n'était dupe mais qui, bizarrement, justifiait une valeur marchande frôlant l'obscénité. La querelle des Anciens et des Modernes, avec la lutte des classes en bonus, tournait encore à plein régime dans nos réflexes conditionnés qui, au fur et à mesure des années de formation, s'orientaient inexorablement vers les valeurs sûres. Après avoir tergiversé, force était de s'incliner devant l'imparable évidence : oui, c'était mieux autrefois. Et certains d'entre nous avaient à peine vingt ans.

Ce constat objectif sur la qualité matérielle des œuvres pourra difficilement être mis en doute sauf, peut-être, par des arguments rationnels tels que les conditions de conservation - soumises à l'environnement – échappant en partie à la volonté humaine. La qualité tangible, concrète, n'est ou n'est pas ; elle ne fraye jamais avec le goût ou les considérations émotionnelles de l'observateur. Si la trogne d'un Minotaure du XXème siècle ne nous revient pas, celle qu'il promène sur les amphores à figures noires cinq siècles avant notre ère risque de nous contrarier tout autant. Si l'on s'en tient au réalisme de la figuration, notre jugement sera là arbitraire quand celui de la facture ne souffrira pas, ou presque pas, la moindre critique. On ne traverse pas deux mille cinq cents ans d'histoire de l'art sans un soupçon d'assurance sur ce que l'on vaut. En blâmerait-on un Picasso qui, en s'appropriant les tracés primitifs et en les explorant jusqu'aux derniers recoins, sut infuser un souffle tonique venu d'en-haut et « ayant enfin « rencontré » la *peinture, qui jusques à lui fut, à toutes les époques, décorative et religieuse* » en fit « *un art plaisant comme la poésie chantée des aèdes et des troubadours.* »[100]? Son art, qu'il nous plaise ou non, devrait pourtant nous réconcilier sur sa composante essentielle : la qualité de sa mise en œuvre, la maîtrise de ses matériaux. L'art est ceci et cela mais il n'est surtout pas « torchage » à la va-comme-je-te-pousse. L'esthétique est tout autre chose, aussi variable que nos humeurs.

Mais sortons des nuées et des jacasseries de salon pour revenir sur la terre ferme, dans la réalité des gens soumis de plein fouet à la question du « c'était mieux avant ou pas ». Quand une grand-mère s'épouvante du monde dans lequel nous vivons désormais, opposant sa jeunesse plus heureuse, plus saine et plus vaillante aux générations nouvelles, mal élevées, paresseuses et sans valeurs, on est en droit de se demander si traverser la France en 40 sur une charrette à bras est plus enviable qu'aller toucher son RSA au guichet d'une CAF de banlieue sinistrée[101]. Peut-être faudrait-il définir au préalable, afin de pouvoir discuter, les critères effectifs d'une bonne qualité de vie. Se nourrir et se soigner sans devoir l'implorer paraît le b.a.-ba d'une condition humaine normale ; les personnes âgées s'en satisferont quand les plus jeunes jugeront la restriction invivable - du moins ici, en Europe occidentale, dans la classe moyenne. Est-ce la vieillesse dont l'ossature, cassable comme le verre, nous fait physiologiquement comprendre qu'il faut jouir et rendre grâces aux quelques plaisirs encore disponibles en rayon ? Est-ce l'ombre de la faux, de plus en plus couvrante, qui tempère les exigences et stimule la lucidité ? La bêtise et l'inexpérience des jeunes pousses, doublées d'une vitalité hormonale et d'une espérance un peu niaise, agiraient-elles en sens inverse, vers une vision des choses beaucoup trop saturée, presque trop « vivante » ? C'était mieux avant parce qu'on était jeune, ignorant, novice et bourré d'énergie. C'était mieux avant parce que nos organes étaient intacts, opérationnels, et que l'idée de la mort,

---

[100] BOSCHÈRE, J. de, *Goéland*, mars 1951.

[101] RSA (revenu de solidarité active) et CAF (caisse d'allocations familiales).

de notre propre mort, n'existait qu'à l'état vaporeux. D'ailleurs, cet argument ne tient même pas, *a fortiori* lorsqu'on grandit sous les obus et les massacres. Alors quoi ? Pour quelles raisons, de Socrate au café du commerce, cette rengaine nous poursuit-elle ?

Parce que, et c'est un fait sensible, il semble que nous dégringolions pour de bon. Non seulement par nos corps de créatures mortelles mais aussi par le corps collectif de notre société, embarquée dans une inexorable déconfiture. Regardons une émission thématique sur le service public pour en prendre douloureusement conscience. Faisons l'expérience d'une relation, plus ou moins rapprochée, avec une Alliance française dans un pays *lambda* – ce genre de patronage ringard et prétentieux, perdu dans ses fiches de bristol et ses auteurs de troisième zone - pour saisir, atterré, l'amplitude du fiasco qui s'annonce. Et je ne parle même plus des leaders politiques dont l'arrogante impuissance inspire autant de pitié que d'aversion. « Avant » n'était pas idyllique : des tranchées à l'Occupation, pas de quoi délirer. Puis le Débarquement et son plan Marshall, prétexte humanitaire pour engraisser l'économie du Nouveau Monde et renforcer ainsi son hégémonie, nous ont envoûtés d'une danse des sept voiles, bonne sur le coup, pernicieuse par la suite. Aujourd'hui, le fondamentalisme bancaire a pris le relais, conforté par notre lamentable soumission à ce raisonnement, par la perte du sens de l'intérêt général au sein de nos États, par une accélération absurde et masochiste qui pousse les pays souverains et leurs populations (via des politiques indigentes) à s'avilir aux pieds des gardiens de la City et de Wall Street. La fin de l'Occident est-elle programmée ? Probablement pas en ces termes, si nous continuons d'exporter nos valeurs de démocratie et de Droits de l'homme en pilonnant des civils par la voix d'escrocs notoires. Demandons aux penseurs officiels et autres bardes de la liberté-dans-le-vent pourquoi ils préfèreront toujours s'associer aux brutes d'Al-Qaïda, subventionnées par des amis d'amis, plutôt que discuter comme de grandes personnes avec des pays puissants mais réellement insoumis aux diktats du Fonds monétaire international, dont l'indépendance financière et politique ne nécessite pas d'en passer par les décrets de spéculateurs mafieux qui entendent imposer leur vandalisme au monde entier. Diaboliser et intimider des États non alignés pour faire diversion sur l'évidence de sa propre barbarie apparaît comme un moyen de conforter les gens dans leur paranoïa ou de dévier leur colère vers un coupable de substitution. Qu'ai-je à faire que l'Iran se dote de têtes nucléaires quand les États-Unis se vantent d'en faire la collection ? Pour l'instant, il se trouve que l'Amérique a commis beaucoup plus de ravages dans le monde que la Perse de Darius et de Khomeiny, et ce n'est pas Ahmadinejad, aussi antipathique soit-il, qui inversera cette tendance. Je n'ai pas de problèmes, moi, avec les Iraniens ou les Syriens, tous les méchants de l'histoire, et j'aimerais, si possible, qu'on évite de m'en inventer. Si voter suffit encore à faire entendre sa voix.

Ce n'était pas mieux avant et qui sait ? ce ne sera peut-être pas pire après. La querelle des Anciens et des Modernes ouvre un débat sur celle des pessimistes et des optimistes. On aura beau se triturer les méninges sur l'issue de la crise – coups d'État ou WWIII™, on comprend surtout qu'il faut trouver de nouvelles idées pour sortir de l'ankylose et jeter les vieux moules aux ordures. Pas « vieux » en âge, mais « vieux » en immobilité, en sujétion, en persistance dans la contrainte, en résignation d'esclave. Des modèles obsolètes, qui ne fonctionnent plus, des modèles à remiser dans une brocante, comme de vieilles croûtes, pour les amateurs nostalgiques. Faire table rase de ces gros partis sclérosés, jumeaux rose et bleu, machines à tourner en rond, mais vers le fond, comme un vortex dans un trou de vidange. Bouleverser ce que l'on croit inéluctable.

Ce qui laisse, réjouissons-nous, une très grande marge d'espoir.

Le monstre à abattre

La farce républicaine.

9 janvier 2014.

Si j'en crois le petit monsieur qui nous sert de ministre, placé par la grâce d'une pseudo-démocratie délabrée à un poste dont il n'a visiblement pas l'envergure ni les compétences, je serais une « haineuse », une « raciste », une « antisémite ». Tout cela, invariablement transmis à coups de hurlements scandés et de tirades fumeuses depuis le palais Bourbon, les prétoires d'officines communautaires et les plateaux télé. Si j'en crois la meute qui lui colle au train, rebattant les mêmes fadaises, contrevérités et calomnies dans un chœur servile plein de zèle, moi, public de Dieudonné – et public fidèle depuis longtemps – serais aussi une demeurée.

J'en prends donc acte.

L'élan collectif qui permet aux médiocres la jouissance sphinctérienne de balancer sans risque et sans retenue, nous offre aujourd'hui le spectacle d'une curée unanime (ou presque), applaudie par la brochette de zigomars aux affaires et sa nichée de speakerines, blablateurs, experts en tout et en rien lui faisant écho. Pas un jour sans qu'un prévôt de deuxième zone n'y aille de son invective à peine démoulée de la matrice ambiante, pas un jour sans qu'un *people* nous inflige ses pauvres opinions, pas un jour sans qu'un politicard véreux, une cocotte entretenue par les fonds publics ou une tête d'œuf d'opérette nous fassent un cours de bien-pensance, à géométrie variable, pour rééduquer les abrutis que nous sommes. Le pire, peut-être, dans cet étalage d'obscénités, sont les grognements de plaisir de la horde qui goûte enfin, extatique, le grand frisson libérateur de la délation.

L'idéologie et la nullité qui enfoncent progressivement le pays dans le ridicule et la honte marquent au fer rouge la Française que je suis. J'apprends par la bouche de quelques pantins provisoirement placés au pupitre, que je suis une mauvaise citoyenne parce que je considère Dieudonné M'Bala M'Bala comme l'humoriste français le plus talentueux, parce que je vais à la Main d'Or suivre ses spectacles depuis longtemps, parce qu'il me fait rire de bon cœur, parce qu'il est infiniment drôle, juste, provocateur, courageux et percutant.

Son public est aussi disparate et varié que ses sketches – une « boîte de crayons de couleurs » dit-il joliment en nous regardant, assis sur nos coussins rouges. Dans son petit théâtre, je garde d'excellents souvenirs de complicité, de joie, de fraternité entre personnes de tous âges, de toutes conditions, de toutes « communautés », des gens qui n'ont rien d' « haineux », d'agressif ou de raciste. Je me souviens du papa (ou peut-être était-ce le tonton) qui s'occupait du bar à l'entracte, des fistons qui vendaient les affiches et les DVD, de la maman qui organisait le coin repas. Ses numéros s'adressent à tous sans discrimination, même aux Sandrine ! (j'en suis, j'aurais pu bouder ou me vautrer dans une juteuse parano, ou même après tout porter plainte[102]). Aujourd'hui, je ne reconnais en rien les accusations outrancières dont il est l'objet dans une surenchère aussi suspecte que dangereuse. Récupérer des bribes de phrases, en manipuler la portée, en détourner le sens et en faire un chapelet d'arguments prouvant son ignominie est un procédé efficace. Dieudo est devenu le monstre à abattre, le Mal en marche dont il faut stopper la progression, l'incarnation franco-camerounaise du racisme[103] le

---

[102] Dans ce domaine, porter plainte peut devenir une activité très lucrative.

plus abject et, abomination suprême, le chantre ricaneur de l'antisémitisme. Les bouffées délirantes de quelques obsédés ont transformé la « quenelle », pantomime rigolarde d'un « je vous emmerde » assumé, en hystérie collective. On se demande, ébahis, où ces pervers sont allés chercher l'interprétation morbide du « salut nazi ».

J'ai fait des études supérieures, je suis blanche, chrétienne, responsable et je commence à en avoir sérieusement ma claque de cette emprise idéologique faite d'ignorance et de culpabilité sur des gens comme moi qui n'ont rien à voir avec l'Holocauste. Dans les années 40, je n'étais pas née. Moi et d'autres, de plus en plus nombreux, refusons de subir à tort et à travers le chantage éhonté et systématique de l'antisémitisme. En France, lorsqu'un pauvre inconscient ose émettre un doute sur la politique israélienne, la salve le percute de plein fouet : il devient le porteur d'une « pensée nauséabonde, rance, moisie qui rappelle les heures les plus sombres... ». Suit la tartine, réchauffée. Comme dirait l'autre, là où l'antisémitisme n'existe pas, le sionisme le fabrique. Et c'est bien là, le combat de Dieudonné, que je soutiens en toute connaissance de cause, et sans violence, malgré les imprécations d'un ministre irresponsable. L'instrumentalisation des Juifs victimes du génocide par des groupes pro-israéliens, la terreur de quelques milices communautaires qui se livrent en toute impunité, en France, à des ratonnades sanglantes, des saccages de librairies, des appels aux coups, l'excitation vindicative de quelques journaleux malhonnêtes et opportunistes, la complaisance trouillarde ou inculte de quelques autres et le soutien des autorités sont devenus chose courante dans ce pays. Nous, nous répondons par la taquinerie en chantant la Marseillaise. Nous sommes des affreux.

---

[103] L'essayiste Alain Soral, poussant à fond l'absurde en réponse aux aberrations idéologiques ambiantes, parle avec drôlerie de « Dieudonné, nouvel Hitler ».

Les gouvernements français successifs qui, depuis des lustres, poussent vocalises et trémolos sur les Droits de l'Homme, courtisent et flattent les dirigeants de l'un des derniers États officiellement racialistes de la planète, Israël. Il n'est pas permis de le dénoncer, ce crime vous envoyant dans des procédures judiciaires interminables et coûteuses, ruinant définitivement votre image, votre carrière et la sécurité de vos proches. C'est ainsi. C'est la France de messieurs Hollande, Sarkozy et Tartempion ; des lois récentes (Gayssot-Fabius) et des circulaires autocratiques (Valls) essaieront de vous faire taire.

Nul besoin de disséquer les ficelles et les leviers qui permettent à un Gouvernement français aux abois de faire diversion, de réorienter les colères, de manipuler les gens pour camoufler son inaptitude, la médiocrité flagrante de ses membres et obligés, l'impuissance dans laquelle ce régime et tous les partis qui aspirent à gouverner se noient en emportant avec eux les bijoux de famille. La République française est moribonde, la démocratie française est une supercherie. On aura beau sortir les rengaines pavloviennes : « populiste ! », « fasciste ! », « antisémite ! » en se cachant derrière une bonne conscience qui relève davantage de la paresse et de la peur que de l'indignation véritable, le constat est là. La réalité, elle, ne trompe plus. Trop, c'est trop.

Alors, nous, hommes et femmes de bonne volonté, que l'on soit noir, blanc, jaune ou vert kaki, chrétien, juif, musulman, athée, que l'on soit petit, grand, maigre, jeune ou vieux, rassemblons-nous, organisons-nous et démantelons cette espèce de tartufferie ambiante que constitue le Gouvernement français, celui d'aujourd'hui, celui d'avant et probablement celui d'après. Ne nous laissons pas diviser par les manipulateurs de tous bords. Résistons, fermes, déterminés et sans violence, à l'oppression qui nous bâillonne et cessons de participer à la mascarade de ces urnes-là.

Français de France, de Jupiton et d'ailleurs, hauts les cœurs ! En marche ! De toute façon, on ne pourra pas tomber plus bas.

www.ingramcontent.com/pod-product-compliance
Lightning Source LLC
Chambersburg PA
CBHW021403170526
45164CB00002B/483